시작에서
합격까지
한번에
오케이!

OK 오케이

HSK

저자 **김혜연**

학습서

3급

- Final 실전 모의고사
- 무료 동영상 강의
- MP3 음원 무료 다운로드
- 1~3급 필수어휘 무료 다운로드
- 패턴 문장 쓰기 무료 다운로드

시사중국어사

OK HSK

오케이

HSK

3급

시사중국어사

OK HSK — 3급

초판인쇄	2021년 8월 1일
초판발행	2021년 8월 10일
저자	김혜연
책임 편집	최미진, 가석빈, 엄수연, 高霞
펴낸이	엄태상
디자인	권진희
조판	이서영
콘텐츠 제작	김선웅, 김현이, 유일환
마케팅	이승욱, 전한나, 왕성석, 노원준, 조인선, 조성민
경영기획	마정인, 조성근, 최성훈, 정다운, 김다미, 오희연
물류	정종진, 윤덕현, 양희은, 신승진
펴낸곳	시사중국어사(시사북스)
주소	서울시 종로구 자하문로 300 시사빌딩
주문 및 교재 문의	1588-1582
팩스	0502-989-9592
홈페이지	http://www.sisabooks.com
이메일	book_chinese@sisadream.com
등록일자	1988년 2월 13일
등록번호	제1 - 657호

ISBN 979-11-5720-188-4 (14720)
　　　 979-11-5720-187-7 (set)

新汉语水平考试
HSK（三级）
模拟试题

注意

一、 HSK（三级）分三部分：

    1. 听力（40题，约35分钟）

    2. 阅读（30题，30分钟）

    3. 书写（10题，15分钟）

二、 听力结束后，有5分钟填写答题卡。

三、 全部考试约90分钟（含考生填写个人信息时间5分钟）。

一、听力

第一部分

第1-5题

A

B

C

D

E

F

例如：男：喂，请问张经理在吗？

女：他正在开会，您半个小时以后再打，好吗？   D

1. ☐

2. ☐

3. ☐

4. ☐

5. ☐

第6-10题

A

B

C

D

E

6.

7.

8.

9.

10.

第二部分

第11-20题

例如：为了让自己更健康，他每天都花一个小时去锻炼身体。

★ 他希望自己很健康。 　　　　　　　　　　　　　（ ✓ ）

今天我想早点儿回家。看了看手表，才5点。过了一会儿再看表，还是5点，我这才发现我的手表不走了。

★ 那块手表不是他的。 　　　　　　　　　　　　　（ × ）

11. ★ 我的眼睛比姐姐大。 　　　　　　　　　　　（ 　 ）

12. ★ 那双鞋卖两千多元。 　　　　　　　　　　　（ 　 ）

13. ★ 邻居是位老人。 　　　　　　　　　　　　　（ 　 ）

14. ★ 王阿姨会打篮球。 　　　　　　　　　　　　（ 　 ）

15. ★ 考试时要带铅笔。 　　　　　　　　　　　　（ 　 ）

16. ★ 他已经把书还了。 　　　　　　　　　　　　（ 　 ）

17. ★ 他觉得那个房子真好。 　　　　　　　　　　（ 　 ）

18. ★ 人对人的影响很大。 　　　　　　　　　　　（ 　 ）

19. ★ 这个题很难。 　　　　　　　　　　　　　　（ 　 ）

20. ★ 今天天气很冷。 　　　　　　　　　　　　　（ 　 ）

第三部分

例如： 男：小王，帮我开一下门，好吗？谢谢！
　　　 女：没问题。您去超市了？买了这么多东西。
　　　 问：男的想让小王做什么？
　　　　 A 开门 ✓　　　　　　 B 拿东西　　　　　　 C 去超市买东西

21. 　 A 邻居　　　　　　　 B 老师和学生　　　　 C 丈夫和妻子

22. 　 A 医院　　　　　　　 B 学校　　　　　　　 C 公司

23. 　 A 地铁站　　　　　　 B 公司　　　　　　　 C 饭馆儿

24. 　 A 明天下午　　　　　 B 明天上午　　　　　 C 今天

25. 　 A 聪明　　　　　　　 B 不好　　　　　　　 C 热情

26. 　 A 下雨　　　　　　　 B 热　　　　　　　　 C 阴

27. 　 A 同事　　　　　　　 B 同学　　　　　　　 C 妈妈和儿子

28. 　 A 要去银行　　　　　 B 找词典　　　　　　 C 找手机

29. 　 A 很甜　　　　　　　 B 不新鲜　　　　　　 C 比较贵

30. 　 A 走路　　　　　　　 B 打车　　　　　　　 C 坐地铁

第四部分

第31-40题

例如：女：晚饭做好了，准备吃饭了。

男：等一会儿，比赛还有三分钟就结束了。

女：快点儿吧，一起吃，菜冷了就不好吃了。

男：你先吃，我马上就看完了。

问：男的在做什么？

A 洗澡　　　　　　　B 吃饭　　　　　　　C 看电视 ✓

31. A 吃葡萄　　　　　　B 看花　　　　　　　C 还书

32. A 他以为女的在图书馆　B 茶太甜了　　　　　C 又饿了

33. A 明天下午　　　　　B 后天早上　　　　　C 下个星期

34. A 厨房　　　　　　　B 电梯里　　　　　　C 洗手间

35. A 9月9日爬山　　　　B 山高990米　　　　　C 9个人住在山上

36. A 7号上午　　　　　B 今天下午　　　　　C 7号下午

37. A 很胖　　　　　　　B 口渴了　　　　　　C 不胖

38. A 选衣服　　　　　　B 选帽子　　　　　　C 卖衣服

39. A 蓝色　　　　　　　B 黑色　　　　　　　C 白色

40. A 再买一只小狗　　　B 照顾小狗　　　　　C 洗澡

二、阅读

第一部分

第41-45题

A   照片上这个短头发的就是我妹妹。

B   服务员，这条裙子有点儿短，帮我再换一条吧。

C   图书馆里比较安静，我们喜欢在那儿学习。

D   冰箱里还有不少葡萄和苹果呢。

E   当然，我们先坐公共汽车，然后换地铁。

F   怎么现在还是开着呢？

例如：你知道怎么去那儿吗？   (E)

41. 他的习惯和我们不一样，他喜欢在家学习。   (   )

42. 妈妈，家里是不是没有水果？   (   )

43. 那时候她比较瘦，不到50公斤。   (   )

44. 她正在买衣服。   (   )

45. 我记得离开教室的时候把空调关了。   (   )

第46-50题

A 七个小矮人的故事，你听说过吗？

B 现在十点十五了，您的表慢了一刻。

C 我的几个朋友周末想去上海玩儿，但他们都不会开车。

D 那我们现在去超市吧。

E 没关系，我明天去也可以。

46. 书店马上就要关门了。 （　　）

47. 冰箱里只有果汁和鸡蛋，没有其他吃的。 （　　）

48. 请问，现在是十点吗？ （　　）

49. 我爸是司机，我问问他，看他有没有时间。 （　　）

50. 小时候奶奶给我讲过，很有名。 （　　）

第二部分

第51-55题

A 起飞　　　B 感冒　　　C 简单　　　D 环境　　　E 声音　　　F 能

例如：她说话的（　E　）多好听啊！

51. 会议10点半（　　　）结束吗？外面有人找王经理。

52. 请大家关上手机，飞机马上就要（　　　）了。

53. 下雨了，你还是多穿点儿再出去，小心（　　　）。

54. 其实问题不像你想的那么（　　　）。

55. 听金老师说，机场附近那个宾馆的（　　　）不错。

第56-60题

A 满意　　　B 菜单　　　C 碗　　　D 爱好　　　E 教　　　F 敢

例如：A：你有什么（　D　）？
　　　B：我喜欢体育。

56. A：您好，请问您几位？
　　 B：4位，请给我们拿一下（　　　），谢谢。

57. A：你丈夫的脚怎么样了？
　　 B：吃了药好多了，但还是不（　　　）走太多路。

58. A：我画完了，你看看，（　　　）吗？
　　 B：好极了，你画得越来越好了。

59. A：您做过哪些工作？
　　 B：我以前是小学老师，主要（　　　）数学。

60. A：再来一（　　　）米饭？
　　 B：不用了，我吃饱了，刚才吃了很多面包。

第三部分

第61-70题

例如：您是来参加今天会议的吗？您来早了一点儿，现在才8点半。您先进来坐吧。

　　★ 会议最可能几点开始？

　　A 8点　　　　　　　B 8点半　　　　　　　C 9点 ✓

61. 每次经过他家门口的时候，我几乎都能看到他的两只猫在树下睡觉。

　　★ 那两只猫在哪儿睡觉？

　　A 桌子上　　　　　　B 房间里　　　　　　C 树下

62. 过去，这条街道上除了一家小商店外，什么都没有，不像现在，有这么多宾馆和银行。

　　★ 这条街道：

　　A 没变化　　　　　　B 变化大　　　　　　C 跟以前相同

63. 我办公室的电脑突然不能用了，所以我下午要出去。不在公司，有什么事就给我发短信或者打我手机。

　　★ 他下午：

　　A 不在办公室　　　　B 去检查身体　　　　C 在家休息

64. 到了机场，她发现护照不见了，在行李箱里找了两个小时，也没找到，很着急。

　　★ 她为什么着急？

　　A 迟到了　　　　　　B 忘记带手机了　　　C 找不到护照

65. 每个人都有自己的兴趣爱好，我最大的爱好就是旅游。旅游使我发现外面的世界是那么大，有很多东西是书本上学不到的。

　　★ 旅游让我：

　　A 变热情　　　　　B 没影响　　　　　C 学到很多

66. 上周日我去奶奶家玩儿，她一开门，我就笑了，她的鼻子上，耳朵上都是面，眼睛上也有，她告诉我她正在做面包呢。

　　★ 他奶奶：

　　A 在做面包　　　　B 在洗盘子　　　　C 喜欢太阳

67. 喂？你在哪儿呢？你声音大一点儿好吗？我刚才没听清楚你在说什么。

　　★ 那个人的声音很：

　　A 大　　　　　　　B 小　　　　　　　C 清楚

68. 米饭马上就好，我准备一下碗筷就可以吃饭了。儿子，你来帮我把牛肉放到桌子上，小心点儿，盘子很热。

　　★ 说话人让儿子做什么？

　　A 拿牛肉　　　　　B 拿碗筷　　　　　C 做米饭

69. 经过一年的努力，他的游泳水平终于有了很大的提高，我相信他一定能在下个月的比赛中拿个好成绩。

　　★ 他：

　　A 个子很高　　　　B 要参加比赛　　　C 拿了第一名

70. 我教你一个办法。工作前，先把要做的事情写下来，重要的、着急的事情用红笔画出来，这样你就能清楚地知道应该先做什么，后做什么了。

　　★ 根据这段话：

　　A 工作不必认真　　B 容易的事后做　　C 要先做重要的事

三、书写

第一部分

第71-75题

例如：小船　　上　　一　　河　　条　　有

河上有一条小船。＿＿＿＿＿＿＿＿＿＿

71. 很努力　　我们班的　　学习　　学生

72. 今天　　出　　终于　　太阳了

73. 越来越　　那个城市的　　变得　　好了　　环境

74. 书　　着　　四本　　桌子上　　放

75. 怎么了　　眼睛　　丈夫的　　你

第二部分

第76-80题

例如：没（　**关**　）系，别难过，高兴点儿。
<small>guān</small>

76. 8月27（　　　　　）是我的生日，下午你们来我家吃饭吧。
<small>hào</small>

77. 这边太热了，我们去树下坐一（　　　　　）儿吧。
<small>huì</small>

78. 今晚的（　　　　　）亮让我想家了。
<small>yuè</small>

79. 他（　　　　　）诉我，他姓张，今年20岁。
<small>gào</small>

80. 做选择时，最重要的是（　　　　　）道自己想要什么。
<small>zhī</small>

*실전 모의고사 정답 및 해설은
해설서 p.111에 있습니다.

汉语水平考试 HSK（三级）答题卡

请填写考生信息

按照考试证件上的姓名填写：

姓名	

如果有中文姓名，请填写：

中文姓名	

考生序号	[0] [1] [2] [3] [4] [5] [6] [7] [8] [9] [0] [1] [2] [3] [4] [5] [6] [7] [8] [9] [0] [1] [2] [3] [4] [5] [6] [7] [8] [9] [0] [1] [2] [3] [4] [5] [6] [7] [8] [9] [0] [1] [2] [3] [4] [5] [6] [7] [8] [9]

请填写考点信息

考点代码	[0] [1] [2] [3] [4] [5] [6] [7] [8] [9] [0] [1] [2] [3] [4] [5] [6] [7] [8] [9] [0] [1] [2] [3] [4] [5] [6] [7] [8] [9] [0] [1] [2] [3] [4] [5] [6] [7] [8] [9] [0] [1] [2] [3] [4] [5] [6] [7] [8] [9] [0] [1] [2] [3] [4] [5] [6] [7] [8] [9]

国籍	[0] [1] [2] [3] [4] [5] [6] [7] [8] [9] [0] [1] [2] [3] [4] [5] [6] [7] [8] [9] [0] [1] [2] [3] [4] [5] [6] [7] [8] [9]

年龄	[0] [1] [2] [3] [4] [5] [6] [7] [8] [9] [0] [1] [2] [3] [4] [5] [6] [7] [8] [9]

性别	男 [1]　　　　女 [2]

注意　请用2B铅笔这样写：■

一、听力

1.[A][B][C][D][E][F]　　6.[A][B][C][D][E][F]
2.[A][B][C][D][E][F]　　7.[A][B][C][D][E][F]
3.[A][B][C][D][E][F]　　8.[A][B][C][D][E][F]
4.[A][B][C][D][E][F]　　9.[A][B][C][D][E][F]
5.[A][B][C][D][E][F]　　10.[A][B][C][D][E][F]

11.[√] [×]　　16.[√] [×]　　21.[A][B][C]
12.[√] [×]　　17.[√] [×]　　22.[A][B][C]
13.[√] [×]　　18.[√] [×]　　23.[A][B][C]
14.[√] [×]　　19.[√] [×]　　24.[A][B][C]
15.[√] [×]　　20.[√] [×]　　25.[A][B][C]

26.[A][B][C]　　31.[A][B][C]　　36.[A][B][C]
27.[A][B][C]　　32.[A][B][C]　　37.[A][B][C]
28.[A][B][C]　　33.[A][B][C]　　38.[A][B][C]
29.[A][B][C]　　34.[A][B][C]　　39.[A][B][C]
30.[A][B][C]　　35.[A][B][C]　　40.[A][B][C]

二、阅读

41.[A][B][C][D][E][F]　　46.[A][B][C][D][E][F]
42.[A][B][C][D][E][F]　　47.[A][B][C][D][E][F]
43.[A][B][C][D][E][F]　　48.[A][B][C][D][E][F]
44.[A][B][C][D][E][F]　　49.[A][B][C][D][E][F]
45.[A][B][C][D][E][F]　　50.[A][B][C][D][E][F]

51.[A][B][C][D][E][F]　　56.[A][B][C][D][E][F]
52.[A][B][C][D][E][F]　　57.[A][B][C][D][E][F]
53.[A][B][C][D][E][F]　　58.[A][B][C][D][E][F]
54.[A][B][C][D][E][F]　　59.[A][B][C][D][E][F]
55.[A][B][C][D][E][F]　　60.[A][B][C][D][E][F]

61.[A][B][C]　　66.[A][B][C]
62.[A][B][C]　　67.[A][B][C]
63.[A][B][C]　　68.[A][B][C]
64.[A][B][C]　　69.[A][B][C]
65.[A][B][C]　　70.[A][B][C]

三、书写

71. _____
72. _____
73. _____
74. _____
75. _____

76. ☐　　77. ☐　　78. ☐　　79. ☐　　80. ☐

孔子学院总部/国家汉办
Confucius Institute Headquarters(Hanban)

汉 语 水 平 考 试
Chinese Proficiency Test

HSK （三级）成绩报告
HSK (Level 3) Examination Score Report

姓名 (Name)：

性别 (Gender)： 国籍 (Nationality)：

考试时间 (Examination Date)： 年 (Year) 月 (Month) 日 (Day)

编号 (No.)：

准考证号 (Admission Ticket Number)：

	满分 Full Score	你的分数 Your Score
听力 Listening	100	
阅读 Reading	100	
书写 Writing	100	
总分 Total Score	300	

听力 Listening	阅读 Reading	书写 Writing	总分 Total Score	百分等级 Percentile Rank
100	100	100	299	99%
98		96	287	90%
95	97	91	277	80%
92	93	87	267	70%
88	89	83	256	60%
85	82	78	243	50%
80	73	73	227	40%
75	64	68	209	30%
69	53	60	187	20%
59	40	51	159	10%

总分180分为合格 (Passing Score: 180)

主任 Director _____ 国家汉办 Hanban

中国 · 北京
Beijing · China

成绩自考试日起2年内有效

이 책은 HSK 시험에 도전하고 싶지만 처음부터 4급 시험을 보자니 부담스러우신 분, 단기간에 독학으로 시험에 통과하고 싶으신 분을 위해 만든 책으로 전보다 높아진 중국어에 대한 수요를 충족시키고 3급 시험을 통해 나아가 더 높은 급수를 취득하고자 하는 모든 분들에게 훌륭한 발판이 될 것입니다.

본 교재는 HSK가 어렵다는 편견을 깨고자 수년간 HSK 3급을 강의해 온 경험을 통해 시험에 나오는 것들만 골라 심혈을 기울여 집필한 책입니다. 단기간에 공부하기 부담스럽지 않은 양, 혼자서도 이해하기 쉬운 내용으로 구성하여 시험에 필요한 단어와 어법을 정확히 이해하고 자주 출제되는 유형을 익혀 빠르게 고득점에 도달할 수 있도록 하였습니다.

다음의 몇 가지 Tip을 기억한다면 3급 시험을 고득점으로 합격할 수 있습니다.

첫째, 단어를 외울 땐 소리 내어 읽어보자!

많은 분들이 단어를 외울 때 한어병음은 빼고 한자와 뜻만 눈에 익히고 문제를 푸실 겁니다. 이렇게 되면 독해와 쓰기 파트에서는 어느 정도 점수를 얻을 수 있겠지만 듣기 파트를 푸는 데에는 어려움이 생깁니다. 단어마다 어떤 발음을 가지고 있는지 알아야 듣고 이해할 수 있기 때문에 단어를 외울 때는 항상 한어병음까지 소리 내어 읽어보며 외우는 습관을 들이도록 합시다.

둘째, 문장성분을 이해하자!

중국어 어법의 가장 기본적인 내용이라고 할 수 있는 문장성분은 말 그대로 문장을 구성해주는 성분입니다. 문장 안에서 각각의 성분들이 어느 위치에서 어떤 역할을 하는지 정확하게 이해를 해야만 문장을 제대로 이해할 수 있고, 알맞은 순서대로 단어를 배열하여 문장을 만들 수 있습니다. 또한 동사와 형용사가 주로 술어로 쓰이듯이 품사들이 어떤 문장성분 자리에 위치할 수 있는지 이해한다면 우리는 더 나아가 4, 5, 6급에서도 문제를 수월하게 풀 수 있을 것입니다.

셋째, 가장 중요한 것은 바로 자신감!

내가 생각하는 것이 바로 정답입니다. 문제를 풀면서 이전 문제에 미련을 가지게 되면 맞출 수 있는 문제도 틀리는 경우가 많습니다. 내가 선택한 보기가 정답일 것이라는 확신을 가지고 문제를 풀어나간다면 반드시 고득점을 얻으실 수 있을 것입니다!

시험에 꼭 응시해야 하지만 어디에서부터 어떻게 시작해야 할지 모르는 분들에게 이 책은 좋은 길잡이가 될 것이라 믿습니다. 본 책을 통해 많은 분들이 중국어에 한 발짝 더 가까워지고, 흥미를 가지고 공부하여 합격에까지 이르면 좋겠다는 바람을 담아봅니다.

본 저서를 집필할 수 있게 도움을 주신 시사중국어학원 엄태상 대표님, 심우익 원장님, 고강민 선생님께 감사드립니다. 또한, 이 책이 예쁘게 나올 수 있게 편집해 주신 시사중국어사 모든 관계자 분들께 큰 감사를 표하고 싶습니다.

마지막으로 누구보다도 저를 응원해 주시고 아낌없이 사랑해 주시는 부모님과 동생에게도 진심으로 사랑한다는 말을 전하고 싶습니다.

저자 김혜연

이 책의 차례

쓰기

▶ 유튜브 시사북스 채널(www.youtube.com/sisabooks)에서 영상 강의를 시청하세요.

▶ 시사중국어사 홈페이지(www.sisabooks.com)에서 MP3음원, 필수어휘, 문장쓰기 자료를 다운로드하세요.

문제 유형과 전략 소개

• **부분별 문제 유형과 전략 소개**

  '知彼知己, 百戰百勝!'

  부분별 문제 유형을 소개합니다. 실제 문제를 분석하면서 풀이 전략까지 꼼꼼히 제시합니다.

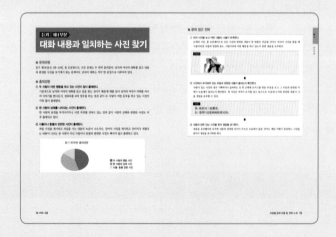

유형별 전략

• **전략 & 예제 & 실전 문제**

  문제 유형을 파악하는 핵심 전략만을 뽑아 예문과 함께 설명합니다.

  전략을 적용하여 예제를 풀어보고, 풀이 해설을 보며 전략을 완전히 이해합니다.

  실전 문제에서 학습했던 내용을 기억하고 적용하여 문제를 풀어봅니다.

- **집중 전략 & 실전 문제**

  문제 유형별 전략을 학습한 후에
  부분별 전략을 정리하여 학습합니다.
  전략을 기억하며
  실전 문제를 풀어봅니다.

Final 전략 & Test

- **빈출 표현 & 실전 Test**

  다년간의 기출문제를 분석하여
  빈출 어휘와 구문들을 정리합니다.
  유형별 전략과 부분별 전략을 기억하며
  마무리 실력 점검을 합니다.

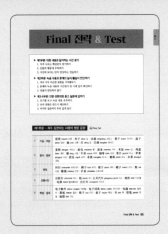

新汉语水平考试
HSK（三级）
模拟试题

注意

一. HSK（三级）分三部分:

1. 听力（40题，约35分钟）
2. 阅读（30题，30分钟）
3. 书写（10题，15分钟）

二. 听力结束后，有5分钟填写答题卡。

三. 全部考试约90分钟（含考生填写个人信息时间5分钟）。

실전 모의고사 (별책)

최신 기출문제를 모아 만든 실전 모의고사!
시험 보기 전에 꼼꼼히 풀어보고 맞은 부분과
틀린 부분을 체크하여 학습하세요.

HSK는 제1언어가 중국어가 아닌 사람의 중국어 능력을 평가하기 위해 만들어진 중국 정부 유일의 국제 중국어능력 표준화 시험으로, 생활, 학습, 업무 등 실생활에서의 중국어 운용능력을 중점적으로 평가하는 시험입니다.

1. 시험 구성

HSK는 국제 중국어능력 표준화 시험으로, 중국어가 모국어가 아닌 학생들이 생활, 학습, 업무 면에서 중국어로 교류하는 능력을 중점적으로 테스트합니다. HSK는 필기시험과 구술시험의 두 가지 부분으로 나누어지고, 필기시험과 구술시험은 서로 독립적입니다. 필기시험은 1급, 2급, 3급, 4급, 5급과 6급 시험으로 나누어지고, 구술시험은 초급, 중급, 고급으로 나누어지며 구술시험은 녹음의 형식으로 이루어집니다.

필기 시험	구술 시험
HSK(1급)	HSK(초급)
HSK(2급)	HSK(초급)
HSK(3급)	HSK(중급)
HSK(4급)	HSK(중급)
HSK(5급)	HSK(고급)
HSK(6급)	HSK(고급)

2. 시험 등급

HSK의 각 등급에 따른 단어 수와 중국어 학습 능력 수준은 아래의 표와 같습니다.

HSK	단어 수	중국어 학습 능력 수준
1급	150	매우 간단한 중국어 단어와 구문을 이해하고 사용할 수 있으며, 구체적인 의사소통 요구를 만족시키며, 한 걸음 더 나아간 중국어 능력을 구비합니다.
2급	300	익숙한 일상생활을 주제로 하여 중국어로 간단하게 바로 의사소통 할 수 있으며, 초급 중국어의 우수한 수준에 준합니다.
3급	600	중국어로 생활, 학습, 비즈니스 등 방면에서 기본적인 의사소통 임무를 수행할 수 있으며, 중국에서 여행할 때도 대부분의 의사소통을 할 수 있습니다.
4급	1,200	중국어로 비교적 넓은 영역의 주제로 토론을 할 수 있고, 비교적 유창하게 원어민과 대화할 수 있습니다.
5급	2,500	중국어로 신문과 잡지를 읽고, 영화와 텔레비전을 감상할 수 있으며, 중국어로 비교적 높은 수준의 강연을 할 수 있습니다.
6급	5,000이상	중국어로 된 소식을 가볍게 듣고 이해할 수 있고, 구어체나 문어체의 형식으로 자신의 견해를 자유롭게 표현할 수 있습니다.

3. 접수 방법

① **인터넷 접수** : HSK 한국사무국 홈페이지(http://www.hsk.or.kr)에서 접수

② **우편접수** : 구비서류를 동봉하여 등기우편으로 접수

　＊구비서류 : 응시원서(사진 1장 부착) + 사진 1장 + 응시비 입금 영수증

③ **방문접수** : 서울공자아카데미에서 접수

4. 접수 확인 및 수험표 수령 안내

① **접수 확인** : 모든 응시자는 접수를 마친 후 HSK 홈페이지에서 접수 확인 후 수험표를 발급합니다.

② **수험표 수정** :

　수험표는 홈페이지 나의 시험정보 〈접수내역〉 창에서 접수 확인 후 출력 가능합니다.

　우편접수자의 수험표는 홈페이지를 통해 출력 가능하며, 방문접수자의 수험표는 접수 시 방문접수 장소
　에서 발급해 드립니다.

5. 성적 결과 안내

인터넷 성적 조회는 시험일로부터 1개월 후이며, HSK 성적표는 '성적 조회 가능일로부터 2주 후' 발송
됩니다.

6. 주의사항

접수 후에는 응시등급, 시험일자, 시험장소의 변경이 불가능합니다.

고시장은 학교 사정과 정원에 따라 변동 및 조기 마감될 수 있습니다. (변경 시 홈페이지 공지)

천재지변·특수상황 등 이에 준하는 상황 발생시 시험일자의 변경이 가능합니다. (변경 시 홈페이지 공지)

HSK 정기시험은 관련규정에 근거하여 응시 취소신청이 가능합니다.

Q HSK 3급 구성과 시험시간 배점은 어떻게 되나요?

A HSK 3급은 총 80문제로 듣기/독해/쓰기 세 영역으로 나뉩니다. 80문항을 약 80분 동안 풀어야 합니다. 듣기 영역이 끝난 후에는 5분의 답안 작성시간이 별도로 주어집니다. 각 영역별 배점은 100점으로, 총 300점 만점에 180점 이상이면 HSK 3급 합격증을 받을 수 있습니다.

영역		시험 내용	문항수	추정 배점 및 총점			시험시간
1 듣기	제1부분	대화 내용과 일치하는 사진 찾기	10	40	2.5	100	약 35분
	제2부분	녹음 내용과 문제의 일치/불일치 판단하기	10				
	제3부분	단문대화 듣고 질문에 답하기	10				
	제4부분	장문대화 듣고 질문에 답하기	10				
		듣기 영역에 대한 답안 작성시간					5분
2 독해	제1부분	제시된 문장과 관련된 문장 고르기	10	30	3.3	100	30분
	제2부분	빈칸에 들어갈 알맞은 어휘 고르기	10				
	제3부분	단문 읽고 질문에 대한 답 찾기	10				
3 쓰기	제1부분	제시된 어휘로 문장 배열하기	5	10	10	100	15분
	제2부분	제시된 병음을 보고 빈칸에 알맞은 한자 쓰기	5				
총계			80	300			약 85분

Q 몇 점이면 합격인가요?

A HSK 3급은 듣기, 독해, 쓰기 세 영역으로 총 80문항, 300점 만점입니다. 영역에 상관없이 총점 180점 이상이면 합격입니다. 성적표에는 영역별로 점수가 표시되기 때문에 영역별 점수 편차가 큰 것은 피하는 것이 좋습니다. 쓰기 영역이 10문제로 다른 영역에 비해 문항 수가 적어 그만큼 문제당 배점이 크기 때문에 실수하지 않도록 주의해야 합니다. 또한, 커트라인이 정해져 있어도 요즘에는 고득점을 우대하는 추세이기 때문에 최소한 200점을 목표로 공부하는 것이 좋습니다.

Q 얼마나 공부하면 HSK 3급을 취득할 수 있나요?

A 한 달이면 충분히 가능합니다. 단, 제가 말하는 한 달이란 이 책을 커리큘럼에 맞게 꾸준히 공부하셨을 경우를 말합니다. 하지만 무엇보다 가장 중요한 것은 학습자의 마음가짐입니다. 문제를 처음 접하면 누구나 막막하지만 합격해야 한다는 간절한 마음가짐으로 단어부터 차근차근 학습하는 과정을 밟아 나가다 보면 어느 순간 정답을 맞히고 있는 자신을 보게 될 것입니다.

Q 이 교재 한 권으로 정말 HSK 3급을 취득할 수 있을까요?

A 물론입니다. 이 책에 실린 모든 문제는 실제 기출문제를 가공한 문제들로 이루어져 있어 최근 시험 경향을 100% 담았습니다. 제가 수년간 HSK 3급을 가르치고 많은 합격자를 배출해낼 수 있었던 비법만을 담아 집필한 교재이기 때문에 믿고 따라와 주신다면 무조건 합격할 수 있습니다.

Q HSK 3급 시험의 난이도는 어떻게 되나요?

A HSK의 출제 경향과 시험의 난이도는 매회 달라지고 있으며, 다양한 표현과 새로운 유형의 문제가 출제되고 있습니다. 하지만 급수마다 출제되는 어휘는 정해져 있기 때문에 기본에 충실했다면 합격은 문제 없을 것입니다. HSK 3급 시험은 다른 급수에 비해 비교적 기본 어휘가 적은 편이며 문제 안에 답이 숨어 있는 경우가 많기 때문에 교재에 나온 다양한 유형을 익히고 자주 출제되는 표현을 학습한다면 난이도에 상관없이 문제를 풀어낼 수 있을 것입니다.

Q IBT HSK는 무엇인가요?

A 기존에는 대부분 HSK 시험방식이 지류시험 방식(PBT)이었습니다. 하지만 최근에는 많은 수험생분들이 컴퓨터를 이용해 문제를 푸는 방식인 IBT를 선택해서 시험을 치르고 있습니다. IBT의 장점은 듣기 영역에서 헤드셋을 착용하기 때문에 듣기 내용에 조금 더 집중할 수 있고, 쓰기의 경우 워드(Word)를 작성하는 것과 같기 때문에 종이에 직접 썼을 때 획순을 잘못 쓰거나 한자를 몰라서 틀리는 경우를 줄일 수 있습니다. 하지만 모니터로 지문을 봐야 하기 때문에 독해 영역의 경우 평소에 지류시험에 익숙한 수험생들은 집중력이 떨어지는 경우가 많습니다. 따라서 충분한 연습을 통해 수험생 여러분에게 맞는, 좀 더 익숙한 방식을 선택해서 시험에 응시하면 됩니다.

Q 시험일자와 접수방법이 어떻게 되나요?

A 기존에는 HSK 시험이 매달 1회씩, 12회가 실시되었지만 IBT 응시 방식이 생기면서 추가 시험이 진행되고 있어 응시 기회가 더 많아졌습니다. 이에 따라 HSK 시험을 진행하는 대행사 또한 많아져서 접수방식에 조금씩 차이가 있으므로, HSK 한국사무국(www.hsk.or.kr) 또는 HSK 탕차이니즈(www.hskkorea.co.kr) 등의 대행사 홈페이지를 통해 정확한 일정과 접수방법을 확인하는 것이 좋습니다.

HSK

3급

듣기 听力

듣기 제1부분

대화 내용과 일치하는 사진 찾기

● **문제유형**

듣기 제1부분은 1번~10번, 총 10문항으로, 모든 문제는 두 번씩 들려준다. 남자와 여자의 대화를 듣고 내용과 관련된 사진을 보기에서 찾는 문제이다. 남녀의 대화는 각각 한 문장으로 이루어져 있다.

● **출제경향**

① **두 사람이 어떤 행동을 하고 있는 사진이 많이 출제된다.**

기본적으로 남자와 여자의 대화를 듣고 답을 찾는 것이기 때문에 예를 들어 남자와 여자가 커피를 마시며 이야기를 한다든지, 컴퓨터를 보며 업무를 하는 것과 같이 두 사람이 어떤 동작을 하고 있는 사진이 가장 많이 출제된다.

② **한 사람의 상태를 나타내는 사진이 출제된다.**

한 사람의 표정을 부각시키거나, 아픈 부위를 감싸고 있는 것과 같이 사람의 상태와 관련된 사진도 자주 출제되고 있다.

③ **사물이나 동물과 관련된 사진이 출제된다.**

과일 사진을 제시하고 과일을 사는 내용의 녹음이 나오거나, 강아지 사진을 제시하고 강아지가 귀엽다는 내용이 나오는 등 사람이 아닌 사물이나 동물과 관련된 사진도 빠지지 않고 출제되고 있다.

듣기 제1부분 출제경향

■ 두 사람의 행동 사진
■ 한 사람의 상태 사진
□ 사물·동물 관련 사진

● 문제 접근 전략

① 먼저 사진을 보고 어떤 내용이 나올지 유추한다.

10개의 사진, 총 10문제이므로 모든 사진과 관련된 내용이 한 번쯤은 언급될 것이다. 따라서 사진을 봤을 때 사물이라면 사물의 명칭과 용도, 사람이라면 어떤 행동을 하고 있는지 관련 내용을 유추한다.

시험지

② 사진에서 부각되어 있는 부분과 관련된 내용이 들리는지 확인한다.

사람이 있는 사진의 경우 기뻐하거나 슬퍼하는 등 한 군데에 포커스를 맞춘 부분을 보고 그 부분과 관련된 어휘가 녹음에서 들리는지 확인한다. 위 사진은 여자가 모자를 잡고 있으므로 녹음에 모자와 관련된 내용이 나올 것임을 유추할 수 있다.

녹음

男: 你的帽子真漂亮。
女: 是吗? 这是妈妈给我买的。

③ 내용과 관련 있는 사진을 찾아 정답을 표기한다.

내용을 유추했다면 유추한 내용과 관련된 단어가 무조건 녹음에서 들릴 것이다. 해당 어휘가 등장하는 사진을 찾아서 정답을 표기하면 된다.

그는 무엇을 하고 있는가 - 행동 주목하기

❶ 사진 속 인원수에 관계없이 인물의 행동에 주목하여 연상 단어를 떠올린다.

사진에 여러 명이 등장해도 당황하지 말고 공통적으로 무슨 행동을 하는지 파악하여 상황에 맞는 단어를 연상한다.

왼쪽 사진에는 네 명의 사람이 등장하지만 이들이 어떤 관계인지 묻는 문제는 나오지 않기 때문에 구성원을 일일이 살펴볼 필요는 없다. 공통적으로 청소를 하고 있기 때문에 '打扫 dǎsǎo(청소하다)', '干净 gānjìng(깨끗하다)' 등 청소와 관련된 단어를 머리 속에 미리 떠올려야 한다.

❷ 내가 연상한 단어가 곧 답이다.

녹음에서는 상황을 돌려서 표현하지 않고 관련된 단어를 그대로 말하기 때문에 사진과 관련된 단어를 잘 떠올려야 한다.

왼쪽 사진은 식당에서 메뉴판을 보며 주문을 하고 있는 상황이다. 그렇다면 '服务员 fúwùyuán(종업원)', '菜 cài(요리)', '菜单 càidān(메뉴)', '点菜 diǎncài(주문하다)' 중 적어도 한 단어는 녹음에 나올 것이기 때문에 미리 관련 단어들을 떠올려두자.

❸ 자주 출제되는 화제나 사진의 유형과 관련된 단어를 암기한다.

사진이나 녹음 내용이 조금씩 다를 뿐 자주 출제되는 상황은 정해져 있다. 다음 빈출 어휘를 참고하자.

● 장소 관련 빈출 어휘 🎧 제1부분_유형전략01_Tip1

1	집	起床 qǐchuáng 기상하다 ǀ 睡觉 shuìjiào (잠을) 자다 ǀ 洗手间 xǐshǒujiān 화장실 ǀ 房间 fángjiān 방 ǀ 搬家 bānjiā 이사하다 ǀ 打扫 dǎsǎo 청소하다
2	회사	经理 jīnglǐ 사장 ǀ 同事 tóngshì 직장 동료 ǀ 办公室 bàngōngshì 사무실 ǀ 上班 shàngbān 출근하다 ǀ 下班 xiàbān 퇴근하다 ǀ 事情 shìqing 일, 사정
3	식당	菜单 càidān 메뉴, 메뉴판 ǀ 点菜 diǎncài 주문하다 ǀ 服务员 fúwùyuán 종업원
4	학교	教室 jiàoshì 교실 ǀ 同学 tóngxué 학우 ǀ 教 jiāo 가르치다 ǀ 考试 kǎoshì 시험 ǀ 成绩 chéngjì 성적 ǀ 黑板 hēibǎn 칠판

● 여가생활 관련 빈출 단어 🎧 제1부분_유형전략01_Tip2

1	운동	跑步 pǎobù 달리기하다, 구보하다 ǀ 游泳 yóuyǒng 수영하다 ǀ 踢足球 tī zúqiú 축구하다 ǀ 打篮球 dǎ lánqiú 농구하다 ǀ 锻炼身体 duànliàn shēntǐ 몸을 단련하다 ǀ 骑自行车 qí zìxíngchē 자전거 타다 ǀ 爬山 páshān 등산하다
2	컴퓨터	上网 shàngwǎng 인터넷을 하다 ǀ 玩儿游戏 wánr yóuxì 게임을 하다
3	기타	跳舞 tiàowǔ 춤추다 ǀ 唱歌 chànggē 노래하다 ǀ 听音乐 tīng yīnyuè 음악을 듣다 ǀ 画画儿 huà huàr 그림을 그리다

● 기출상식

'중국'은 어떤 나라일까?

정식 명칭은 '중화인민공화국'이며 수도는 베이징(北京 Běijīng)이다. 중국의 국기는 오성홍기(五星红旗 Wǔxīnghóngqí)라고 불리는데 바탕인 빨간색은 혁명을 상징하는 것으로 혁명의 기치 하에 큰 별인 중국 공산당을 중심으로 작은 별들인 노동자, 농민, 소(小) 부르주아, 민족 부르주아 계급 등 모든 중화 인민이 단결하자는 의미를 담고 있다. 또한, 한족(汉族 Hànzú)과 55개의 소수 민족으로 이루어져 있으며 인구는 대략 13억으로 추정된다. 광대한 영토로 인

해 지역별로 다양한 기후대가 분포하는데 최남단 지역은 열대기후, 서부지역은 건조기후, 동북지역은 한대기후 등 으로 구분되며 전체적으로 사계절이 뚜렷한 계절풍 기후의 특징을 보인다.

중국인은 사람 사이의 '관계(关系 guānxì)', '연줄'을 중요하게 생각한다. 여기서 관계란 뒷거래와 같이 부정적인 의미도 있지만 어떤 사람에게 도움을 얻으면 다시 되갚아 연을 잇는다는 좋은 의미도 가진다. 또한, 중국인은 체 면(面子 miànzi)을 매우 중요시 한다. 중국말에 '죽어서도 체면을 유지하기 위해 살아서 고생한다.'라는 말이 있 을 정도로 중국인들은 체면을 위해 고통을 감수하는 것을 당연하게 생각한다.

女: 我决定从今天开始每天跑一千米。 男: 真的吗? 太阳从西边出来了。	여: 나는 오늘부터 시작해서 매일 1,000m를 뛰기로 결정했어. 남: 정말? 해가 서쪽에서 뜨겠네.

해설　두 사람이 달리고 있는 사진을 통해 운동과 관련된 내용이 나올 것이라고 유추할 수 있다. 녹음 내용 중 '跑 pǎo(뛰다)'라는 표현을 듣고 두 사람이 달리고 있는 사진을 찾는다.

정답

TIP　평상시에 일어나지 않을 만한 일이 일어났을 때 관용적으로 쓰는 말인 '해가 서쪽에서 뜨겠네'라는 말은 중국어로도 똑같이 '太阳从西边出来了(tàiyáng cóng xībian chūlai le)'라고 한다.

男: 打扫完了吗? 快过来吃苹果吧。 女: 马上就好, 你先吃, 不用等我。	남: 청소 다 했어? 빨리 와서 사과 먹어. 여: 금방 다 되는데, 너 먼저 먹어. 나 기다릴 필요 없어.

해설　이 사진에서 핵심이 되는 단어는 '打扫 dǎsǎo(청소)'이기 때문에 설령 다른 표현을 듣지 못했다고 해도, 사진을 통해 '打扫'라는 표현을 미리 떠올린다면 정답을 쉽게 찾을 수 있다.

정답

☺ 인물이 무엇을 하고 있는지 사진을 잘 보고 행동에 연상되는 단어를 미리 떠올려두자!

A

B

C

D

E

문제 **1** ▶ ☐

문제 **2** ▶ ☐

문제 **3** ▶ ☐

문제 **4** ▶ ☐

문제 **5** ▶ ☐

표정에 주목하라! - 상태·감정 파악하기

❶ 인물의 표정에 주목하자.

사진 속 사람이 웃고 있는지 울고 있는지 표정을 파악하면 글의 분위기를 유추할 수 있다. 어떤 표정과 함께 행동을 취하고 있다면 무엇에 관련된 것인지, 어떤 상황인지를 미리 파악하고 녹음을 들어야 한다.

왼쪽 사진에서는 한 여자가 울고 있고, 다른 한 여자가 위로를 하고 있어 전체적인 분위기가 어둡다. 이를 통해서 우리는 중국어로 '울다'라는 단어가 무엇인지 생각하고, 위로와 관련된 표현이 나오는지 귀 기울여 들어야 한다.

→ 미리 떠올려두면 좋은 단어
  예 '哭 kū(울다)', '别哭 bié kū(울지 마)'…

❷ 자주 나오는 신체 부위는 정확하게 외워두자.

신체 부위를 가리키면서 그곳에 대해 이야기하는 문제도 종종 등장한다. 기본적인 신체 부위는 중국어로 어떻게 표현하는지 확실히 외워둔다면 문제를 더욱 쉽게 풀 수 있다.

여자가 다리를 잡고 아파하고 있다. 이처럼 특정 신체 부위를 정확하게 가리키고 있는 사진이 나온다면 녹음에서는 그 부위를 반드시 언급한다!

→ 미리 떠올려두면 좋은 단어
  예 '腿 tuǐ(다리)', '脚 jiǎo(발)', '疼 téng(아프다)'…

❸ 질병과 관련된 표현을 익혀두자.

상태 관련 문제는 대부분 두통이나 치통 등 질병과 관련된 간단한 내용이 나오는 경우가 많다. 질병과 관련된 사진을 보면 어디가 아픈 건지 비교적 분명하게 알 수 있기 때문에 관련 단어만 기억해두면 쉽게 답을 찾을 수 있다.

여자와 남자 모두 코를 풀고 있다. 사진을 보고 '감기, 열이 나다, 병원에 가다' 등 감기와 관련된 단어를 떠올린 후 녹음을 듣는다면 답을 수월하게 찾을 수 있을 것이다.

→ 미리 떠올려두면 좋은 단어
  예 '感冒 gǎnmào(감기)', '发烧 fāshāo(열이 나다)', '去医院 qù yīyuàn(병원에 가다)', '看病 kànbìng(진찰받다)'…

● **신체와 관련된 어휘** 🎧 제1부분_유형전략02_Tip1

头 tóu 머리 | 眼睛 yǎnjing 눈 | 鼻子 bízi 코 | 耳朵 ěrduo 귀 | 牙 yá 치아 | 脸 liǎn 얼굴 | 肚子 dùzi 배 | 手 shǒu 손 | 腿 tuǐ 다리 | 脚 jiǎo 발

● **질병과 관련된 어휘** 🎧 제1부분_유형전략02_Tip2

1	…疼 …téng ~이 아프다	头疼 tóuténg 머리가 아프다	牙疼 yáténg 이가 아프다	腿疼 tuǐténg 다리가 아프다	 脚疼 jiǎoténg 발이 아프다
2	…不舒服 …bù shūfu ~이 불편하다	鼻子不舒服 bízi bù shūfu 코가 불편하다	眼睛不舒服 yǎnjing bù shūfu 눈이 불편하다	耳朵不舒服 ěrduo bù shūfu 귀가 불편하다
3	병원 관련	去医院 qù yīyuàn 병원에 가다	看病 kànbìng 진찰받다	检查 jiǎnchá 검사하다
4	기타	累 lèi 피곤하다	感冒 gǎnmào 감기에 걸리다	发烧 fāshāo 열이 나다	生病 shēngbìng 병이 나다	吃药 chīyào 약을 먹다

男: 你还在写作业? 我以为你早写完了呢。 女: 我有几个题不会做, 你帮我看看?	남: 너 아직도 숙제하고 있어? 난 네가 일찍이 다 한 줄 알았어. 여: 나 풀 수 없는 문제가 몇 개 있어. 네가 날 도와서 좀 봐줄래?

해설 사진에서 여자가 머리를 감싼 채로 고민하고 있고 그 앞에는 책들이 펼쳐져 있다. 여기서 우리는 학업에 관련된 문제가 나올 것이라고 미리 유추할 수 있다. 남자가 한 말 중 '作业(숙제)'와 여자의 대답에서 '题(문제)'를 듣고 정답을 고를 수 있다.

정답

男: 你身体不舒服吗? 那我带你去医院检查检查。 女: 没关系, 就是感冒发烧, 很快就会好的。	남: 너 몸이 불편하니? 그럼 내가 널 데리고 병원에 가줄게. 한번 검사를 해보자. 여: 괜찮아, 감기에 걸려서 열이 나는 거야. 금방 좋아질 거야.

해설 여자가 침대에 누워 머리를 감싼 채로 아파하고 있다. 이를 통해 질병과 관련된 내용이 나올 것임을 유추하여 '感冒 gǎnmào(감기)' 혹은 '发烧 fāshāo(열이 나다)' 등 사진과 관련된 단어를 미리 염두에 두어야 한다. 남자가 시작 부분에 '你身体不舒服吗? Nǐ shēntǐ bù shūfu ma?(너 몸이 불편하니?)'라고 물었고, 이에 여자는 '感冒发烧 gǎnmào fāshāo(감기에 걸려서 열이 나)'라고 대답했다. 따라서 여자가 아파하고 있는 모습의 사진이 답이 된다.

정답

☺ 인물의 상태와 표정에 주목해서 어떤 어휘가 나올지 추측해보자.

A

B

C

D

E

문제 1 ▶　　　　　　　　　　　　　　　　　　　　□

문제 2 ▶　　　　　　　　　　　　　　　　　　　　□

문제 3 ▶　　　　　　　　　　　　　　　　　　　　□

문제 4 ▶　　　　　　　　　　　　　　　　　　　　□

문제 5 ▶　　　　　　　　　　　　　　　　　　　　□

저것은 무엇인가? - 사물·동물

① 사진에 나온 사물, 동물을 미리 중국어로 떠올리자.

사진에 나온 사물이나 동물의 중국어 명칭은 대부분 녹음에서 나온다. 따라서 관련 사물, 동물이 중국어로 무엇인지 미리 떠올려두자. 3급에 자주 나오는 동물들은 정해져 있기 때문에 외워두면 쉽게 답을 찾을 수 있다.

② 사물이 어디에 어떻게 쓰이는 것인지 파악하고, 그와 관련된 상황도 유추해보자.

사진에서 나타나는 주요 단어가 그대로 녹음에 나오지 않는 경우도 있다. 예를 들어 사전과 관련된 사진이 나오면 녹음 지문에서 '词典 cídiǎn(사전)'이라는 단어가 그대로 나오지 않을 때가 있다. 이런 경우에 학업과 관련된 내용이 나올 것이라고 유추할 수 있듯이, 해당 단어가 그대로 나오지 않더라도 관련된 상황을 파악하여 정답을 유추해보자.

● **자주 출제되는 동물** 🎧 제1부분_유형전략03_Tip1

动物 dòngwù 동물(动物园 dòngwùyuán 동물원) | 狗 gǒu 개 | 猫 māo 고양이 | (大)熊猫 (dà)xióngmāo 판다 | 马 mǎ 말 | 鸟 niǎo 새 | 鱼 yú 물고기, 생선 | 牛 niú 소 | 猪 zhū 돼지 | 鸡 jī 닭 | 大象 dàxiàng 코끼리

● **자주 출제되는 사물** 🎧 제1부분_유형전략03_Tip2

箱子 xiāngzi 상자 | 行李 xíngli 짐 | 行李箱 xínglixiāng 짐가방, 트렁크 | 包 bāo 가방 | 护照 hùzhào 여권 | 手机 shǒujī 휴대전화 | 电视 diànshì 텔레비전 | 电脑 diànnǎo 컴퓨터 | 椅子 yǐzi 의자 | 桌子 zhuōzi 책상 | 手表 shǒubiǎo 손목시계 | 照相机 zhàoxiàngjī 사진기 | 眼镜 yǎnjing 안경 | 黑板 hēibǎn 칠판 | 词典 cídiǎn 사전 | 礼物 lǐwù 선물 | 裤子 kùzi 바지 | 裙子 qúnzi 치마 | 帽子 màozi 모자 | 伞 sǎn 우산 | 地图 dìtú 지도

예제 1 🎧 제1부분_유형전략03_예제1

女: 你看，这条黑色的怎么样？ 男: 不错，但是我觉得那条蓝色的更好看。	여: 너 봐, 이 검은색 어때? 남: 괜찮아, 그런데 내가 생각하기에 저 남색이 더 보기 좋은 것 같아.

해설 '裤子 kùzi(바지)'라는 단어가 직접적으로 언급되진 않았지만, 전체적인 문맥과 힌트로 주어진 '条 tiáo'를 통해 바지 사진이 나온 보기를 선택할 수 있어야 한다. '条'는 줄기, 가닥, 나뭇가지 등의 가늘고 긴 것을 세는 단위로 옷 중에서는 주로 바지, 치마 등을 셀 때 쓰인다.

정답

예제 2 🎧 제1부분_유형전략03_예제2

男: 我这是第一次看大熊猫。 女: 真的？它们多可爱啊。	남: 나 이번이 처음 판다를 보는 거야. 여: 정말? 쟤네 정말 귀엽다.

해설 '熊猫 xióngmāo'와 '大熊猫 dàxióngmāo'는 모두 '판다'라는 의미로, 시험에 자주 출제되는 동물이다. 이 단어를 알고 있다면 답을 찾는 것은 식은 죽 먹기이다. '它 tā'는 사람이 아닌 사물이나 동물 등을 가리키는 지시대명사이다.

정답

☺ 사진에 나온 사물이나 동물이 중국어로 무엇인지 미리 떠올리자.

A

B

C

D

E

문제 1 ▶ ☐

문제 2 ▶ ☐

문제 3 ▶ ☐

문제 4 ▶ ☐

문제 5 ▶ ☐

오늘 날씨 어때? - 날씨·계절과 관련된 표현

① 기본에 충실하자.

앞에서 말했듯이 듣기 제1부분은 많은 것을 요구하지 않는다. 사진을 봤을 때 내가 연상한 단어가 대부분 녹음에 그대로 등장한다. 특히 날씨와 관련된 사진은 관련된 단어가 대부분 직접 나오기 때문에 날씨에 관련된 빈출 단어만 알고 있어도 답을 금방 찾을 수 있다.

男: 哇! 今天天气真好啊!
　　와! 오늘 날씨 정말 좋다!

女: 蓝天白云! 我们出去玩儿吧。
　　푸른 하늘 하얀 구름! 우리 나가서 놀자.

왼쪽 사진을 보면 한적한 공원과 푸른 하늘을 담고 있다는 것을 알 수 있다. 하늘이 푸르다, 구름, 푸른 풀 등 사진과 직접적으로 관련된 단어들을 생각나는 대로 메모해두면 더 쉽게 답을 찾을 수 있을 것이다.

② '不'를 주의하자!

'热 rè(덥다)'의 반대말은 '冷 lěng(춥다)'이지만 '不热 búrè(덥지 않다)'처럼 단어 앞에 '不'를 붙여 반대 의미를 만드는 표현들을 주의해서 들어야 한다.

男: 外面天气热吗?
　　밖에 날씨 더워?

女: 不热，风刮得很大。
　　덥지 않아, 바람이 세게 불어.

남자가 한 말 중 '热 rè(덥다)'라는 표현만 듣고 섣불리 더위와 관련된 사진을 고르지 않도록 주의해야 한다. 또한 여자가 '热'라는 단어를 사용했지만 '不'를 붙여 덥지 않다는 부정의 표현을 했기 때문에 더위와 관련된 사진과는 관련이 없다.

③ 각 계절의 특징을 기억해두자.

녹음 지문에 직접적으로 '春天 chūntiān(봄)'이라는 단어는 나오지 않지만 '꽃이 피는 계절' 또는 '따뜻하다' 등 계절의 특징을 나타내는 어휘가 녹음에 등장하는 경우도 종종 있기 때문에 각 계절마다 어떤 특징이 있고, 이를 중국어로 무엇이라고 하는지 정리해두자.

● **날씨 관련 빈출 단어** 🎧 제1부분_유형전략04_Tip1

天气 tiānqì 날씨 | 热 rè 덥다 | 冷 lěng 춥다 | 暖和 nuǎnhuo 따뜻하다 | 阴天 yīntiān 흐린 날 | 晴天 qíngtiān 맑은 날 | 下雨 xiàyǔ 비가 내리다 | 下雪 xiàxuě 눈이 내리다 | 刮风 guāfēng 바람이 불다 | 伞 sǎn 우산 | 多云 duōyún 많은 구름 | 蓝天 lántiān 푸른 하늘 | 季节 jìjié 계절 | 春天 chūntiān 봄 | 夏天 xiàtiān 여름 | 秋天 qiūtiān 가을 | 冬天 dōngtiān 겨울

● **계절별 관련 단어** 🎧 제1부분_유형전략04_Tip2

1	春天 chūntiān 봄	春季 chūnjì 봄	开花 kāihuā 꽃이 피다	草 cǎo 풀	绿 lǜ 푸르다	暖和 nuǎnhuo 따뜻하다	春风 chūnfēng 봄바람
2	夏天 xiàtiān 여름	热 rè 덥다	西瓜 xīguā 수박	开空调 kāi kōngtiáo 에어컨을 켜다	下雨 xiàyǔ 비가 내리다	游泳 yóuyǒng 수영하다	暑假 shǔjià 여름방학	雨衣 yǔyī 우비
3	秋天 qiūtiān 가을	不冷不热 bùlěng búrè 덥지도 않고 춥지도 않다	秋游 qiūyóu 가을 여행	读书 dúshū 책을 읽다	天高 tiān gāo 하늘이 높다
4	冬天 dōngtiān 겨울	冬季 dōngjì 겨울	下雪 xiàxuě 눈이 내리다	冷 lěng 춥다	感冒 gǎnmào 감기, 감기에 걸리다	多穿 duō chuān 많이 입다

예제 1 🎧 제1부분_유형전략04_예제1

女：雪下得越来越大了，我们回家吧。 男：妈，再玩儿一会儿吧。	여: 눈이 점점 더 많이 내리네. 우리 집으로 돌아가자. 남: 엄마, 조금만 더 놀아요.

해설　사진을 보면 배경으로 하얀 눈이 쌓여있고, 아이는 눈을 가지고 놀고 있다. 녹음 내용을 듣기 전 사진들을 훑어보았을 때, 아래 사진에서는 눈이 중국어로 무엇인지 미리 생각해본다. 그러면 대화 속에서 '雪 xuě(눈)'라는 단어가 잘 들릴 것이고 쉽게 답을 찾을 수 있을 것이다. 녹음 시작부터 '雪 xuě(눈)'가 등장하고, 남자가 여자를 '妈 mā(엄마)'라고 부르는 것을 통해서 아이가 눈을 가지고 놀고 있는 사진을 찾을 수 있다.

정답　

예제 2 🎧 제1부분_유형전략04_예제2

男：一年四个季节中你最喜欢哪个？ 女：秋天，那时候天气不冷也不热。	남: 일 년 사계절 중 너는 어느 계절을 가장 좋아해? 여: 가을, 그때는 날씨가 춥지도 않고 덥지도 않아.

해설　계절에 관련된 문제이다. 어느 계절을 좋아하냐는 질문에 여자는 '秋天 qiūtiān(가을)'이라고 하면서 춥지도 덥지도 않은 가을 날씨에 대한 설명을 한다. 위 문제와 마찬가지로 먼저 사진의 단풍을 통해서 가을과 관련된 문제가 나올 것을 추측한다면 녹음 내용 중 '秋天'을 듣고 답을 찾기 수월할 것이다.

정답　

☺ '不'를 붙여 반대 의미를 나타내는 표현을 주의해서 들어보자!

A

B

C

D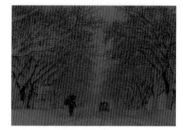

E

문제 1 ▶ ☐

문제 2 ▶ ☐

문제 3 ▶ ☐

문제 4 ▶ ☐

문제 5 ▶ ☐

부분별 전략

단어를 알고 표현을 알면 백전백승!

듣기 제1부분은 (1번~10번) 총 10문제 〉 대화 내용과 일치하는 사진 찾기!

▶ **녹음이 나오는 동안 사진을 미리 확인하자!**
어떤 사진이 있는지 먼저 확인해야 녹음 내용의 유추가 가능하고, 녹음을 들었을 때 바로바로 답을 찾을 수 있다.

▶ **사람이 나오면 행동이나 표정, 상태, 사물이 나오면 용도에 주목하자!**
머리를 잡고 고통스러워하는 사진이 나왔다면 '头 tóu(머리)', '疼 téng(아프다)', '医院 yīyuàn(병원)'과 같은 단어를 떠올릴 수 있어야 한다.

▶ **사진과 관련된 핵심 단어를 떠올리고 그와 관련된 단어들을 가지치기하자!**
내가 연상한 단어가 곧 답이다!

▶ **사진과 관련된 단어가 분명히 녹음에 들릴 것이다.**
자주 나오는 사진을 암기해두면 더욱 자신감을 가지고 들을 수 있다.

▶ **녹음 내용을 듣고 상황을 유추해서 답을 찾는 문제는 출제 빈도가 낮다.**
관련 단어는 대부분 직접적으로 나오니 집중해서 듣는다.

▶ 듣기 제1부분에 자주 등장하는 단어 및 표현 🎧 제1부분_부분전략_Tip1

1	…怎么样? …zěnmeyàng ~어때?, 괜찮아?	这双鞋怎么样? zhè shuāng xié zěnmeyàng? 이 신발 어때? 这个帽子怎么样? zhège màozi zěnmeyàng? 이 모자 어때? 这件衣服怎么样? zhè jiàn yīfu zěnmeyàng? 이 옷 어때? 这条裤子怎么样? zhè tiáo kùzi zěnmeyàng? 이 바지 어때? 这辆车怎么样? zhè liàng chē zěnmeyàng? 이 차 어때? 眼镜怎么样? yǎnjìng zěnmeyàng? 안경 어때? 照得怎么样? zhào de zěnmeyàng? 사진 찍은 것이 어때? 踢得怎么样? tī de zěnmeyàng? 축구 어땠어? 身体怎么样? shēntǐ zěnmeyàng? 몸(건강) 어때? 腿怎么样? tuǐ zěnmeyàng? 다리 괜찮아? 脚怎么样? jiǎo zěnmeyàng? 발 괜찮아? 这个颜色怎么样? zhège yánsè zěnmeyàng? 이 색깔 어때? **TIP** 蓝色 lánsè 파란색 | 黑色 hēisè 검은색 | 黄色 huángsè 노란색 | 红色 hóngsè 빨간색 | 白色 báisè 흰색
2	舒服 shūfu 편하다, 편안하다	穿着舒服 chuānzhe shūfu 입고(신고) 있는 것이 편하다 坐着舒服 zuòzhe shūfu 앉아 있는 것이 편하다 哪儿不舒服? nǎr bù shūfu? 어디가 불편하니? 身体不舒服 shēntǐ bù shūfu 몸이 불편하다 有点儿不舒服 yǒudiǎnr bù shūfu 조금 불편하다

3	**A 比 B** A bǐ B A가 B보다 ~하다	我比上个月高了多少? 저 지난달보다 얼마나 컸어요? Wǒ bǐ shàng ge yuè gāo le duōshao? 和刚才那个比哪个好? 방금 전에 그것과 비교했을 때 어느 것이 나아? Hé gāngcái nàge bǐ nǎge hǎo? 我们班的汉语水平比他们高 우리 반의 중국어 성적이 그들 반보다 높다 wǒmen bān de Hànyǔ shuǐpíng bǐ tāmen gāo 我比以前胖了 wǒ bǐ yǐqián pàng le 나는 이전보다 살이 쪘다 比以前瘦了 bǐ yǐqián shòu le 이전보다 살이 빠졌다
4	**동사 + (一)点儿 + 목적어** 약간의 (목적어)를 (동사)하다 **형용사 + (一)点儿** 약간, 조금 (형용사)하다	小心点儿 xiǎoxīn diǎnr 조심해 快点儿 kuài diǎnr 빨리 해 长点儿 cháng diǎnr 조금 더 길게 하다 短一点儿 duǎn yìdiǎnr 조금 짧게 하다 高一点儿 gāo yìdiǎnr 조금 높게 하다 低一点儿 dī yìdiǎnr 조금 낮게 하다 右一点儿 yòu yìdiǎnr 약간 오른쪽으로 하다 站近点儿 zhàn jìn diǎnr 약간 가까이 서다 多穿点儿衣服 duō chuān diǎnr yīfu 옷을 많이 입어라 喝点儿水 hē diǎnr shuǐ 물을 조금 마시다
5	**觉得** juéde ~라고 느끼다, 생각하다	觉得更漂亮 juéde gèng piàoliang 느끼기에 훨씬 예쁘다 觉得你的办法是最好的 너의 방법이 가장 좋은 것 같다 juéde nǐ de bànfǎ shì zuì hǎode 觉得哪个更好? 생각하기에 어느 것이 더 괜찮아? juéde nǎge gèng hǎo? 觉得比那条黑色的好看 생각하기에 저 검은색이 더 보기 좋다 juéde bǐ nà tiáo hēisè de hǎokàn 觉得有点儿冷 juéde yǒudiǎnr lěng 조금 추운 것 같다 觉得头很疼 juéde tóu hěn téng 머리가 아픈 것 같다 觉得不舒服 juéde bù shūfu 불편하게 느끼다 觉得累 juéde lèi 피곤하게 느끼다 觉得怎么样? juéde zěnmeyàng? 어떻게 생각해? 느끼기에 어때?
6	**동사 + 一下** 한번 (동사)하다, 좀 (동사)하다 [시도의 의미, 가볍게 하는 동작을 의미]	检查一下 jiǎnchá yíxià 한번 검토하다 看一下 kàn yíxià 한번 보다 开一下 kāi yíxià 좀 열다 等一下 děng yíxià 좀 기다리다 复习一下 fùxí yíxià 복습 좀 하다 休息一下 xiūxi yíxià 좀 쉬다, 휴식하다
7	**祝** zhù ~을 축하하다, 기원하다	祝你生日快乐 zhù nǐ shēngrì kuàilè 생일 축하해 祝你节日快乐 zhù nǐ jiérì kuàilè 명절 즐겁게 보내세요 祝您健康 zhù nín jiànkāng 당신이 건강하시길 기원합니다

▶ 듣기 제1부분에 자주 등장하는 사진 유형

不懂 bùdǒng 이해하지 못하다 | 地方 dìfang 명 부분, 장소 | 问题 wèntí 명 문제 | 解决 jiějué 동 해결하다 | 讲 jiǎng 동 말하다, 이야기하다 | 看 kàn 동 보다 | 哪儿 nǎr 대 어디 | 明白 míngbai 동 이해하다 | 帮 bāng 동 돕다

买 mǎi 동 사다 | 觉得 juéde 동 느끼다 | 怎么样? zěnmeyàng? 어때? | 穿 chuān 동 입다, 신다 | 裤子 kùzi 명 바지 | 裙子 qúnzi 명 치마 | 衬衫 chènshān 명 셔츠 | 帽子 màozi 명 모자 | 鞋 xié 명 신발 | 好看 hǎokàn 형 보기 좋다 | 漂亮 piàoliang 형 예쁘다 | 不错 búcuò 형 괜찮다 | 比 bǐ 전 동 ~보다/비교하다

感冒 gǎnmào 동 감기에 걸리다 | 发烧 fāshāo 동 열이 나다 | 头 tóu 명 머리 | 牙 yá 명 치아 | 腿 tuǐ 명 다리 | 脚 jiǎo 명 발 | 眼睛 yǎnjing 명 눈 | 不舒服 bù shūfu 불편하다 | 生病 shēngbìng 동 병이 나다 | 医院 yīyuàn 명 병원 | 检查 jiǎnchá 동 검사하다 | 累 lèi 형 피곤하다 | 药 yào 명 약 | 休息 xiūxi 동 쉬다 | 脸色 liǎnsè 명 얼굴색 | 医生 yīshēng 명 의사 | 注意 zhùyì 동 주의하다 | 身体 shēntǐ 명 신체, 몸, 건강

胖 pàng 형 뚱뚱하다 | 瘦 shòu 형 마르다 | 比 bǐ 전 ~보다 | 以前 yǐqián 명 이전 | 斤 jīn 양 근 | 公斤 gōngjīn 양 kg | 变化 biànhuà 동 변화하다

动物 dòngwù 명 동물 | 狗 gǒu 명 개 | 猫 māo 명 고양이 | 熊猫 xióngmāo 명 판다 | 照顾 zhàogù 동 돌보다, 보살피다 | 朋友 péngyou 명 친구 | 可爱 kě'ài 형 귀엽다 | 动物园 dòngwùyuán 명 동물원

天气 tiānqì 명 날씨 | 热 rè 형 덥다 | 冷 lěng 형 춥다 | 阴 yīn 형 흐리다 | 晴 qíng 형 맑다 | 下雨 xiàyǔ 동 비가 내리다 | 下雪 xiàxuě 동 눈이 내리다 | 刮风 guāfēng 동 바람이 불다 | 云 yún 명 구름 | 带 dài 동 휴대하다, 지니다 | 伞 sǎn 명 우산 | 季节 jìjié 명 계절 | 可能 kěnéng 조동 아마도 | 出租车 chūzūchē 명 택시 | 回去 huíqù 동 돌아가다

☺ 사진을 보고 연상되는 단어가 곧 녹음 내용에 나온다. 자신감을 가지고 듣도록 하자!

[1–5]

A
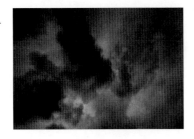

B

C

D

E

문제 1

문제 2

문제 3

문제 4

문제 5

[6-10]

A

B

C

D

E

문제 6 ▶

문제 7 ▶

문제 8 ▶

문제 9 ▶

문제 10 ▶

중국인과 숫자

중국인들은 해음현상 때문에 숫자의 의미를 중요시하게 되었다. 해음현상이란 두 단어의 발음이 같거나 비슷해서 생기는 문화현상을 뜻한다. 그렇다면 이 해음현상과 중국인의 숫자 선호도 사이에 어떤 관계가 있는지, 먼저 중국인이 좋아하는 숫자를 통해 알아보자.

중국인이 가장 좋아하는 숫자는 '8'이다. 숫자 '八 bā(8, 여덟)'와 '发财 fācái(돈을 벌다)' 중 '八'와 '发' 발음이 비슷해서 '8'은 큰 돈을 벌거나 부자가 된다는 의미를 가지고 있다. 중국에서 개최되는 큰 행사는 시간을 대부분 8시로 맞출 만큼 중국인들은 '8'이라는 숫자를 매우 중요시 한다는 것을 알 수 있다. '8' 외에 또 좋아하는 숫자로는 '6'과 '9'가 있다. 숫자 '六 liù(6, 여섯)'는 '流 liú(흐르다)'와 발음이 비슷해서 모든 일이 물처럼 순조롭게 흘러가길 바라는 의미를 담고 있다. 그리고 숫자 '九 jiǔ(9, 아홉)'는 '久 jiǔ(오래다)'와 발음이 같아서 장수를 의미하기 때문에 중국인들이 좋아하는 숫자 중 하나다.

반면에 숫자 '四 sì(4, 넷)'는 '死 sǐ(죽다)'와 발음이 비슷하여 죽음을 뜻하고, 숫자 '七 qī(7, 일곱)'는 '气 qì(화내다)'와 발음이 비슷하기 때문에 중국인이 좋아하지 않는 숫자라고 한다.

중국인이 싫어하는 선물

앞에서 중국인이 좋아하는 숫자와 싫어하는 숫자가 생기게 된 원인을 발음이 비슷한 해음현상 때문임을 알아봤다면 이번에는 중국인이 싫어하는 선물 유형을 해음현상을 통해 알아보도록 하자.

중국인이 싫어하는 선물로는 배, 시계, 우산, 부채, 신발 등이 있다. 먼저 우리나라에서 추석에 자주 선물로 주고받는 과일인 '배'는 중국어로 '梨 lí'라고 하는데, '떠나다, 헤어지다(离 lí)'와 발음이 같아 연인끼리는 배를 선물하지 않는다. 또한, 시계는 '钟 zhōng'인데 끝과 결말, 임종을 나타내는 '终 zhōng'과 발음이 같아 선물을 하게 되면 죽음, 망함의 의미로 해석될 수 있다. 이 밖에도 우산(伞 sǎn)과 부채(扇 shàn)는 흩어지다(散 sàn)와 발음이 비슷해서 '다시는 만남이 없다'라는 의미를 나타내며, 신발(鞋 xié)은 재앙(邪 xié)과 발음이 같아서 떠나감을 뜻한다. 우리나라에도 신발을 선물하면 신발을 신고 떠나간다는 말이 있듯이 중국도 이와 비슷한 의미를 가지고 있다.

지금까지 중국인이 싫어하는 선물을 알아보았으니 중국인에게 이런 선물을 하는 것은 가급적 피하도록 하자. 이와 같은 상식적인 내용은 듣기나 독해 지문에 종종 등장하기 때문에 잘 기억해두자!

녹음 내용과 문제의 일치/불일치 판단하기

● 문제유형

듣기 제2부분은 11번~20번, 총 10문항으로, 모든 문제는 두 번씩 들려준다. 들려주는 단문을 듣고 제시된 문장과 내용이 일치하면 [√] 표시를, 틀리면 [X] 표시를 하는 문제이다. 주로 남자가 단문을 읽어주고 지문이 끝나면 여자가 제시된 문제를 읽어준다.

● 출제경향

① 시간을 혼동시키는 문제가 출제된다.

예를 들어 녹음에는 그가 다음 주에 떠난다고 했지만 문제에서는 '그가 이미 떠났다'라고 제시해 헷갈리게 만드는 문제들이 출제되고 있다. 대부분 문제를 풀면 주로 주어가 어떤 동작을 하는지 집중해서 듣기 때문에 시간을 놓치는 경우가 발생하는데 동작의 발생 시점을 주의해서 들어야 한다.

② 같은 표현이지만 다른 단어를 사용해서 혼동시키는 문제가 출제된다.

중국어는 서로 다른 단어지만 같은 표현을 가진 단어들이 많다. 녹음과 제시된 문장이 결국엔 같은 표현이지만 다른 단어를 써서 우리가 문제를 풀 때 답을 헷갈리게 만드는 문제들이 출제되고 있으므로 의미가 비슷한 단어는 주의해서 함께 외워두면 좋다.

③ 상식으로 생각했을 때 판단할 수 있는 문제가 출제된다.

예를 들어 '사람은 휴식을 해야 한다'와 같이 일반적으로 생각했을 때 '맞다', '틀리다'라고 구분 지을 수 있는 문제가 종종 출제되고 있다. 제시된 문장을 봤을 때 상식적인 문제는 답으로 염두에 두었다가 녹음 내용을 확실히 확인한 뒤 정답으로 표시하면 된다.

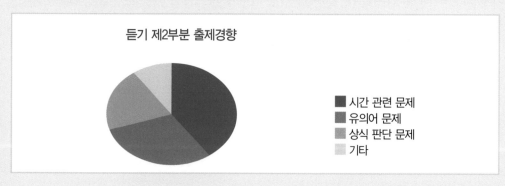

듣기 제2부분 출제경향

■ 시간 관련 문제
■ 유의어 문제
■ 상식 판단 문제
■ 기타

● 문제 접근 전략

> **시험지**
>
> ★ 他现在还不能踢足球。

① 예문이 나올 동안 11번~20번 제시 문장을 해석하며 내용을 유추한다.

듣기 제2부분 예제는 두 문제로 총 네 번의 녹음이 문제 시작 전에 나온다. 이 시간 동안 수험생은 아래의 제시된 10개의 문장을 빠르게 해석하며 어떤 내용이 나올지 미리 유추해야 한다. 시간을 잘 활용하자!

> **녹음**
>
> 太好了！他几乎不敢相信这是真的。医生说他很快就能像以前一样打篮球了。

② 제시된 문장에서 주어/술어/목적어 등 중심단어가 들려주는 내용과 일치하는지 확인한다.

문장에서 중심이 되는 단어를 미리 체크해두고 그 단어가 녹음에서 그대로 들리는지 아니면 그 부분이 다른 단어로 바뀌어서 나오는지 확인하며 듣는다. 위의 예문을 보자. 녹음에서는 '곧 이전과 같이 농구를 할 수 있게 될 것'이라고 나왔지만 문제에는 '축구를 하다'로 중심어가 바뀌었기 때문에 답은 X이다.

③ 첫 번째 녹음을 듣고 답을 정해 놓은 후 두 번째 녹음을 한 번 더 정확하게 듣고 맞으면 [✓], 틀리면 [X]를 표시한다.

모든 문제는 두 번씩 들려주기 때문에 확신하는 경우가 아니라면 첫 번째에 섣불리 답을 표시하지 말고, 한 번 더 듣고 난 후 신중하게 답을 표시한다.

같지만 다른 우리, 다르지만 같은 우리!
- 유사 표현

❶ 거리와 관련된 표현을 주의해서 듣자.

유사 표현에는 거리와 관련된 문제가 종종 출제된다. 문제에는 가깝다고 나와있지만 녹음 내용에는 '멀지 않다, 근처이다' 등 반의어에 '不'를 붙여 같은 뜻으로 만들거나 비슷한 표현으로 풀어내는 문장에 주의하자.

> 녹음 | 我家旁边有一家新开的茶馆，那儿的茶很好喝。
> 우리 집 옆에는 새로 연 찻집이 하나 있다. 그곳의 차는 맛있다.
> 문제 | 茶馆离我家很近。(√) 우리 집에서 찻집은 가깝다.
>
> ➜ '旁边 pángbiān(옆, 근처)'과 '很近 hěn jìn(가깝다)'은 같은 의미이기 때문에 답은 √이다.

❷ 비슷한 발음을 조심하자.

녹음에서 '그녀는 小学老师 xiǎoxué lǎoshī(초등학교 선생님)이다'라고 나왔지만 문제는 '그녀는 小学生 xiǎoxuéshēng(초등학생)이다'라고 비슷한 단어를 가지고 혼란을 주는 경우가 있다. 따라서 녹음 앞부분만 듣고 비슷한 단어가 들렸다고 해서 성급히 답을 체크하지 말고 끝까지 주의 깊게 들어야 한다.

> 녹음 | 小王是我的老同学。他很热情，所以认识他的人都很喜欢他。
> 샤오왕은 나의 오래된 학우이다. 그는 친절해서 그를 아는 사람들은 모두 그를 좋아한다.
> 문제 | 小王是我的同事。(✕) 샤오왕은 나의 직장 동료이다.
>
> ➜ 같은 글자 '同 tóng(함께, 같다)'을 사용하는 두 단어가 나오기 때문에 헷갈릴 수 있다. 더군다나 '同学 tóngxué (학우)'와 '同事 tóngshì(동료)'는 '同' 뒤의 단어도 언뜻 비슷하게 들릴 수 있다. 따라서 녹음 내용과 문제를 끝까지 집중해서 들어야 실수를 피할 수 있다.

❸ 시점을 주의해서 듣자.

동작의 상태가 완료되었는지, 진행 중인지, 경험한 적이 있는지 등을 알기 위해서는 동태조사 '了 le', '着 zhe', '过 guo'를 잘 파악해야 하며, 부정부사 '不'나 '没'와 같이 쓰이는 경우 시점상 언제를 부정하는지 알아야 문제를 정확하게 풀 수 있다.

'了'는 동사 또는 목적어 뒤에서 동작이 완료되었음을, '着'는 동사 뒤에서 동작의 진행과 상태의 지속을 의미하며 주로 '~하고 있는 중이다'라는 뜻을 가진 부사 '正在', '正', '在'와 자주 쓰인다. '过'는 동사 뒤에서 '~한 적이 있다'는 동작의 경험을 의미한다.

> 他来了。그가 왔다.   他在来。그가 오는 중이다.   他来过。그가 온 적이 있다.
>
> ➜ 이처럼 동사 뒤에 어떤 조사가 붙어 있느냐에 따라 의미가 달라지기 때문에 조사를 주의 깊게 들어야 한다.

> **TIP** '不 bù'는 시점상 현재와 미래를 부정할 때 주로 쓰이고, '没 méi'는 과거를 부정한다.

예제 1 🎧 제2부분_유형전략01_예제1

★ 医生认为妈妈的耳朵没问题。（　　）	★ 의사가 생각하기에 엄마의 귀에는 문제가 없다.
最近，妈妈一直说耳朵疼。我带她去医院，但是医生说她的耳朵没问题，不用吃药，多喝水就可以了。	요즘 엄마가 계속 귀가 아프다고 말했다. 내가 엄마를 데리고 병원에 갔는데 의사가 말하기를 엄마의 귀에는 문제가 없어서 약을 먹을 필요도 없고 물을 많이 마시면 괜찮다고 했다.

해설 '认为'는 '~라고 여기다, 생각하다'라는 뜻으로 녹음에서 의사가 말하기를 엄마의 귀에 문제가 없다는 부분을 통해 의사의 생각을 알 수 있다. 또한, 귀에 문제가 없다는 표현인 '耳朵没问题'가 문제와 녹음에 모두 등장했기 때문에 쉽게 정답을 고를 수 있다.

정답 √

예제 2 🎧 제2부분_유형전략01_예제2

★ 国家体育馆离这儿不远。　　　（　　）	★ 국가체육관은 여기에서 멀지 않다.
国家体育馆离这儿很近，看见前面那个路口了吗？你从那儿向右走一百米，就会看见一个黄色的大楼，那个楼就是。	국가체육관은 여기에서 가까워. 앞쪽에 그 골목 봤어? 너는 거기에서부터 오른쪽을 향해서 100미터 걸으면 바로 하나의 큰 노란색 건물을 볼 수 있을 거야. 그 건물이 바로 국가체육관이야.

해설 거리를 묻는 문제이다. 국가체육관까지는 '近 jìn(가깝다)'이라는 표현을 문제에서는 반의어 '远 yuǎn(멀다)' 앞에 '不'를 붙여 '멀지 않다', 즉, '가깝다'와 같은 표현으로 만들었다. 이와 같이 반의어 앞에 '不'를 붙여 같은 의미지만 다르게 보이는 표현에 주의하자.

정답 √

예제 3 🎧 제2부분_유형전략01_예제3

★ 他们不想再点菜。　　　　　（　　）	★ 그들은 음식을 다시 주문하고 싶지 않다.
服务员，我们这儿少了一双筷子和一个盘子，还有把菜单拿过来，我们要再点三个菜。	종업원, 우리 여기 젓가락 한 쌍과 접시 하나가 부족해요. 그리고 메뉴판을 가지고 와주세요. 우리는 세 가지 요리를 더 주문하려고 합니다.

해설 식당에서 종업원에게 이야기하는 내용으로 메뉴판을 가져다 달라고 하면서 요리를 더 시킬 것이라고 한다. 하지만 문제에는 '不想'을 사용해서 '주문하고 싶지 않다'라고 하여 본문과 의미가 반대되며, '再'가 들리는 것에 혼동해서 답을 √로 고르지 않도록 주의해야 한다.

정답 X

☺ 문제의 내용이 녹음에서 어떤 식으로 바뀌어 표현되는지 유의해서 듣자.

문제 **1** ★ 他家附近有条小河。　　　　　　　　(　　)

문제 **2** ★ 他决定去国外工作两年。　　　　　　(　　)

문제 **3** ★ 八月十五的月亮很大。　　　　　　　(　　)

문제 **4** ★ 儿子还没起床。　　　　　　　　　　(　　)

문제 **5** ★ 手表像以前那么重要。　　　　　　　(　　)

조금만 귀 기울이면 다 들린다!
– 숫자·장소 표현

❶ 화폐 단위를 기억하자.

돈에 관련된 문제가 나오면 금액이 얼마인지도 중요하지만 뒤에 따라 나오는 화폐 단위 역시 주의해서 들어야 한다. 화폐 단위의 대소관계를 구분할 수 있어야 하고, 문어 표현과 구어 표현이 다르니 모두 알아두어야 문제를 정확하게 풀 수 있다.

> 화폐 단위 1元 = 10角 = 100分
> 실생활에서는 块 kuài(= 元 yuán) > 毛 máo(= 角 jiǎo) > 分 fēn이라고 읽는다.

❷ 시간명사에 주의하자.

시점이 언제인지 정확하게 듣고 그 시점과 시제가 일치하는지 주의해서 들어야 한다. 시간명사가 나오지 않더라도 동태조사 '了', '着', '过'를 듣고 완료, 진행, 경험 등의 동작의 상태를 파악할 수 있어야 한다.

❸ 장소와 방위사를 주의하자.

문제에 장소명사가 나오면 그 문제는 주어가 어떤 장소에서 무엇을 했는지 집중해서 들어야 한다. 문제와 녹음에 등장하는 단어가 일치하는지 확인하고 위, 아래, 안, 바깥 등 방위사까지 잘 확인해서 문제를 풀자.

> 上面 shàngmian 위 ↔ 下面 xiàmiàn 아래 | 前面 qiánmian 앞 ↔ 后面 hòumiàn 뒤 | 里面 lǐmiàn(= 里边 lǐbian)
> 안 ↔ 外面 wàimiàn(= 外边 wàibian) 바깥 | 左边 zuǒbian 왼쪽 – 中间 zhōngjiān 중간 – 右边 yòubian 오른쪽 |
> 东边 dōngbian 동 – 西边 xībian 서 – 南边 nánbian 남 – 北边 běibian 북 | 旁边 pángbiān 옆, 주변 | 附近 fùjìn
> 근처

❹ 메모는 필수!

듣기 문제를 풀 때 메모는 항상 필요하지만 특히나 숫자 관련 표현이 나오면 무조건 메모하는 습관을 들이자. 숫자가 여러 번 등장하면 헷갈릴 수밖에 없기 때문에 녹음이 끝날 때까지 들리는 숫자를 잘 메모해두자.

● **여러 가지 시간명사** 🎧 제2부분_유형전략02_Tip1

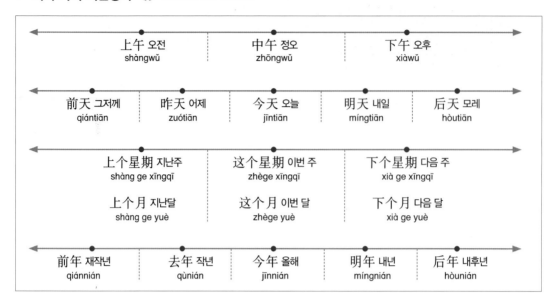

上午 오전
shàngwǔ

中午 정오
zhōngwǔ

下午 오후
xiàwǔ

前天 그저께
qiántiān

昨天 어제
zuótiān

今天 오늘
jīntiān

明天 내일
míngtiān

后天 모레
hòutiān

上个星期 지난주
shàng ge xīngqī

这个星期 이번 주
zhège xīngqī

下个星期 다음 주
xià ge xīngqī

上个月 지난달
shàng ge yuè

这个月 이번 달
zhège yuè

下个月 다음 달
xià ge yuè

前年 재작년
qiánnián

去年 작년
qùnián

今年 올해
jīnnián

明年 내년
míngnián

后年 내후년
hòunián

● **기출상식**

중국 화폐

듣기와 독해 지문에 종종 나오는 것 중 하나가 바로 '화폐 단위'이다. 중국 돈은 '元(위안화)'이라고 한다. 문어체로는 '元 yuán > 角 jiǎo > 分 fēn'이라고 쓰지만 실제 말을 할 때는 '块 kuài > 毛 máo > 分 fēn'이라고 부른다. 지  폐는 가장 큰 단위인 100元부터 50元, 20元, 10元, 5元, 1元짜리가 있다. 동 전은 1角, 5角가 있는데 1元, 1角, 5角는 지폐와 동전이 혼용되어 사용되고 있 다. 가장 작은 단위인 '分'은 우리나라 1원처럼 현재는 잘 쓰이지 않는다.

단위를 읽을 때 마지막 단위는 생략이 가능하다.
5.8元 = 五块八(毛) | 5.87元 = 五块八毛七(分)

중간 단위가 '0'일 경우엔 '零 líng'으로 읽는다.
30.07元 = 三十块零七(分) | 13.08元 = 十三块零八(分)

예제 1 🎧 제2부분_유형전략02_예제1

★ 现在苹果一元钱一斤。　（　　　）	★ 현재 사과는 한 근에 1위안이다.
这个季节的苹果真贵，一斤要十几块钱，还是秋天好，几角钱就能买一斤。	이 계절의 사과는 정말 비싸서, 한 근에 십몇 위안이 필요하다. 아무래도 가을이 좋다. 몇 지아오면 한 근을 살 수 있다.

해설　지문에서는 '현재 사과는 한 근 사는 데 십몇 위안이 필요하다'라고 했지만 문제에는 현재 사과는 한 근에 1위안이라고 나왔기 때문에 답은 X이다. 또한, 가을이 낫다고 한 이유는 가을에는 사과가 현재보다 저렴한 '几角'이기 때문인데 '角 (jiǎo)'는 '元(yuán)'보다 낮은 화폐 단위이다.

정답　X

예제 2 🎧 제2부분_유형전략02_예제2

★ 他已经到了。　（　　　）	★ 그는 이미 도착했다.
我已经从图书馆出来了，那几本书都还了，你等我一会儿，我很快就到。	나는 이미 도서관에서 나왔는데, 그 몇 권의 책은 모두 반납했어. 너 잠시만 기다려, 나 곧 도착해.

해설　이 문제는 시점을 잘 확인해야 한다. 녹음 앞 쪽 내용은 어제, 오늘과 같은 시간명사는 없지만 '已经 yǐjīng(이미)'이라는 부사가 있고 동작의 완료를 알려주는 '了'가 있어서 모든 동작이 완료가 되었다고 생각할 수 있다. 하지만 문장 마지막에 '잠시만 기다려'라는 표현과 '곧 도착한다'를 통해 '그는 아직 도착하지 않았다'라는 것을 알 수 있다. 따라서 답은 X이다.

정답　X

예제 3 🎧 제2부분_유형전략02_예제3

★ 办公室在九层。　（　　　）	★ 사무실은 9층에 있다.
你明天到办公室找我，我在八零八，如果我不在，你就上九楼，到九零七会议室找我，我可能在那儿开会。	너 내일 사무실에 도착해서 날 찾아. 난 808호에 있을 건데, 만약 내가 없으면 넌 바로 9층으로 올라와. 그리고 907호 회의실에 도착해서 날 찾아. 난 아마도 그곳에서 회의를 하고 있을 거야.

해설　문제를 보고 사무실이 몇 층에 있는지에 중점을 두고 들어야 한다. 사무실은 8층에 있고 회의실이 9층에 있기 때문에 답은 X이다. 이처럼 숫자가 여러 개 나오는 경우, 헷갈리기 쉽기 때문에 메모를 꼭 남겨두어야 한다. 또한, 중국에서 방 호수는 숫자 하나하나 끊어 읽어야 한다.

정답　X

☺ 문제에 나온 숫자나 장소가 녹음 내용에 들리는지 확인하고, 특히 숫자가 나오면 하나도 빠짐없이 메모해두자.

문제 1 ★ 他和小李差两岁。 ( )

문제 2 ★ 姐姐早上只吃一个苹果。 ( )

문제 3 ★ 宾馆南边有个公园。 ( )

문제 4 ★ 他要去学校。 ( )

문제 5 ★ 这是辆旧车。 ( )

옳고 그름을 판단하자 – 사실 여부 판단

❶ 상식상 맞고 틀리는 문제를 놓치지 말자.

사실여부 판단 문제는 문제를 해석해봤을 때 상식적으로 무조건 맞는 것은 옳은 답일 확률이 높고, 누가 봐도 '이것은 상식적으로 아니다'라는 생각이 들면 틀린 답일 확률이 높다. 즉, 문제 해석만 잘해도 쉽게 풀 수 있는 유형이기 때문에 이런 상식문제를 놓치지 말자.

> 人们要休息。(✓) 사람은 쉬어야 한다.
> 运动对身体很有帮助。(✓) 운동은 몸에 좋다.
> 人们不要睡觉。(✗) 사람은 잠을 잘 필요가 없다.

❷ 다른 한 단어를 주의하자.

녹음 내용과 문제의 일치/불일치를 판단하는 문제에서는 문제와 녹음에서 등장한 다른 한 단어를 찾아내서 문제를 푸는 것이 좋다. 반의어를 사용하거나 동사는 같지만 목적어를 다르게 하여 혼동을 줄 수 있지만, 오히려 그 한 단어가 결정적인 힌트가 되어서 문제를 푸는 데 도움이 되기 때문에 다른 한 단어를 주의 깊게 들어보자.

> | 녹음 | 他每天早上吃一个苹果。这习惯对身体很好。
> 그는 매일 아침 사과 한 개를 먹는다. 이 습관은 건강에 좋다.
> | 질문 | 他每天早上喝苹果汁。(✗) 그는 매일 아침 사과주스를 마신다.
>
> | 해설 | '苹果 pínɡɡuǒ(사과)'라는 단어는 문제와 녹음에 모두 나오지만 녹음에서는 '吃 chī(먹다)' 라는 동사를 썼고, 문제에서는 '喝 hē(마시다)'라는 동사가 쓰였기 때문에 녹음과 문제가 불일치하다는 것을 알 수 있다.

❸ 문제가 곧 답이다.

문제에 나온 문장이 녹음 지문에 똑같이 나오는 경우도 많다. 상식에 관련된 문제 또는 문화에 관련된 문제들은 대부분 시작 부분에 주제를 알려주고, 그에 대한 내용을 설명하는 경우가 많다. 즉, 문제를 정확하게 파악하고 녹음을 들어야 답을 쉽게 파악할 수 있다는 것이다. 또한, 중국에 관련된 문화 상식도 미리 쌓아두면 더 쉽게 정답에 다가갈 수 있을 것이다.

> 中国人喜欢红色。(✓) 중국인은 빨간색을 좋아한다.
> 春节是中国一个最大的节日。(✓) 춘절은 중국의 가장 큰 명절 중 하나이다.
> 上海是中国的首都。(✗) 상하이는 중국의 수도이다.

★ 科学学得好的人都很聪明。　（　　　）	★ 과학을 잘 배운 사람은 모두 똑똑하다.
科学学得好的人不一定是非常聪明的人。如果你对科学有兴趣，而且又很努力，那你一样可以学好科学。	과학을 잘 배운 사람이 반드시 매우 똑똑한 사람은 아니다. 만약 네가 과학에 흥미가 있고 열심히 노력한다면 너도 똑같이 과학을 잘할 수 있다.

해설 문제가 상식적으로 맞지 않다. 과학을 잘하는 사람 모두가 똑똑하다고는 할 수 없고, 녹음에서 역시 시작 부분에 '不一定 bù yídìng(반드시 ~인 것은 아니다)'이라는 표현을 사용했기 때문에 답은 X가 된다.

정답 X

★ 姐姐最喜欢跳舞。　（　　　）	★ 언니는 춤추는 것을 가장 좋아한다.
画画儿是姐姐最大的爱好。她从小学一年级开始学习画画儿，到现在已经有十五年了。	그림 그리는 것은 언니의 가장 큰 취미이다. 그녀는 초등학교 1학년 때부터 그림 그리는 것을 배우기 시작했다. 현재까지 벌써 15년이 되었다.

해설 문제를 미리 보고 언니가 무엇을 가장 좋아하는지를 잘 들어야 한다. 도입부에 그림을 그리는 것이라고 직접적으로 나왔고, '画画儿 huà huàr(그림 그리다)'이라는 단어만 반복될 뿐 춤추는 것과 관련된 단어는 한 번도 언급되지 않았기 때문에 답은 X가 된다.

정답 X

★ 他每天坐地铁上班。　（　　　）	★ 그는 매일 지하철을 타고 출근한다.
我家离公司很近，所以我每天早上骑自行车去上班，二十分钟就能到。	우리 집은 회사에서 가깝다. 그래서 나는 매일 아침 자전거를 타고 출근한다. 20분이면 도착할 수 있다.

해설 문제를 미리 보고 그가 아침에 무엇을 타고 출근을 하는지 주의 깊게 들어야 한다. 그는 '회사가 가깝기 때문에 매일 아침 자전거를 탄다'라고 했기 때문에 답은 X가 된다.

정답 X

☺ 상식상 맞으면 √, 틀리면 X일 확률이 높다. 문제 해석을 통해서 답이 될 수 있는 내용인지 미리 확인하고 녹음을 들어보자.

문제 1 ▶ ★ 出现问题必须找人帮忙。 ( )

문제 2 ▶ ★ 经理很年轻。 ( )

문제 3 ▶ ★ 他妹妹是中学生。 ( )

문제 4 ▶ ★ 女儿喜欢小猫。 ( )

문제 5 ▶ ★ 香蕉和苹果不能长时间放在一起。 ( )

猜一猜(추측해보자) - 내용 유추

❶ 문제 속의 단어가 녹음에서 들리지 않는다고 X는 아니다.

녹음을 듣고 상황을 파악하고 유추하는 문제들은 의미가 비슷한 다른 단어를 사용하거나 상황을 풀어서 쓸 수 있다. 다른 유형들처럼 녹음과 문제에 같은 어휘나 어구가 나오지 않았다고 해서 무조건 X라고 할 수는 없다.

> | 문제 | 他在饭馆。(√) 그는 식당에 있다.
> | 녹음 | 这家的菜都很有名。我最喜欢的是火锅，真好吃，价钱也很便宜，所以很多人来。
> 이곳의 음식은 모두 유명하다. 내가 가장 좋아하는 것은 훠궈로, 정말 맛있고 가격 역시 저렴해서 많은 사람들이 온다.

→ '家'는 명사로 쓰일 경우 '집'이라는 의미지만, 양사로 쓰일 때는 점포, 회사 등을 세는 단위를 나타낸다. 녹음에서 식당이라는 단어가 직접적으로 나오지 않았지만, 녹음 뒤쪽을 들어보면 음식 이름, 가격 등이 나오고, 많은 사람들이 온다고 했기 때문에 그가 식당에 있다는 것을 알 수 있다.

❷ 문제와 관련된 표현을 유추하자.

위에서 말했듯이 문제 속의 단어가 녹음에 그대로 등장하지 않을 수 있다. 따라서 문제와 관련된 내용을 유추할 수 있어야 한다. 예를 들어 문제가 '그녀는 병이 났다'라면 녹음에는 '머리가 아프다', '열이 나다' 등과 같이 질병과 관련된 다양한 표현이 나올 수 있다. 따라서 녹음을 들을 때 비슷한 표현이 나오는지 주의 깊게 들어야 한다.

> | 문제 | 小王在中国学汉语。(√) 샤오왕은 중국에서 중국어를 공부한다.
> | 녹음 | 为了提高汉语水平，小王去年来到了北京。现在他在北京大学念书。虽然学了不久，但他汉语说得真不错。
> 중국어를 배우기 위해서 샤오왕은 작년에 베이징으로 왔다. 현재 그는 베이징대학에서 공부하고 있다. 비록 오래 배우지는 않았지만 그는 중국어를 정말 잘 말한다.

→ 녹음에서 샤오왕이 중국어 실력을 향상시키기 위해 작년에 베이징에 왔다는 내용을 토대로 그는 지금 중국에서 중국어를 공부한다고 유추할 수 있다. 또한, 베이징은 중국의 수도이므로 답은 √이다. 이처럼 문제에 있는 단어가 녹음에 직접 등장하지 않더라도 상황을 유추해서 비슷한 표현이 나왔는지 확인해야 한다.

③ 작은 개념을 포괄하는 큰 개념에 대한 어휘가 들리는지 귀를 기울이자.

엄마, 아빠, 동생 등 작은 개념을 포괄하는 큰 개념은 '가족'이고, 사과, 바나나, 포도 등 작은 개념을 포괄하는 큰 개념은 '과일'인 것처럼 여러 단어를 묶을 수 있는 하나의 큰 개념 단어가 들리는지 확인한다. 만약 그 단어가 들린다면 답은 √일 확률이 높다.

문제	吃水果对减肥有帮助。 (√) 과일을 먹는 것은 다이어트에 도움이 된다.
녹음	我比以前胖了。为了减肥，我每天早上吃一个苹果和一个香蕉。现在瘦了两公斤。

나는 이전보다 살이 쪘다. 다이어트를 하기 위해 나는 매일 아침 사과 한 개와 바나나 한 개를 먹는다. 지금은 2kg이 빠졌다.

→ 녹음에서 '苹果 píngguǒ(사과)'와 '香蕉 xiāngjiāo(바나나)'가 등장했는데, 질문에서는 '水果 shuǐguǒ(과일)'라는 큰 개념의 단어로 포괄하고 있기 때문에 답은 √이다.

★ 女儿生病了。　　　　（　　）	★ 딸은 병이 났다.
女儿从昨天就开始牙疼，而且还有些发烧，下午我想带她去医院看看。	딸이 어제부터 이가 아프기 시작했다. 게다가 열이 조금 나서 오후에 나는 그녀를 데리고 병원에 한번 가볼 생각이다.

해설　문제처럼 '女儿生病了(딸은 병이 났다)'라는 직접적인 표현은 녹음에 나오지 않지만 '牙疼 yáténg(치통)'과 '发烧 fāshāo (열)', '医院 yīyuàn(병원)' 등과 같이 질병에 관련된 단어가 계속해서 나오는 것을 보고 '딸이 병이 났다'라는 것을 알 수 있다. 따라서 답은 √이다.

정답　√

★ 妈妈晚上不在家吃饭。　　（　　）	★ 엄마는 저녁에 집에서 식사하시지 않는다.
今天晚上你妈和同学们在外面吃饭，所以你们要自己做饭。	오늘 저녁에 너희 엄마는 동창들과 바깥에서 식사하실 거야. 그래서 너희는 스스로 음식을 만들어야 해.

해설　'妈妈晚上不在家吃饭(엄마는 저녁에 집에서 식사하시지 않는다)'이라는 직접적인 표현은 녹음에 나오지 않았지만 '晚上你妈和同学们在外面吃饭(저녁에 너희 엄마는 동창들과 바깥에서 식사하실 거야)'이라는 문장 중 '外面吃饭'이라는 표현을 통해 엄마가 저녁에 집이 아닌 밖에서 식사하신다는 것을 유추할 수 있다. 따라서 답은 √이다.

정답　√

★ 现在是冬季。　　　　（　　）	★ 지금은 겨울이다.
这个季节特别热，你还是秋天再来旅游吧，那时候天气不冷也不热。	이 계절은 특히나 더우니, 너 가을에 다시 와서 여행하는 것이 낫겠어. 그때는 날씨가 춥지도 않고 덥지도 않아.

해설　우선 문제의 핵심 어휘인 '冬季 dōngjì(겨울)'라는 단어는 녹음에 등장하지 않았다. 하지만 녹음 맨 처음에 '这个季节特别热(이 계절은 특히나 덥다)'라고 했으니, 적어도 겨울은 아닐 것이다. 그리고 뒤에 이어지는 문장에서 '秋天 qiūtiān(가을)'이란 단어가 나와서 계절을 가을로 헷갈릴 수는 있겠지만 겨울과 관련된 어휘는 단 한 번도 나오지 않았다. 따라서 답은 X이다.

정답　X

☺ 문제를 먼저 해석해보고 녹음에서는 과연 어떤 식으로 관련 어휘들이 나올지 추측해보자.

문제 1 ★ 小李下班后要去北京。　　　　　　　　　　　（　　　）

문제 2 ★ 图书馆的环境比较好。　　　　　　　　　　　（　　　）

문제 3 ★ 他喜欢喝牛奶。　　　　　　　　　　　　　　（　　　）

문제 4 ★ 他在画小狗。　　　　　　　　　　　　　　　（　　　）

문제 5 ★ 这儿的人不习惯说左右。　　　　　　　　　　（　　　）

내 생각은… – 감정·상태·견해 표현

❶ 감정은 그대로 노출된다.

감정 표현을 하는 문제에서는 특정 화제에 대한 감정을 직접적으로 표현하기 때문에 감정과 관련된 단어가
그대로 노출된다. 주의해야 할 점은 우리말에서도 '기쁘다'라는 표현이 '즐겁다', '유쾌하다' 등 여러 가지로 표
현될 수 있듯이 같은 감정이지만 다양한 어휘로 표현할 수 있기 때문에 비슷한 감정에 속하는 어휘는 묶어서
기억해두자. 아래 감정 관련 어휘를 참고하자!

> 放心 fàngxīn 안심하다 | 高兴 gāoxìng 기쁘다 | 快乐 kuàilè 즐겁다, 유쾌하다 | 满意 mǎnyì 만족하다 | 喜欢
> xǐhuan 좋아하다 | 热情 rèqíng 친절하다 | 笑 xiào 웃다 | 相信 xiāngxìn 믿다 | 认真 rènzhēn 진지하다, 열심히
> 하다 | 容易 róngyì 쉽다 | 着急 zháojí 급하다, 서두르다 | 害怕 hàipà 무서워하다, 두려워하다 | 难过 nánguò 괴
> 롭다, 슬프다 | 奇怪 qíguài 이상하다 | 生气 shēngqì 화내다 | 哭 kū 울다 | 难 nán 어렵다

❷ 생각이나 견해를 나타내는 동사는 정해져 있다.

주어의 생각, 바람에 대해 언급하거나 의견 제시를 하는 문제가 종종 출제된다. 이런 문제를 파악하기 위해서는
주어의 생각이나 견해를 알려주는 동사를 외워두고 녹음이나 문제에 등장하면 화자의 생각이 어떤지 잘 파악
해야 한다. 예를 들어, 녹음에 '주어 + 觉得 juéde(~라고 느끼다, 생각하다) + 느낀 생각'이 등장하면 '觉得' 뒷
내용이 문제와 일치하는지 확인해야 한다. 아래 생각·견해와 관련된 단어를 참고하자!

> 觉得 juéde ~라고 느끼다, 생각하다 | 希望 xīwàng 희망하다 | 想 xiǎng 생각하다 | 认为 rènwéi ~라고 여기다,
> 생각하다 | 以为 yǐwéi ~라고 여기다, ~인 줄 알다

'认为'와 '以为'는 많이 헷갈려하는 동사이기 때문에 예문을 통해 쓰임새를 잘 기억해두자.

> 我认为他是中国人。 나는 그가 중국인이라고 생각한다.
> 我以为他是中国人。 나는 그가 중국인인 줄 알았다. (중국인이 아니다.)

❸ 문제를 보고 내용을 유추한다.

상태나 감정과 관련된 문제는 문제 해석을 통해 미리 예측할 수 있다. 만약 문제에 '他喜欢吃甜的(그는 단
것을 먹는 것을 좋아한다)'라고 나와 있으면 그가 어떤 맛을 좋아하는지에 대한 녹음 내용이 나올 것이다. 이
처럼 녹음이 나오기 전에 문제를 빠르게 해석해서 어떤 내용을 중점적으로 들어야하는지 미리 준비하자.

예제 1 🎧 제2부분_유형전략05_예제1

★ 他爱画小动物。 （　　　）	★ 그는 작은 동물 그리는 것을 좋아한다.
弟弟从小就喜欢画画儿，而且特别喜欢画小动物，他画的小狗、猫、马几乎跟真的一样。	남동생은 어릴 때부터 그림 그리는 것을 좋아했다. 게다가 특히나 작은 동물을 그리는 것을 좋아한다. 그가 그린 강아지, 고양이, 말은 거의 진짜 같다.

해설　문제와 녹음에서 목적어는 똑같이 '画小动物(작은 동물을 그리다)'가 쓰였지만 문제에서 술어는 '爱 ài(좋아하다)'를, 녹음에서는 '喜欢 xǐhuan(좋아하다)'을 사용했다. 이 두 동사는 모두 '좋아하다'라는 뜻을 가진 단어이다. 따라서 두 문장의 의미는 같기 때문에 답은 √이다.

정답　√

예제 2 🎧 제2부분_유형전략05_예제2

★ 说话人希望他认真想想。 （　　　）	★ 화자는 그가 진지하게 한번 생각해보기를 희망한다.
我了解你妈，我相信她不会同意你这么做的，你还是认真地想想再决定吧。	나는 너희 어머니를 이해한다. 나는 네가 이렇게 하는 것을 그녀가 동의하지 않을 것이라고 믿는다. 너는 진지하게 한번 생각해보고 다시 결정하는 게 낫겠다.

해설　화자는 청자의 어머니 심경을 이해하고 있으며, 청자가 하는 것을 동의하지 않을 것이라 믿는다는 상태를 표현하면서 그에게 다시 한번 생각해보는 것이 좋겠다고 제안한다. 즉, 마지막 부분에서 화자는 그가 다시 생각해보길 희망한다고 했으므로 답은 √이다.

정답　√

예제 3 🎧 제2부분_유형전략05_예제3

★ 他找到手表了。 （　　　）	★ 그는 손목시계를 찾아냈다.
那块儿手表是爷爷送他的，他昨天洗手时才发现手表不见了，这让他很难过。	그 시계는 할아버지가 그에게 준 것이다. 그는 어제 손을 씻을 때 손목시계가 보이지 않는다는 것을 비로소 발견했고, 이것은 그를 슬프게 했다.

해설　'手表不见了, 这让他很难过(시계를 잃어버렸다는 것을 발견했고, 이것은 그를 슬프게 했다)'라는 표현을 통해 시계를 찾지 못했다는 것을 알 수 있다. 전체 내용을 다 듣고 이해하지 못했어도 감정을 표현한 '难过 nánguò(슬프다, 괴롭다)'를 듣고 부정적인 내용임을 파악할 수 있다. 따라서 답은 X이다.

정답　X

☺ 감정 표현은 녹음에 그대로 나올 확률이 높기 때문에 어떤 감정인지, 혹은 감정이 어떻게 변화하는지 집중해서 들어보자.

문제 1 ★ 他觉得小时候的日子最快乐。 (　　)

문제 2 ★ 着急的时候不会哭。 (　　)

문제 3 ★ 他喜欢小猫。 (　　)

문제 4 ★ 他认为手机作用不大。 (　　)

문제 5 ★ 他害怕动物。 (　　)

문제를 잘 살펴보면 답이 보인다!

듣기 제2부분은 (11번~20번) 총 10문제 〉 녹음 내용과 문제의 일치/불일치 판단하기

▶ **부정부사 '不'를 주의하자!**
녹음에서 보기와 같은 단어가 들리지만 단어 앞에 '不'가 붙어있다면 반대말이 되면서 힌트에서 함정으로 바뀔 수 있다. 오답을 고를 수 있으니 '不'를 조심하자.

▶ **시간명사와 방위사를 주의하자.**
도착한 것인지, 도착할 것인지, 책상 위인지 아래인지와 같은 시간명사와 방위사까지 정확하게 듣고 문제를 풀도록 한다.

▶ **상식과 관련된 문제는 놓치지 말자.**
문제를 해석했을 때 상식적으로 무조건 맞는 것은 (✓)일 확률이 높고, 상식적으로 말이 되지 않는다고 생각되면 답은 (X)인 경우가 많다.

▶ **문제 속 문장이 녹음에 그대로 나오는 경우에는 (✓)일 확률이 높다.**
이 경우에 녹음에 문장이 그대로 나오긴 했지만 그 뒤에 '但是 dànshì', '可是 kěshì'와 같은 전환관계 접속사를 기준으로 내용이 전환되는 경우도 있으니 주의해야 한다.

▶ **자주 등장하는 반의어** 🎧제2부분_부분전략_Tip1

快 kuài 빠르다	↔	慢 màn 느리다	多 duō 많다	↔	少 shǎo 적다
容易 róngyì 쉽다	↔	难 nán 어렵다	新 xīn 새롭다	↔	旧 jiù 오래되다
长 cháng 길다	↔	短 duǎn 짧다	冷 lěng 춥다	↔	热 rè 덥다
胖 pàng 뚱뚱하다	↔	瘦 shòu 마르다	里 lǐ 안	↔	外 wài 밖
贵 guì 비싸다	↔	便宜 piányi 저렴하다	开 kāi 열다, 켜다	↔	关 guān 닫다, 끄다
开始 kāishǐ 시작하다	↔	结束 jiéshù 끝나다	记得 jìde 기억하다	↔	忘 wàng 잊다
高 gāo 높다, (키가) 크다	↔	矮 ǎi 낮다, (키가) 작다	错 cuò 틀리다	↔	对 duì 맞다
大 dà 크다	↔	小 xiǎo 작다	安静 ānjìng 조용하다	↔	热闹 rènao 시끄럽다

▶ 다른 어휘를 사용했지만 의미가 같은 표현들 🎧 제2부분_부분전략_Tip2

1	打算买房 집을 살 계획이다 dǎsuàn mǎi fáng	=	准备买房 집을 살 준비하다 zhǔnbèi mǎi fáng
2	去国外留学 외국에 가서 유학을 하다 qù guówài liúxué	=	去国外读书 외국에 가서 공부를 하다 qù guówài dúshū
3	这个字不知道怎么读 zhège zì bù zhīdào zěnme dú 이 글자를 어떻게 읽는지 모르겠다	=	不认识这个字 이 글자를 알지 못한다 bú rènshi zhège zì
4	爱唱歌 노래 부르는 것을 좋아하다 ài chànggē	=	对唱歌感兴趣 노래 부르는 것에 흥미가 있다 duì chànggē gǎn xìngqù
5	我家附近有个花园 wǒ jiā fùjìn yǒu ge huāyuán 우리 집 근처에는 화원이 있다	=	花园离我家很近 우리 집에서 화원은 가깝다 huāyuán lí wǒ jiā hěn jìn
6	听着音乐走路 음악을 들으면서 길을 걷는다 tīngzhe yīnyuè zǒu lù	=	一边走路一边听音乐 yìbiān zǒu lù yìbiān tīng yīnyuè 한편으로는 길을 걸으면서 한편으로는 음악을 듣는다

☺ 섣부르게 판단하지 말고 비슷한 발음, 반의어, 동의어를 주의 깊게 듣자.

문제 1 ★ 考试十点半开始。 ( )

문제 2 ★ 我和黄先生是同学。 ( )

문제 3 ★ 历史是他的爱好。 ( )

문제 4 ★ 儿子比爸爸矮。 ( )

문제 5 ★ 他家附近有个公园。 ( )

문제 6 ★ 他这个周末去爬山。 ( )

문제 7 ★ 不要认真听老师说的话。 ( )

문제 8 ★ 他想介绍哥哥跟小高认识。 ( )

문제 9 ★ 天气变冷了。 ( )

문제 10 ★ 他长得很高。 ( )

단문·장문대화 듣고 질문에 답하기

● 문제유형

듣기 제3부분은 21번~30번, 총 10문항으로, 모든 문제는 두 번씩 들려준다. 여자와 남자의 단문 대화를 듣고 바로 이어서 나오는 질문에 대한 답을 보기에서 찾는 문제이다. 질문이라고 따로 알려주지 않고 남자 한 마디, 여자 한 마디가 끝나면 이어서 질문이 나오기 때문에 주의 깊게 들어야 한다.

듣기 제4부분은 31~40번, 총 10문항으로, 모든 문제는 마찬가지로 두 번씩 들려준다. 듣기 제3부분과 차이점은 남자와 여자의 대화가 한 마디씩 늘어나서 남녀남녀, 여남여남 형식으로 대화를 주고 받고 마찬가지로 곧바로 대화 내용에 관련된 질문이 나온다.

● 출제경향

① 상황을 묻는 문제가 출제된다.

여자가 앞으로 하려는 행동이 무엇인지, 무엇을 타고 가려고 하는지 등과 같이 남자 또는 여자의 행동이나 그들이 지금 처해있는 상황을 묻는 문제가 출제되고 있다.

② 장소를 묻는 문제가 출제된다.

두 사람이 대화하는 장소로 알맞은 곳을 찾으라고 하는 문제가 자주 출제되고 있다. 어떤 장소에 어울리는 대화 내용인지 주의 깊게 들어야 한다.

③ 두 사람의 관계나 직업을 묻는 문제가 출제된다.

두 사람의 대화를 통해 두 사람의 관계 또는 여자/남자의 직업을 유추하는 문제가 출제되고 있다.

④ 숫자에 관련된 문제가 출제된다.

간단한 날짜·시간 계산, 돈 계산과 같이 수와 관련된 문제도 종종 출제되고 있으므로 보기에 숫자가 보인다면 녹음에서 수에 관련된 표현이 나오면 메모하며 주의 깊게 들어야 한다.

듣기 제3·4부분 출제경향

- ■ 상황 관련 문제
- ■ 장소 관련 문제
- ■ 관계·직업 관련 문제
- ■ 숫자 관련 문제

● 문제 접근 전략

시험지

A 完成作业　　　　　B 打扫厨房　　　　　C 玩儿游戏

① 보기를 해석하며 보기들 간의 공통점을 찾아 어떤 내용이 나올지 예상한다.

보기의 '숙제를 하다', '청소를 하다', '놀다' 세 단어의 공통점은 행동이므로 누군가의 행동에 관련된 내용이 나올 것이라는 것을 예상할 수 있다.

녹음

女: 你回来就一直玩儿游戏, 作业写完了吗?
男: 我在学校写完了。

시험지

A 完成作业　　　　　B ~~打扫厨房~~　　　　　C 玩儿游戏

② 녹음에 언급되지 않은 단어들을 지워가며 답을 찾는다.

녹음에서 들리지 않았던 단어를 지워나가며 들으면 답을 체크할 때 헷갈리지 않을 수 있다.

질문

问: 男的正在做什么?

③ 마지막 질문이 무엇에 대해서 묻는지 잘 듣고 답을 찾는다.

남자의 행동을 묻는 것인지, 여자의 행동을 묻는 것인지는 마지막까지 집중해서 질문을 들어야 알 수 있다. 녹음에 나온 어휘가 보기에 있다고 무턱대고 답으로 선택하고 넘어가지 말고, 어떤 것에 대해 묻는지 제대로 듣고 답을 확정하자. 위의 예문에서는 남자가 지금 어떤 행동을 하고 있는지 물었기 때문에 답은 C가 된다.

직업·관계를 파악해라!

① 직업이나 관계와 관련된 문제는 첫마디가 중요하다.

주로 서로를 어떻게 부르는지를 통해 관계 또는 직업을 유추할 수 있는데, 대부분 첫마디에 호칭을 부른다. 녹음을 듣기 전, 보기를 먼저 해석해서 직업에 관련된 단어가 배열되어 있으면 첫마디를 뭐라고 하는지 집중해서 듣자.

> 医生，我的右耳朵有点儿不舒服。　의사선생님, 제 오른쪽 귀가 조금 불편해요.
> Yīshēng, wǒ de yòu ěrduo yǒudiǎnr bù shūfu.
>
> 妈，盘子在哪儿呢?　엄마, 접시는 어디에 있어요?
> Mā, pánzi zài nǎr ne?
>
> 服务员，点菜!　종업원, 주문할게요!
> Fúwùyuán, diǎn cài!
>
> 老师，对不起，我迟到了。　선생님 죄송해요, 제가 지각했어요.
> Lǎoshī, duìbuqǐ, wǒ chídào le.

② 호칭을 주의해서 듣자.

가족 관계를 묻는 문제에서 아빠, 엄마를 부를 때 '爸爸', '妈妈'라고 부르기보단 '爸' 또는 '妈'로 부르는 경우가 많다. 이런 식으로 한 글자로 호칭하는 문제에 주의하자.

③ 남자와 여자 중 누구의 직업을 묻는지 잘 듣자.

질문이 남자의 직업을 묻는 것인지, 여자의 직업을 묻는 것인지 끝까지 들어야 한다. 예를 들어 의사와 환자의 관계라고 유추했다면 정확히 남자가 의사인지 여자가 의사인지 각각 어떤 관계인지 명확하게 구분하고 마지막 질문을 들어야 쉽게 답을 찾을 수 있다.

> 男的(女的)在哪儿工作?　남자(여자)는 어디에서 일하는가?
> Nán de(nǚ de) zài nǎr gōngzuò?
>
> 男的(女的)做什么工作? = 男的(女的)是做什么的?　남자(여자)는 무슨 일을 하는가?
> Nán de(nǚ de) zuò shénme gōngzuò? = Nán de(nǚ de) shì zuò shénme de?
>
> 他们在哪儿?　그들은 어디에 있는가?
> Tāmen zài nǎr?
>
> 他们是什么关系?　그들은 무슨 관계인가?
> Tāmen shì shénme guānxi?

1	관계	朋友 péngyou 친구 | 同学 tóngxué 학우 | 同屋 tóngwū 룸메이트 | 师生 shīshēng 선생과 제자 | 同事 tóngshì 직장 동료 | 邻居 línjū 이웃 | 奶奶 nǎinai 할머니 | 爷爷 yéye 할아버지 | 夫妻 fūqī 부부 | 丈夫 zhàngfu 남편 | 妻子 qīzi 아내 | 儿子 érzi 아들 | 女儿 nǚ'ér 딸 | 阿姨 āyí 아주머니, 이모 | 叔叔 shūshu 삼촌, 아저씨
2	직업	医生 yīshēng 의사(= 大夫 dàifu) | 服务员 fúwùyuán 종업원 | 校长 xiàozhǎng 교장 | 司机 sījī 운전기사 | 经理 jīnglǐ 사장(= 老板 lǎobǎn) | 记者 jìzhě 기자 | 运动员 yùndòngyuán 운동선수 | 作家 zuòjiā 작가 | 科学家 kēxuéjiā 과학자 | 画家 huàjiā 화가 | 歌手 gēshǒu 가수 | 演员 yǎnyuán 배우, 연기자 | 职员 zhíyuán 회사원 | 厨师 chúshī 요리사 | 导游 dǎoyóu 관광가이드
3	기타	游客 yóukè 여행객 | 客人 kèrén 손님

A 爸爸	B 妈妈	C 奶奶	A 아빠	B 엄마	C 할머니

女: 爸，您做的面包真好吃！ 男: 洗手了吗? 先去把手洗了，然后帮我 　　拿盘子和筷子，准备吃。 问: 面包是谁做的?	여: 아빠, 아빠가 만든 빵 정말 맛있어요! 남: 손 닦았니? 먼저 가서 손을 씻고, 그 다음에 나를 도와 　서 쟁반과 젓가락을 가져와 먹을 준비를 하자꾸나. 질문: 빵은 누가 만들었는가?

해설 여자가 첫마디에서 '爸 bà(아빠)'라고 했기 때문에 아빠와 딸 관계라는 것을 유추할 수 있다. 질문에서 인물 간의 관계가 아닌 빵을 누가 만들었냐고 물어보지만 이 역시 여자의 말을 통해서 답은 A 爸爸(아빠)라는 것을 알 수 있다. 아빠를 '爸爸'라고 부르지 않고 '爸'라고 부른 것에 주의하자.

정답 A

A 阿姨	B 客人	C 女朋友	A 아주머니	B 손님	C 여자친구

女: 经理，您的信。 男: 先放我的电脑桌子上吧，客人几点来? 女: 他们已经到宾馆了，一个小时后到公 　　司。 男: 好的，等他们到了就告诉我。 问: 男的在等谁?	여: 사장님, 사장님 편지입니다. 남: 우선 제 컴퓨터 책상에 올려두세요. 손님은 몇 시에 오 　시죠? 여: 그들은 이미 호텔에 도착했어요. 한 시간 후에 회사에 　도착합니다. 남: 알겠어요, 그들이 도착하는 것을 기다렸다가 저에게 알 　려주세요. 질문: 남자는 누구를 기다리고 있는가?

해설 여자가 남자를 '经理 jīnglǐ(사장님)'라고 부른 것을 통해 사장과 직원 관계라는 것을 유추할 수 있다. 주의해야 할 점은 이 문제 중간에 '客人 kèrén(손님)'이라는 새로운 인물이 등장한다. 보기에는 '经理'가 등장하지 않고, '客人'만 등장하므로 '客人'이 답이 될 가능성이 가장 높다. 녹음 내용을 끝까지 잘 들은 후, 질문을 들어보면 역시나 관계를 묻는 것이 아니라 남자가 누구를 기다리는지 묻고 있기 때문에 답은 B 客人(손님)이 된다.

정답 B

😊 서로의 관계를 잘 파악하고, 호칭이 나오지 않는 경우엔 전체적인 흐름을 파악해서 문제를 풀자!

[짧은 대화문]

문제 1 ▶ A 丈夫和妻子　　　 B 客人和服务员　　　 C 老师和学生

문제 2 ▶ A 夫妻　　　 B 邻居　　　 C 同学

문제 3 ▶ A 妈妈　　　 B 老师　　　 C 经理

[긴 대화문]

문제 4 ▶ A 游客　　　 B 出租车司机　　　 C 公共汽车司机

문제 5 ▶ A 经理　　　 B 朋友　　　 C 同事

문제 6 ▶ A 经理　　　 B 客人　　　 C 妈妈

네가 어디에 있는지 궁금해! - 장소

❶ 장소를 유추하자.

문제에 나열된 보기들을 훑어보고 장소에 관련된 문제가 나올 것을 미리 예측할 수 있다. 즉, 나열된 장소들에서 일어날 수 있는 상황들을 떠올려야 한다. 장소를 묻는 문제는 대부분 장소를 직접 언급하지 않고 상황을 통해 장소를 유추해야 하기 때문에 각각의 장소에서 일어날만한 상황을 떠올리는 것이 중요하다.

❷ 비슷한 장소를 주의하자.

장소가 직접 언급되지 않아 상황을 통해 장소를 유추해야 하는 경우가 많다. 이때 주의해야 할 점은 비슷한 상황이 연출될 수 있는 장소를 헷갈리지 않도록 주의 깊게 듣는 것이다. 보기에 어떤 장소들이 있는지 확실하게 파악한 뒤 녹음을 들어야 녹음이 끝나고 답을 찾을 때 덜 헷갈릴 것이다.

> 녹음 | A: 这本书最近卖得很不错，很有意思。 이 책 요즘 잘 팔린대, 재미도 있고.
>   B: 那就买吧。 그럼 (이거) 사자.
>
> 문제 | A 学校 학교   B 图书馆 도서관   C 书店 서점
>
> → A가 '书 shū(책)'를 언급해서 도서관이라고 생각할 수 있지만 '卖得很不错(잘 팔린다)'라는 부분에서 도서관에서는 책을 판매하지 않기 때문에 C 书店(서점)을 선택해야 한다는 것을 알 수 있다.

> 녹음 | A: 上海的火车票还有吗? 상하이 가는 기차표 아직 있나요?
>   B: 有。 있어요.
>   A: 给我两张。 두 장 주세요.
>   B: 两张三百块。 두 장에 300위안입니다.
>
> 문제 | A 地铁站 지하철역   B 火车站 기차역   C 机场 공항
>
> → 처음 시작 부분을 잘 들어야 한다. '票 piào(표)'라는 단어만 들었다면 나머지 보기와 답이 헷갈릴 수 있었지만 '火车(기차)'라고 명확하게 나왔기 때문에 답은 B 火车站(기차역)이 된다.

❸ 방위사를 주의하자.

위, 아래, 앞, 뒤, 왼쪽, 오른쪽과 같은 방위사를 주의해서 들어야 한다. 같은 장소이지만 뒤에 다른 방위사를 붙여 혼동을 주는 문제가 종종 출제되므로 장소 뒤에 있는 방위사까지 잘 듣고 문제를 풀어야 한다.

● **장소 관련 단어** 🎧 제3-4부분_유형전략02_Tip1

银行 yínháng 은행 | 商店 shāngdiàn 상점 | 超市 chāoshì 슈퍼 | 公司 gōngsī 회사 | 办公室 bàngōngshì 사무실 | 办公楼 bàngōnglóu 사무동 | 饭馆 fànguǎn 식당 | 图书馆 túshūguǎn 도서관 | 书店 shūdiàn 서점 | 体育馆 tǐyùguǎn 체육관 | 家里 jiā lǐ 집 안 | 厨房 chúfáng 주방 | 洗手间 xǐshǒujiān 화장실 | 医院 yīyuàn 병원 | 公园 gōngyuán 공원 | 动物园 dòngwùyuán 동물원 | 机场 jīchǎng 공항 | 火车站 huǒchēzhàn 기차역 | 宾馆 bīnguǎn 호텔 | 咖啡店 kāfēidiàn 카페 | 电梯里 diàntī lǐ 엘리베이터 안

● **자주 나오는 방위사** 🎧 제3-4부분_유형전략02_Tip2

上 shàng 위 ⇔ 下 xià 아래 | 左 zuǒ 왼쪽 ⇔ 右 yòu 오른쪽 | 里 lǐ 안 ⇔ 外 wài 바깥 | 前 qián 앞 ⇔ 后 hòu 뒤 | 旁边 pángbiān 옆 | 东 dōng 동 | 西 xī 서 | 南 nán 남 | 北 běi 북

● **기출상식**

중국의 교통수단

중국은 우리나라처럼 버스, 택시, 지하철 등의 교통수단을 많이 이용하는데 먼저 버스는 듣기나 독해 지문에서 많이 봤듯 '公共汽车 gōnggòng qìchē'라고 하는데 실생활에서는 '公交车 gōngjiāochē'라고도 많이 부른다. 버스 앞에 번호판이 있기 때문에 노선을 확인해서 타면 된다. 버스 번호를 부를 때 우리나라는 '130번 버스'를 '백삼십번 버스'라고 읽는 편이지만 중국에서는 '一三零 yāo sān líng' 이런 식으로 하나하나 띄어 읽는다.

택시는 중국어로 '出租车 chūzūchē'라고 하고, 동사로는 '打车 dǎchē(택시 타다)'라고 표현한다. 지문에서 운전기사를 '司机 sījī'라고 자주 표현하지만 실제 기사님을 부를 때는 '司机 sījī'라는 표현보다는 '师傅 shīfu'라고 부르는 것이 좋다. 요금은 우리나라의 절반 수준으로 역시 매우 저렴하다. 주의해야 할 점은 중국에서 '黑车 hēichē'라고 불리는, 말 그대로 검은 차, 정식 영업 허가를 받지 않은 택시도 있으니 가격을 흥정하며 타라고 호객 행위를 하는 택시는 타지 않는 것이 좋다.

중국은 우리나라에 비해 교통 요금이 비교적 저렴한 편이라 부담없이 이용할 수 있는 장점이 있지만 출퇴근 시간에는 그만큼 사람들이 많이 붐빈다는 단점도 있다. 그리고 TV에서 많이 봤듯이 가까운 거리는 대부분 여전히 자전거를 타고 이동하는 편이다.

A 宾馆	B 机场	C 公园	A 호텔	B 공항	C 공원

男: 我们去喝杯咖啡怎么样? 可以一边喝, 一边等。 女: 别去了, 现在四点一刻, 再有二十分钟就要上飞机了。 问: 他们最可能在哪儿?	남: 우리 가서 커피 한 잔 마시는 것이 어때? 마시면서 기다릴 수 있어. 여: 가지 말자, 지금 4시 15분이야. 20분 더 있으면 곧 비행기에 올라야 해. 질문: 그들은 어디에 있을 가능성이 가장 높은가?

해설 장소가 직접적으로 언급되지 않기 때문에 대화를 통해 장소를 유추해야 한다. 남자의 말만 들었을 때는 카페라고 생각할 수 있지만 우선 보기에 없고, 곧 비행기에 올라야 한다는 여자의 말을 통해 답은 B 机场(공항)이라는 것을 알 수 있다.

정답 B

A 公园旁边	B 学校西边	C 超市附近	A 공원 옆	B 학교 서쪽	C 슈퍼 근처

男: 你每天都来这儿运动吗? 女: 是啊, 这儿离我家比较近, 很方便。 男: 你住在附近? 女: 是, 我家就在这个公园的旁边。 问: 女的住在哪儿?	남: 너는 매일 여기 와서 운동해? 여: 응, 이곳은 우리 집에서부터 비교적 가까워서 편리해. 남: 너 근처에 살아? 여: 응, 우리 집은 이 공원 바로 옆에 있어. 질문: 여자는 어디 사는가?

해설 장소가 직접 언급되었지만 방위사까지 붙어있기 때문에 장소의 방위사까지 주의해서 들어야 한다. 대화 처음에는 '이곳은 집에서 가깝다'라고만 언급했고, 여자의 마지막 말에서 공원 바로 옆이라는 구체적인 장소가 나왔으므로 이를 통해 답을 찾아낼 수 있다. 따라서 답은 A 公园旁边(공원 옆)이다.

정답 A

☺ 보기를 먼저 보고 어떤 장소가 나와있는지 확인하자. 판단이 애매한 경우에는 녹음을 끝까지 듣고 핵심 상황을 파악해시 이떤 장소인지 유추해보자.

[짧은 대화문]

문제 1 A 饭店　　　　　　B 公司　　　　　　C 商店

문제 2 A 公司门口　　　　B 咖啡店　　　　　C 公园

문제 3 A 医院　　　　　　B 超市　　　　　　C 地铁站

[긴 대화문]

문제 4 A 图书馆　　　　　B 学校　　　　　　C 公园

문제 5 A 家　　　　　　　B 商店　　　　　　C 图书馆

문제 6 A 书店　　　　　　B 商店　　　　　　C 银行

한순간도 놓치면 안 된다! - 숫자

❶ 발음을 귀 기울여 듣자.

숫자 중에 발음이 비슷한 '四 sì'와 '十 shí'를 구분해서 들어야 하고 전화번호, 방 호수 등 숫자를 띄워서 읽는 표현들은 숫자의 순서가 헷갈리지 않도록 주의 깊게 들어야 한다. 또한, 숫자 0은 '零 líng'으로 표현하는 것도 기억해두자.

> A: 你要几个? 너 몇 개 필요해?
> B: 我要十个。 나 10개 필요해. / 我要四个。 나 4개 필요해.
>
> → 질문에서 필요한 개수를 물었을 때, 'shí'인지 'sì'인지 잘 듣고 답을 골라야 한다.

> A: 他的房间在几层? 그의 방은 몇 층에 있어?
> B: 3层，三零五。 3층, 305호
>
> → 그의 방이 몇 층에 있냐고 물었지만 문제에서는 몇 호인지 물을 수 있기 때문에 끝까지 집중해서 들어야 하며, 방 호수를 읽을 때는 '305 sān bǎi wǔ'가 아닌 '305 sān líng wǔ'처럼 숫자 하나하나 끊어서 읽기 때문에 주의하자.

❷ 기본적인 표현은 익혀두자.

보기를 통해 문제에서 날짜를 물을지 가격을 물을지 미리 유추할 수 있다. 숫자에 관한 표현을 알고 미리 들을 준비를 하면 비교적 쉽게 들을 수 있기 때문에 상황에 알맞은 숫자 표현을 익혀두자.

> A 3:25 B 5:00 C 6:15
>
> → 보기를 통해 이 문제에선 시간과 관련된 표현이 나올 것임을 알 수 있다.

> A 3个人 B 5个人 C 7个人
>
> → 보기를 통해 인원수와 관련된 표현이 나올 것임을 알 수 있다.

❸ 펜을 들고 메모하자!

여러 개의 숫자를 기억해야 하는 문제일 경우 풀게 되면 실수를 하기 쉽기 때문에 메모해야 한다. 특히나 간단한 계산을 필요로 하는 문제가 출제되고 있기 때문에 숫자에 관한 문제는 항상 메모하는 습관을 들이자!

녹음	女：以前我53公斤，现在55公斤，胖了两公斤，怎么办？
	전에는 53kg이었는데 지금은 55kg야. 2kg가 쪘어. 어떡하지?
	男：你没变化。我觉得跟以前一样。 너 변화 없어. 내가 느끼기엔 전과 똑같아.

문제	女的胖了几公斤？	A 2公斤	B 3公斤	C 5公斤
	여자는 몇 kg이 쪘는가?	A 2kg	B 3kg	C 5kg

➡ 녹음에서 2kg이 쪘다고 나왔지만 '两'이라는 표현을 모르면 헷갈릴 수 있다. 그렇다면 이전과 현재 몸무게를 듣고 계산을 통해 몇 kg이 쪘는지 알아내야 한다. 시험 볼 때는 대부분 긴장한 상태로 녹음을 듣기 때문에 간단한 숫자라도 항상 메모하는 습관을 들여야 한다.

● 단위 관련 어휘 🎧 제3~4부분_유형전략03_Tip

1	요일	星期一 xīngqīyī 월요일(= 周一 zhōuyī) | 星期二 xīngqī'èr 화요일(= 周二 zhōu'èr) | 星期三 xīngqīsān 수요일(= 周三 zhōusān) | 星期四 xīngqīsì 목요일(= 周四 zhōusì) | 星期五 xīngqīwǔ 금요일(= 周五 zhōuwǔ) | 星期六 xīngqīliù 토요일(= 周六 zhōuliù) | 星期天 xīngqītiān 일요일 (= 星期日 xīngqīrì = 周日 zhōurì)
2	시간	点 diǎn 시 | 分 fēn 분 | 半 bàn 반 | 一刻 yíkè 15분 | 三刻 sān kè 45분 差 chà 모자라다, 부족하다 ⓔ 差一刻8点 15분 모자란 8시 → 7시 45분

3	단위	길이	公里 gōnglǐ 킬로미터(km) (1公里 = 1km	>	米 mǐ 미터(m) 1米 = 1m	>	厘米 límǐ 센티미터(cm) 1厘米 = 1cm)
		중량	公斤 gōngjīn 킬로그램(kg) (1公斤 = 1kg	>	斤 jīn 근 1斤 = 500g	>	克 kè 그램(g) 1克 = 1g)

A 5月3号	B 3月6号	C 3月5号	A 5월 3일	B 3월 6일	C 3월 5일
男: 你跟你爸爸的生日差一天? 女: 是的，他是三月五号，我是六号。 问: 女的生日是哪天?			남: 너와 너희 아버지의 생일은 하루 차이가 나니? 여: 응, 아버지는 3월 5일이고 나는 6일이야. 질문: 여자의 생일은 며칠인가?		

해설 보기를 통해 날짜와 관련된 내용이 나올 것이라고 유추할 수 있다. '差(chà)'는 '차이가 나다'라는 뜻도 가지고 있다. 주의해야 할 점은 마지막 질문이 아빠가 아닌 여자의 생일을 물어봤기 때문에 답은 C가 아니라 B 3月6号(3월 6일)이다.

정답 B

A 7:15	B 7:45	C 8:15	A 7:15	B 7:45	C 8:15
女: 我们这儿有葡萄文化节，你有兴趣去看看吗? 男: 当然有。 女: 我们可以一边吃葡萄，一边看表演。 男: 好，现在差一刻八点，我们现在去? 问: 现在几点?			여: 우리 여기에는 포도 문화제가 있어. 네가 흥미 있으면 가서 한번 볼까? 남: 당연히 있지. 여: 우리는 포도를 먹으면서 공연을 볼 수 있어. 남: 좋아, 지금 7시 45분이야. 우리 지금 갈까? 질문: 지금은 몇 시인가?		

해설 녹음의 앞부분에는 숫자와 관련된 표현이 없지만 문제에 시간이 나열되어있기 때문에 시간에 관련된 표현이 나오는지 주의해서 들어야 한다. 남자의 마지막 말에서 '差 chà(모자라다, 부족하다)'라는 표현을 사용해서 헷갈릴 수 있다. '差一刻'는 '15분이 부족하다', 즉, '8시 15분 전'이라는 뜻으로 답은 B 7:45가 된다.

정답 B

☺ 보기를 보고 숫자에 관한 어떤 유형의 문제가 나올지 미리 예측하고 메모할 준비를 하자.

[짧은 대화문]

문제 1 A 9:45   B 10:15   C 10:30

문제 2 A 明天早上   B 明天晚上   C 这个周末

문제 3 A 3月17号   B 3月19号   C 3月20号

[긴 대화문]

문제 4 A 一米七   B 一米七一   C 一米七二

문제 5 A 三角五分   B 三元五角   C 五元

문제 6 A 3   B 4   C 5

상태·상황·행동을 주목하자

❶ 주로 동사 또는 동사구가 보기로 나온다.

동작의 이유를 묻거나 주어의 행동이나 상태 등을 묻는 문제의 보기에는 주로 'A 看书(책을 보다), B 开车 (운전하다), C 上飞机(비행기에 타다)' 이런 식으로 동사 또는 동사구가 나열된다. 따라서 보기를 먼저 보고 행동에 관한 질문이 나올 것이라고 미리 예상할 수 있어야 한다.

❷ 녹음 지문과 보기에 등장하는 비슷한 발음에 주의하자.

녹음 지문에 나오는 답이 보기에 그대로 나와 있는 경우에는 지문이 길어도 정답을 쉽게 찾을 수 있다. 하지 만 녹음에서 나온 단어와 유사한 발음의 단어들이 보기에 나열되어 있는 경우에는 답을 선택하는 데 어려움 을 줄 수 있다. 따라서 보기를 먼저 확인하고 보기들 간에 발음이 비슷할 경우 지문에서 어떤 단어가 나오는 지 정확하게 듣는 연습을 해야 한다.

> 喝 hē 동 마시다 – 渴 kě 형 갈증나다
>
> 买 mǎi 동 사다 – 卖 mài 동 팔다
>
> 安静 ānjìng 형 조용하다 – 干净 gānjìng 형 깨끗하다
>
> 生病 shēngbìng 동 병이 나다 – 生气 shēngqì 동 화내다

❸ 질문에 따라 답이 달라질 수 있으니 끝까지 집중해서 질문을 잘 듣자!

행동을 묻는 문제는 두 사람 모두 같은 행동을 하고 있지만 미세한 차이가 있거나 행동을 하는 사람이 누구 인지, 잠시 후에 할 일인지, 현재 진행 중인 일인지 주의해야 한다. 즉, 어떤 것을 물어볼지 모르기 때문에 중 간에 섣불리 판단해서 답을 선택하면 안 된다. 항상 문제를 끝까지 듣고 답을 선택하는 연습을 하자.

> | 녹음 | 男：你在看什么？ 너 뭐 보고 있어? |
> |---|---|
> | | 女：篮球比赛，你也来一起看吧。 농구 경기. 너도 와서 같이 보자. |
> | | 男：好，等一下，这儿都打扫完了。 좋아, 기다려. 여기 청소 다 했어. |
> | | 女：好的。 알겠어. |
>
> | 문제 | 男的一会儿要做什么？ 남자는 잠시 후에 무엇을 할 것인가? |
> |---|---|
> | 보기 | A 看篮球比赛 농구 경기를 보다 |
> | | B 洗衣服 옷을 빨다 |
> | | C 打扫房间 방 청소를 하다 |

→ 여자와 남자는 지금 다른 행동을 하고 있다. 여자는 농구 경기를 보고 있고, 남자는 청소를 하고 있다. 질문은 남자가 지금 무엇을 하고 있는가가 아니라, 잠시 후에 무엇을 할 것인가를 물었다. 따라서 여자가 함께 농구를 보자는 말에 남자는 좋다고 응했으므로 답은 보기 A 看篮球比赛(농구 경기를 보다)가 된다. 질문을 정확히 듣지 않는다면 A와 C를 헷갈릴 수 있기 때문에 무엇을 묻는지 끝까지 주의 깊게 듣도록 하자.

예제 1 짧은 대화 유형 🎧 제3-4부분_유형전략04_예제1

A 房间很干净　　　　B 房间很安静 C 女的搬家了	A 방이 깨끗하다　　　　B 방이 조용하다 C 여자가 이사했다
男：奇怪，今天你的房间怎么这么干净？ 女：因为我爸爸明天要来看我，所以打扫 　　了一下。 问：男的觉得什么很奇怪？	남: 이상하네, 오늘 네 방이 왜 이렇게 깨끗해? 여: 왜냐하면 우리 아빠가 내일 날 보러 오시거든. 그래서 　　청소를 좀 했어. 질문: 남자가 느끼기에 무엇이 이상한가?

해설　보기에 방 안의 상태에 대해서 나열되어 있기 때문에 방이 어떤지를 잘 들어야 한다. 남자의 첫마디 '奇怪 qíguài(이상하다)'와 이어지는 내용을 통해 평소보다 오늘의 방 상태가 특히나 깨끗하다는 것을 알 수 있다. 그런데 A의 '干净 gānjìng(깨끗하다)'과 B의 '安静 ānjìng(조용하다)' 두 발음이 비슷하게 들릴 수 있기 때문에 주의를 기울여야 한다. '干净'이란 단어를 잘 듣고, 정답 A 房间很干净(방이 깨끗하다)을 고를 수 있어야 한다.

정답　A

예제 2 긴 대화 유형 🎧 제3-4부분_유형전략04_예제2

A 饱　　　　B 饿　　　　C 生病了	A 배가 부르다　　　B 배가 고프다　　　C 병이 났다
男：我洗了些苹果，你来吃点儿吧。 女：我刚刷了牙，不吃。 男：今天怎么这么早就刷牙了？ 女：我有点儿发烧，头也很疼，想早点儿 　　睡。 问：女的怎么了？	남: 나 사과를 조금 씻었는데, 너 와서 조금 먹어. 여: 나 막 이를 닦았어. 안 먹을래. 남: 오늘 어째서 이렇게 일찍 이를 닦았어? 여: 나 열이 조금 나고 머리도 아파. 좀 일찍 쉬고 싶어. 질문: 여자는 왜 그러는가?

해설　보기를 통해 상태를 묻는 문제임을 알 수 있다. '병이 났다'라는 표현이 직접적으로 나오지 않았지만 여자가 평소보다 일찍 이를 닦았고, 마지막 말에 열이 나고 머리가 아프다는 표현을 통해 여자의 상태가 C 生病了(병이 났다)라는 것을 알 수 있다.

정답　C

☺ 보기를 보고 어떤 상황이 나올지 유추해보고, 보기마다 비슷한 발음은 없는지 확인하자.

[짧은 대화문]

문제 1 ▶ A 没带伞　　　　B 忘拿手机了　　　　C 生病了

문제 2 ▶ A 要参加比赛　　　B 想学唱歌　　　　C 要去朋友家

문제 3 ▶ A 骑车　　　　　B 坐公共汽车　　　　C 坐地铁

[긴 대화문]

문제 4 ▶ A 脚　　　　　　B 腿　　　　　　　C 眼睛

문제 5 ▶ A 手机　　　　　B 手表　　　　　　C 照相机

문제 6 ▶ A 写信　　　　　B 离开　　　　　　C 玩儿

부분별 전략 01

끝까지 방심하지 말자 I - 인물·관계 & 장소

듣기 제 3 · 4부분 (21번~40번) 〉 단문·장문대화 듣고 질문에 답하기

▶ **보기를 보고 내용을 유추하자.**

듣기 녹음 시작 전에 얻을 수 있는 힌트는 바로 문제마다 나열된 보기들이다. 예문이 나오는 동안 보기를 해석하면서 어떤 내용이 나올지 유추할 수 있어야 한다.

▶ **맨 첫마디가 중요하다. 주로 첫마디에 나오는 호칭을 통해 직업 또는 관계를 유추할 수 있다.**

보기에 직업 혹은 관계와 관련된 단어가 배열되어 있으면 첫마디를 집중해서 듣자.

▶ **호칭을 주의해서 듣자.**

아빠, 엄마를 호칭할 때 '爸爸', '妈妈'라고 부르기보단 '爸' 또는 '妈'라고 간단하게 부른다. 이렇게 한 글자로 호칭하게 되면 놓치기 쉬우므로 주의해야 한다.

▶ **마지막까지 방심하지 말자.**

듣기 3 · 4부분에서는 남자 또는 여자 둘 중 누구와 관련된 것인지 질문을 끝까지 주의해서 들어야 한다.

▶ 인물·관계 문제에서 자주 묻는 질문 🎧 제3-4부분_부분전략01_Tip1

❶ 女的(男的)最可能是做什么的?　여자/남자는 무엇을 하는 사람일 가능성이 높은가?

Nǚ de(Nán de) zuì kěnéng shì zuò shénme de?

❷ 他们最可能是什么关系?　그들은 어떤 관계일 가능성이 가장 높은가?

Tāmen zuì kěnéng shì shénme guānxì?

❸ 女的(男的)是谁?　여자/남자는 누구인가?

Nǚ de(Nán de) shì shéi?

❹ 女的(男的)等(找/遇到)谁了?　여자/남자는 누구를 기다리는가/찾는가/마주쳤는가?

Nǚ de(Nán de) děng(zhǎo/yùdào) shéi le?

▶ 장소 문제에서 자주 묻는 질문 🎧 제3-4부분_부분전략01_Tip2

❶ 女的(男的/他们)最可能在哪儿(哪里)?　여자/남자/그들은 어디에 있을 가능성이 높은가?

Nǚ de(Nán de/Tāmen) zuì kěnéng zài nǎr(nǎlǐ)?

❷ 女的(男的/他们)现在在哪儿?　여자/남자/그들은 지금 어디에 있는가?

Nǚ de(Nán de/Tāmen) xiànzài zài nǎr?

❸ 女的(男的/他们)要去哪儿?　여자/남자/그들은 어디로 가야 하는가?

Nǚ de(Nán de/Tāmen) yào qù nǎr?

❹ 他们在哪儿见面?　그들은 어디에서 만나는가?

Tāmen zài nǎr jiànmiàn?

	장소	직업	관련 단어
1	医院 yīyuàn 병원	医生 yīshēng 의사 病人 bìngrén 환자	检查 jiǎnchá 통 검사하다 | 疼 téng 형 아프다 | 感冒 gǎnmào 명 감기 | 发烧 fāshāo 통 열이 나다 | 吃药 chīyào 통 약을 먹다 | 腿 tuǐ 명 다리 | 脚 jiǎo 명 발 | 头 tóu 명 머리
2	学校 xuéxiào 학교 教室 jiàoshì 교실	老师 lǎoshī 선생님 学生 xuésheng 학생 同学 tóngxué 학우 校长 xiàozhǎng 교장	上课 shàngkè 통 수업하다 | 下课 xiàkè 통 수업이 끝나다 | 考试 kǎoshì 명 시험 | 复习 fùxí 통 복습하다 | 作业 zuòyè 명 숙제 | 学习 xuéxí 통 공부하다
3	家 jiā 집 厨房 chúfáng 주방 洗手间 xǐshǒujiān 화장실	爸爸 bàba 아빠 妈妈 māma 엄마 丈夫 zhàngfu 남편 妻子 qīzi 아내 儿子 érzi 아들 女儿 nǚ'ér 딸 邻居 línjū 이웃	打扫 dǎsǎo 통 청소하다 | 睡觉 shuìjiào 통 잠을 자다 | 做饭 zuòfàn 통 밥을 하다 | 吃饭 chīfàn 통 밥을 먹다
4	公司 gōngsī 회사 办公室 bàngōngshì 사무실 会议室 huìyìshì 회의실	经理 jīnglǐ 사장 同事 tóngshì 직장 동료	上班 shàngbān 통 출근하다 | 下班 xiàbān 통 퇴근하다 | 开会 kāihuì 통 회의하다 | 会议 huìyì 명 회의 | 问题 wèntí 명 문제 | 事 shì 명 일
5	宾馆 bīnguǎn 호텔 房间 fángjiān 방 饭馆 fànguǎn 식당	服务员 fúwùyuán 종업원 客人 kèrén 손님	灯 dēng 명 등 | 空调 kōngtiáo 명 에어컨 | 坏 huài 통 고장 나다 | 换 huàn 통 바꾸다 | 先生 xiānsheng 명 손님을 높여 부르는 말 | 菜单 càidān 명 메뉴 | 点菜 diǎncài 통 주문하다 | 有名 yǒumíng 형 유명하다 | 菜 cài 명 요리
6	商店 shāngdiàn 상점	服务员 fúwùyuán 종업원 客人 kèrén 손님	买 mǎi 통 사다 | 卖 mài 통 팔다 | 不错 búcuò 형 괜찮다 | 好看 hǎokàn 형 보기 좋다 | 漂亮 piàoliang 형 예쁘다 | 喜欢 xǐhuan 통 좋아하다 | 怎么样 zěnmeyàng 어때? | 觉得 juéde 통 느끼다 | 更 gèng 부 더, 더욱 | 帽子 màozi 명 모자 | 裤子 kùzi 명 바지 | 裙子 qúnzi 명 치마 | 鞋 xié 명 신발 | 穿 chuān 통 입다, 신다

☺ 보기를 먼저 해석해보고 녹음 내용을 유추하자.

[짧은 대화문]

문제 1 A 同事　　　　　B 师生　　　　　C 朋友

문제 2 A 银行　　　　　B 动物园　　　　C 图书馆

문제 3 A 同学　　　　　B 妈妈　　　　　C 姐姐

문제 4 A 王经理　　　　B 王校长　　　　C 王医生

문제 5 A 朋友家　　　　B 图书馆　　　　C 公司门口

문제 6 ▶ A 书店   B 宾馆   C 商店

문제 7 ▶ A 妈妈   B 爷爷   C 爸爸

문제 8 ▶ A 公园   B 办公楼   C 体育馆

문제 9 ▶ A 医院   B 商店   C 咖啡店

문제 10 ▶ A 姐姐   B 爸爸和妈妈   C 叔叔和阿姨

끝까지 방심하지 말자 II
- 숫자 & 상태·상황·행동

듣기 제3·4부분 (21번~40번) 〉 단문·장문대화 듣고 질문에 답하기

▶ **비슷한 숫자를 주의해서 듣자.**
숫자 중에 발음이 비슷한 '四 sì'와 '十 shí'를 구분해서 들어야 하고 전화번호, 방 호수와 같이 숫자를 띄어서 읽는 표현들은 숫자의 순서가 헷갈리지 않게 귀 기울여 들어야 한다.

▶ **숫자 문제는 메모가 생명이다!**
숫자에 관련된 문제는 녹음에서 숫자 표현이 한 번만 등장하는 것이 아니기 때문에 중간중간 메모를 하지 않으면 헷갈릴 수 있다. 따라서 보기에 숫자가 있다면 메모를 하면서 듣도록 한다.

▶ **보기들이 동사 또는 동사구라면 행동이나 상태에 대한 문제이다.**
동작의 이유를 묻거나 주어의 행동이나 상태 등을 묻는 경우 보기에는 동사 또는 동사구가 나열된다. 보기들 간에 공통점이 없어 보일 수 있지만 행동에 관한 문제가 될 것이라고 예상할 수 있어야 한다.

▶ **다양한 숫자 표현** 🎧 제3-4부분_부분전략02_Tip1

1	요일을 나타내는 다양한 표현	周 zhōu = 星期 xīngqī 주, 요일 下周 xià zhōu = 下星期 xià xīngqī 다음 주 周一 zhōuyī = 星期一 xīngqīyī 월요일 星期日 xīngqīrì = 星期天 xīngqītiān 일요일
2	刻 kè 15분 단위 半 bàn 30분 단위	一刻 yíkè = 十五分 shíwǔ fēn 15분 半 bàn = 三十分 sānshí fēn 30분 三刻 sān kè = 四十五分 sìshíwǔ fēn 45분
3	시간 표현에서 '差 chà'는 '~전'으로 해석	差十分两点 2시 10분 전(= 1시 50분) chà shí fēn liǎng diǎn
4	'2시'에서 '2'는 '二 èr'이 아니라 '两 liǎng'으로 표현	两点 liǎng diǎn (○) / 二点 èr diǎn (✕)
5	숫자 0은 '零 líng'	三零五 sān líng wǔ 305호

① 现在几点? *Xiànzài jǐ diǎn?* → 지금 몇 시입니까?

② 女的(男的/他们)几点 + 동사? → 여자(남자/그들)는 몇 시에 '동사'하는가?
　　Nǚde(Nánde/Tāmen) jǐ diǎn + 동사?

③ 女的(男的)什么时候(哪天) + 동사? → 여자(남자)는 언제(어느 날) '동사'하는가?
　　Nǚde(Nánde) shénme shíhou(nǎtiān) + 동사?

④ 几层(楼)? *Jǐ céng(lóu)?* → 몇 층인가?

⑤ 女的(男的) + 동사 + 多长时间? → 여자(남자)는 얼마 동안 '동사'하는가?
　　Nǚde(Nánde) + 동사 + duō cháng shíjiān?

⑥ 女的(男的)花了多少钱? → 여자(남자)는 얼마의 돈을 썼는가?
　　Nǚde(Nánde) huā le duōshao qián?

⑦ 一共多少钱? *Yígòng duōshao qián?* → 총 얼마인가?

① 女的(男的/他们)刚才做什么了? → 여자(남자/그들)는 방금 무엇을 했는가?
　　Nǚde(Nánde/Tāmen) gāngcái zuò shénme le?

② 女的(男的/他们)正在做什么? → 여자(남자/그들)는 무엇을 하고 있는가?
　　Nǚde(Nánde/Tāmen) zhèngzài zuò shénme?

③ 女的(男的/他们)要(想)做什么? → 여자(남자/그들)는 무엇을 하려 하는가(하고 싶은가)?
　　Nǚde(Nánde/Tāmen) yào(xiǎng) zuò shénme?

④ 女的(男的)要(想)说(找/买/看)什么? → 여자(남자)는 무엇을 말하려(찾으려/사려/보려) 하는가?
　　Nǚde(Nánde) yào(xiǎng) shuō(zhǎo/mǎi/kàn) shénme?

⑤ 女的(男的)为什么 + 동사구? → 여자(남자)는 왜 '동사'하는가?
　　Nǚde(Nánde) wèishénme + 동사구?

⑥ 女的(男的)怎么了? → 여자(남자)는 어떠한가(왜 그런가)?
　　Nǚde(Nánde) zěnmele?

⑦ 女的(男的)是什么意思? → 여자(남자)의 말은 무슨 의미인가?
　　Nǚde(Nánde) shì shénme yìsi?

⑧ 关于女的(男的)可以知道什么? → 여자(남자)에 관해서 알 수 있는 것은?
　　Guānyú nǚde(nánde) kěyǐ zhīdào shénme?

⑨ 女的(男的)觉得…怎么样? → 여자(남자)가 느끼기에 ～은 어떠한가?
　　Nǚde(Nánde) juéde …zěnmeyàng?

☺ 숫자가 들리면 무조건 메모하는 습관을 들이자!

[짧은 대화문]

문제 1 ▶ A 两百多年 　　　　B 三百多年 　　　　C 四百多年

문제 2 ▶ A 在看书 　　　　B 在开车 　　　　C 要上飞机了

문제 3 ▶ A 一分钱也没有 　　　　B 票卖完了 　　　　C 别看手机了

문제 4 ▶ A 开车 　　　　B 学习 　　　　C 骑自行车

문제 5 ▶ A 饱了 　　　　B 生病了 　　　　C 饿了

문제6 A 照片　　　　　　B 电视　　　　　　C 书

문제7 A 春节后　　　　　B 下周日　　　　　C 一个月后

문제8 A 很普通　　　　　B 有点儿短　　　　C 还好

문제9 A 七张　　　　　　B 四张　　　　　　C 十张

문제10 A 五天　　　　　　B 半年　　　　　　C 还没决定

Final 전략 & Test

▶ **제1부분: 대화 내용과 일치하는 사진 찾기**
  1. 자주 나오는 핵심단어 암기하기
  2. 인물의 행동에 주목하기
  3. 사진에 보이는 단어 연상하는 연습하기

▶ **제2부분: 녹음 내용과 문제의 일치/불일치 판단하기**
  1. 여러 가지 비슷한 표현을 기억해두기
  2. 문제와 녹음 내용의 시간명사 및 시제 일치 확인하기
  3. 섣불리 판단하지 않기

▶ **제3·4부분: 단문·장문대화 듣고 질문에 답하기**
  1. 보기를 보고 녹음 내용 유추하기
  2. 숫자 표현은 반드시 메모하기
  3. 마지막 질문까지 주의 깊게 듣기

제1부분 – 자주 등장하는 사물의 명칭 종합 🎧 Final_Tip1

1	거실 · 주방	报纸 bàozhǐ 신문 | 杯子 bēizi 컵 | 冰箱 bīngxiāng 냉장고 | 筷子 kuàizi 젓가락 | 盘子 pánzi 쟁반 | 碗 wǎn 그릇 | 灯 dēng 등 | 空调 kōngtiáo 에어컨
2	음식 · 음료	蛋糕 dàngāo 케이크 | 面包 miànbāo 빵 | 面条 miàntiáo 국수 | 米饭 mǐfàn 밥 | 鸡蛋 jīdàn 계란 | 糖 táng 사탕 | 牛奶 niúnǎi 우유 | 咖啡 kāfēi 커피 | 果汁 guǒzhī 주스 | 苹果 píngguǒ 사과 | 西瓜 xīguā 수박 | 香蕉 xiāngjiāo 바나나 | 葡萄 pútáo 포도 | 水果 shuǐguǒ 과일
3	복장	衬衫 chènshān 와이셔츠 | 裤子 kùzi 바지 | 裙子 qúnzi 치마 | 帽子 màozi 모자 | 鞋 xié 신발 | 眼镜 yǎnjìng 안경 | 手表 shǒubiǎo 손목시계
4	교통수단	出租车 chūzūchē 택시 | 船 chuán 배 | 公共汽车 gōnggòng qìchē 버스 | 地铁 dìtiě 지하철 | 电梯 diàntī 엘리베이터 | 自行车 zìxíngchē 자전거
5	학업 · 업무	电子邮件 diànzǐ yóujiàn 이메일 | 电子词典 diànzǐ cídiǎn 전자사전 | 电脑 diànnǎo 컴퓨터 | 黑板 hēibǎn 칠판 | 椅子 yǐzi 의자 | 桌子 zhuōzi 책상 | 书 shū 책 | 铅笔 qiānbǐ 연필 | 地图 dìtú 지도

6	신체 · 건강	感冒 gǎnmào 감기 | 头 tóu 머리 | 牙 yá 이, 치아 | 腿 tuǐ 다리 | 脚 jiǎo 발 | 鼻子 bízi 코 | 眼睛 yǎnjing 눈 | 耳朵 ěrduo 귀 | 病 bìng 병 | 医院 yīyuàn 병원 | 药 yào 약
7	기타	护照 hùzhào 여권 | 画 huà 그림 | 礼物 lǐwù 선물 | 票 piào 표 | 雨伞 yǔsǎn 우산 | 行李箱 xínglixiāng 여행용 가방 | 照相机 zhàoxiàngjī 사진기 | 手机 shǒujī 휴대전화

제2부분 – 바꿔서 사용할 수 있는 유사 표현 🎧 Final_Tip2

1	좋다	不错 búcuò | 好 hǎo
2	낮다	矮 ǎi | 低 dī | 不高 bùgāo
3	쉽다, 용이하다	容易 róngyì | 不难 bù nán | 很简单 hěn jiǎndān
4	매우 많다	很多 hěn duō | 好多 hǎo duō | 不少 bù shǎo
5	(값이) 저렴하다	便宜 piányi | 不贵 bú guì | 价钱低 jiàqián dī
6	간단하다, 단순하다	简单 jiǎndān | 不复杂 bú fùzá
7	예쁘다, 아름답다	漂亮 piàoliang | 好看 hǎokàn | 美丽 měilì
8	안심하다, 마음을 놓다	放心 fàngxīn | 别担心 bié dānxīn | 安心 ānxīn
9	조심하다, 주의하다	小心 xiǎoxīn | 注意 zhùyì
10	동의하다, 찬성하다	同意 tóngyì | 说得对 shuōdeduì
11	고통스럽다, 슬프다	难过 nánguò | 痛苦 tòngkǔ | 伤心 shāngxīn
12	기쁘다, 유쾌하다	高兴 gāoxìng | 快乐 kuàilè | 幸福 xìngfú | 开心 kāixīn | 愉快 yúkuài
13	건강하다	健康 jiànkāng | 身体很好 shēntǐ hěn hǎo | 很少生病 hěn shǎo shēngbìng
14	병이 나다, 병에 걸리다	生病 shēngbìng | 得病 débìng | 身体不舒服 shēntǐ bù shūfu
15	조용하다, 잠잠하다	安静 ānjìng | 不热闹 bú rènao | 没有声音 méiyǒu shēngyīn
16	곧 도착하다, 아직 도착하지 못했다	很快就到了 hěn kuài jiù dào le | 马上就到了 mǎshàng jiù dào le | 还没到 hái méi dào
17	아마도 (곧) 비가 올 것이다	可能要下雨 kěnéng yào xiàyǔ | 会下雨 huì xiàyǔ | 快要下雨了 kuàiyào xiàyǔ le

1	**…完了吗?** ~을 다 했니? …wán le ma? **…完了** ~을 다 했다 …wán le	A: 你房间打扫完了吗? 너 방 청소 다 했니? Nǐ fángjiān dǎsǎo wán le ma? B: 很快就打扫完了。 청소를 금방 다 했어. Hěn kuài jiù dǎsǎo wán le. A: 你的作业写/做完了吗? 너 숙제 다 했니? Nǐ de zuòyè xiě/zuò wán le ma? B: 我已经写/做完了。 나는 이미 다 했어. Wǒ yǐjīng xiě/zuò wán le.
2	**…（马上）就要开始了** …(mǎshàng) jiùyào kāishǐ le ~가 곧 시작할 것이다 * **就要…了** jiùyào…le 곧 ~할 것이다 [임박태]	电影(马上)就要开始了。 영화가 곧 시작할 것이다. Diànyǐng (mǎshàng) jiùyào kāishǐ le. 表演(马上)就要开始了。 공연이 곧 시작할 것이다. Biǎoyǎn (mǎshàng) jiùyào kāishǐ le. 比赛(马上)就要开始了。 경기가 곧 시작할 것이다. Bǐsài (mǎshàng) jiùyào kāishǐ le.
3	**…坏了** …huàile ~이 망가지다, 썩다	洗手间的灯坏了。 화장실 전등이 고장 났다. Xǐshǒujiān de dēng huàile. 房间里的灯坏了。 방 안의 등이 고장 났다. Fángjiān lǐ de dēng huàile. 空调坏了。 Kōngtiáo huàile. 에어컨이 망가졌다. 我的手表坏了。 Wǒ de shǒubiǎo huàile. 내 손목시계가 고장 났다. 水果坏了。 Shuǐguǒ huàile. 과일이 썩었다.
4	**从 A 到 B** cóng A dào B A에서부터 B까지	从这儿到火车站坐公共汽车去吧。 Cóng zhèr dào huǒchēzhàn zuò gōnggòngqìchē qù ba. 여기에서부터 기차역까지 버스를 타고 가자. 从4点到6点学习汉语。 4시부터 6시까지 중국어 공부를 한다. Cóng sì diǎn dào liù diǎn xuéxí Hànyǔ.
5	**A 离 B…** A lí B … A는 B에서부터 ~하다	火车站离这儿远吗? 기차역은 여기서부터 멀어? Huǒchēzhàn lí zhèr yuǎn ma? 朋友家离这儿很近。 친구네 집은 여기서부터 가깝다. Péngyou jiā lí zhèr hěn jìn.
6	**…怎么找不到?** …zěnme zhǎobudào? ~을 어째서 찾을 수 없는 거지?	我的护照怎么找不到? 내 여권 어째서 찾을 수 없지? Wǒ de hùzhào zěnme zhǎobudào? 我的手机怎么找不到? 내 휴대전화 어째서 찾을 수 없는 거지? Wǒ de shǒujī zěnme zhǎobúdào? 我的眼镜怎么找不到? 내 안경 어째서 찾을 수 없는 거지? Wǒ de yǎnjìng zěnme zhǎobudào?
7	**看见我的…了吗?** kànjiàn wǒ de…le ma? 내 ~ 봤어?	看见我的书了吗? Kànjiàn wǒ de shū le ma? 내 책 봤어? 看见我的词典了吗? Kànjiàn wǒ de cídiǎn le ma? 내 사전 봤어? 看见我的手表了吗? 내 손목시계 봤어? Kànjiàn wǒ de shǒubiǎo le ma?

8	**A 还是 B?** A háishi B? A 아니면 B?	明天是晴天还是阴天? 내일 날이 맑아 아니면 흐려? Míngtiān shì qíngtiān háishi yīntiān? 你想穿裙子还是裤子? 너 치마 입고 싶어 아니면 바지 입고 싶어? Nǐ xiǎng chuān qúnzi háishi kùzi? 你洗碗还是打扫房间? 네가 설거지 할래 아니면 방 청소할래? Nǐ xǐwǎn háishi dǎsǎo fángjiān?
9	**什么时候…的?** shénme shíhou…de? 언제 ~한 것이니?	这张照片什么时候照的? 이 사진 언제 찍은 것이니? Zhè zhāng zhàopiàn shénme shíhou zhào de? 这条裤子什么时候买的? 이 바지 언제 산 것이니? Zhè tiáo kùzi shénme shíhou mǎi de? 你什么时候来的? Nǐ shénme shíhou lái de? 너 언제 왔어?
10	**…用了很多年了** …yòng le hěn duō nián le **…用了很久了** …yòng le hěn jiǔ le ~을 아주 오랫동안 사용하고 있다	我的眼镜用了很多年了。 내 안경을 오랫동안 사용 중이야. Wǒ de yǎnjìng yòng le hěn duō nián le. 桌子和椅子用了很多年了。 Zhuōzi hé yǐzi yòng le hěn duō nián le. 책상과 의자를 아주 오랫동안 사용하고 있어. 爸爸的钱包用了很久了。 아빠는 지갑을 오랫동안 사용하고 계신다. Bàba de qiánbāo yòng le hěn jiǔ le.
11	**遇到…** yùdào… ~을 우연히 마주치다	遇到老朋友 yùdào lǎo péngyou 오랜 친구를 우연히 마주치다 遇到同事 yùdào tóngshì 직장 동료를 우연히 마주치다 遇到同学 yùdào tóngxué 학우를 우연히 마주치다
12	**…有点儿不舒服** …yǒudiǎnr bù shūfu ~가 조금 불편하다	我的腿有点儿不舒服。 내 다리가 약간 불편하다. Wǒ de tuǐ yǒudiǎnr bù shūfu. 我的脚有点儿不舒服。 내 발이 조금 불편하다. Wǒ de jiǎo yǒudiǎnr bù shūfu. 我的眼睛有点儿不舒服。 나의 눈이 조금 불편하다. Wǒ de yǎnjing yǒudiǎnr bù shūfu.
13	**A 怎么还在 B** A zěnme hái zài B A는 어째서 아직도 B에 있어?	你怎么还在教室? 너 어째서 아직 교실에 있어? Nǐ zěnme hái zài jiàoshì? 你怎么还在办公室? 너 어째서 아직도 사무실에 있어? Nǐ zěnme hái zài bàngōngshì? 你怎么还在家里? Nǐ zěnme hái zài jiā lǐ? 너 왜 아직 집에 있어? 你怎么还在这儿? Nǐ zěnme hái zài zhèr? 너 왜 아직도 여기 있어?
14	**以为…** yǐwéi… ~인 줄 알다	我以为他是你的学生呢。 나는 그가 너의 학생인 줄 알았어. Wǒ yǐwéi tā shì nǐ de xuésheng ne. 我以为你已经上班去了。 나는 네가 이미 출근한 줄 알았어. Wǒ yǐwéi nǐ yǐjīng shàngbān qù le.
15	**奇怪** qíguài 이상하다	真奇怪 zhēn qíguài 정말 이상하다

第一部分
第1-5题

A

B

C

D

E

1. ☐

2. ☐

3. ☐

4. ☐

5. ☐

第6-10题

A

B

C

D

E

6. ☐

7. ☐

8. ☐

9. ☐

10. ☐

第二部分
第11-20题

11. ★ 他没带照相机。 　　　　　　　　　　　　（　　　）

12. ★ 他们正在看表演。 　　　　　　　　　　　　（　　　）

13. ★ 邻居们都喜欢王阿姨。 　　　　　　　　　　（　　　）

14. ★ 他在上海玩了很多地方。 　　　　　　　　　（　　　）

15. ★ 小李没参加考试。 　　　　　　　　　　　　（　　　）

16. ★ 老王第一次坐船。 　　　　　　　　　　　　（　　　）

17. ★ 这本书主要介绍历史。 　　　　　　　　　　（　　　）

18. ★ 他的成绩不错。 　　　　　　　　　　　　　（　　　）

19. ★ 会议已经结束了。 　　　　　　　　　　　　（　　　）

20. ★ 弟弟拿了第一名。 　　　　　　　　　　　　（　　　）

21. A 办公室里　　　　B 教室里　　　　　C 电梯里

22. A 洗手　　　　　　B 休息会儿　　　　C 开空调

23. A 8年　　　　　　 B 9年　　　　　　　C 10年

24. A 奶奶　　　　　　B 朋友　　　　　　 C 邻居

25. A 二层　　　　　　B 回家　　　　　　 C 洗手间

第四部分
第26-30题

26. A 男的   B 女儿   C 老师们

27. A 李老师   B 同学的男朋友   C 高中同学

28. A 图书馆   B 家里   C 商店

29. A 没拿眼镜   B 不想学习   C 没带铅笔

30. A 8:05   B 8:50   C 9:05

HSK

3급

독해 阅读

제시된 문장과 관련된 문장 고르기

● 문제유형

독해 제1부분은 41번~50번, 총 10문항이다. 문제에 제시된 문장과 관련된 문장을 보기에서 고르는 문제이다. 시험지 위쪽에 A~E까지 보기 다섯 문장, 아래쪽에 문제 다섯 문장이 나와 있다. 위, 아래 문장에서 연관된 점을 찾아 서로 호응하는 문제와 보기를 짝지어주면 된다.

● 출제경향

① 대화 형식으로 된 문제가 출제된다.

이번 주말에 무엇을 할 건지 묻는 문장이 문제나 보기에 나오고 '공원에 갈 것이다'와 같은 대답이 문제나 보기에 나와 두 문장이 짝을 이루는 형태의 문제가 주로 출제되고 있다.

② 단문 형식의 문제가 출제된다.

예를 들어 '나의 중국어 선생님은 중국어를 잘 가르치신다', '게다가 친절하시다'와 같이 단문인 문장을 문제와 보기에 각각 나누어 놓는 문제들이 출제되고 있다.

③ 상황을 설명하는 문제가 출제된다.

예를 들어 한 문장은 '콜라 한 잔 주세요'라는 내용이면 다른 한 문장은 '그는 주문을 하고 있는 중이다'와 같이 상황과 그 상황에 대해 설명하는 문장이 각각 문제와 보기에 출제되고 있다.

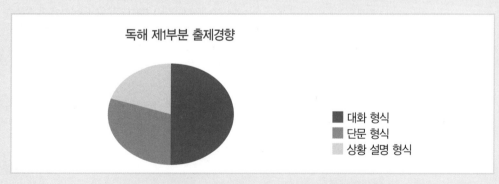

독해 제1부분 출제경향

■ 대화 형식
■ 단문 형식
□ 상황 설명 형식

● 문제 접근 전략

시험지

A 您好, 这些一共360元。
B 我还是出了地铁再给你打电话吧。

41. 喂, 你声音太小, 我听不清楚。
42. 可以用信用卡吗?

① 문장의 핵심이 되는 단어를 체크하고 문제와 보기에서 서로 관련이 있는 단어가 있는지 확인한다.

문장마다 가장 중심이 되는 단어를 체크해 놓고 문제와 보기를 보면서 공통된 단어를 찾으면 문제를 쉽게 풀 수 있다. 위의 예문을 보자. 우선 41번의 '喂'는 '(전화상에서) 여보세요?'라는 뜻이기 때문에, 보기 B의 '打电话(전화를 걸다)'와 연관이 있는 단어이므로 이 두 문장이 서로 연결되는 문장임을 알 수 있다. 다음으로 보기 A에서는 '360元'이라며 가격을 이야기하고 있으므로 문제 42번의 '用信用卡(신용카드를 사용하다)'라고 하며 계산하는 상황과 연관된 문장임을 알 수 있다. 이처럼 답을 찾을 수 있는 핵심 단어가 보이면 바로 표시를 해 두자.

시험지

C 现在除了小李, 其他人都来了。
D 才到中国没多长时间, 你就学会用筷子了。

43. 一开始我也觉得很难, 后来练习得多了就好了。
44. 她刚打电话说, 马上就到, 让我们再等5分钟。

② 핵심 단어가 없다면 해석을 통해 전체적으로 내용이 맞는 두 문장을 연결한다.

핵심 단어가 보이지 않으면 문장을 해석해서 의미상 서로 연결되는 두 문장을 찾아야 한다. 답을 찾았다면 다시 한번 두 문장의 내용이 연결이 되는지 확인하고 답을 표기한다. 그냥 넘어가지 말고 보기와 문제가 연결되는 문장이 맞는지 다시 한번 확인한다. 보기 C와 문제 44번은 현재 샤오리를 제외하고 다 온 상태인데 샤오리가 전화로 5분만 더 기다려달라고 하는 상황으로 내용이 연결된다. 또한, 보기 D와 문제 43번은 중국에 온 지 얼마 안 됐는데 젓가락을 잘 사용하는 것에 대해 이야기를 하고 있으므로 역시나 내용이 이어진다.

우리는 짝꿍! - 핵심단어로 연결되는 문장

❶ 문제가 질문, 보기가 답일 것이라는 고정관념은 버리자!

문제와 보기를 알맞게 연결해야 하기 때문에 대체적으로 문제를 먼저 보고 보기를 보지만 문제가 반드시 질문, 보기가 반드시 답은 아니다. 해석상 이어지는 문장을 찾는 파트이기 때문에 보기 역시 질문이 될 수도 있고, 문제와 보기가 질문과 대답 형식이 아닌 이어지는 하나의 문장일 수도 있다.

❷ 문제와 보기를 빠르게 보며 공통점을 찾자.

문제와 보기 속 단어, 유의어, 반의어, 상황에 관련된 핵심 단어에 체크한다. 이 단어들을 잘 알아두면 문제 푸는 데 좋은 힌트가 될 수 있다.

❸ 연관되는 단어가 없어도 당황하지 말자!

서로 연관된 단어 없이 의미적으로만 이어지는 문장에 주의한다. 또는 한 문장에는 어떤 동사가 등장하고, 연결되는 문장에서 그 동사에 대한 목적어가 나오는 경우도 있으니 자주 결합되어 나오는 동사와 목적어를 기억해두자.

● **반의어**

买 mǎi 사다	↔	卖 mài 팔다
大 dà 크다	↔	小 xiǎo 작다
多 duō 많다	↔	少 shǎo 적다
高 gāo 높다, (키가) 크다	↔	矮 ǎi 낮다, (키가) 작다
长 cháng 길다	↔	短 duǎn 짧다
胖 pàng 뚱뚱하다, 살찌다	↔	瘦 shòu 마르다, 살 빠지다
贵 guì 비싸다	↔	便宜 piányi 저렴하다
新 xīn 새것이다	↔	旧 jiù 오래다
冷 lěng 춥다	↔	热 rè 덥다
里 lǐ 안	↔	外 wài 바깥
去 qù 가다	↔	来 lái 오다
早 zǎo 이르다	↔	晚 wǎn 늦다
快 kuài 빠르다	↔	慢 màn 느리다

开 kāi 열다, 켜다	↔	关 guān 닫다, 끄다
近 jìn 가깝다	↔	远 yuǎn 멀다
进 jìn (밖에서 안으로) 들다	↔	出 chū (안에서 밖으로) 나가다
前 qián 앞, 정면	↔	后 hòu 다음의, 뒤의
好 hǎo 좋다	↔	坏 huài 나쁘다
老 lǎo 늙다	↔	年轻 niánqīng 젊다
干净 gānjìng 깨끗하다	↔	脏 zāng 더럽다
穿 chuān 입다	↔	脱 tuō 벗다

● 자주 출제되는 [동사 + 목적어] 조합

1	检查 jiǎnchá 검사하다, 검토하다	问题 wèntí 문제 | 作业 zuòyè 숙제 | 行李 xíngli 짐 | 身体 shēntǐ 신체 | 文件 wénjiàn 문서, 문건
2	看 kàn 보다	报纸 bàozhǐ 신문 | 新闻 xīnwén 뉴스 | 电视 diànshì TV, 텔레비전 | 电影 diànyǐng 영화 | 书 shū 책
3	坐 zuò 타다	车 chē (교통수단) 차 | 出租车 chūzūchē 택시 | 公共汽车 gōnggòng qìchē 버스 | 地铁 dìtiě 지하철 | 火车 huǒchē 기차 | 船 chuán (교통수단) 배
4	花 huā 쓰다, 소비하다	钱 qián 돈 | 时间 shíjiān 시간
5	穿 chuān 입다, 신다	裙子 qúnzi 치마 | 裤子 kùzi 바지 | 鞋 xié 신발
6	做 zuò 하다, 만들다	饭 fàn 밥 | 面条 miàntiáo 국수 | 蛋糕 dàngāo 케이크 | 游戏 yóuxì 게임 | 作业 zuòyè 숙제 | 事情 shìqing 일
7	照顾 zhàogù 돌보다, 보살피다	自己 zìjǐ 자신 | 狗 gǒu 개 | 猫 māo 고양이 | 孩子 háizi 아이 | 病人 bìngrén 환자
8	觉得 juéde 느끼다, 생각하다	漂亮 piàoliang 예쁘다 | 可爱 kě'ài 귀엽다 | 聪明 cōngming 똑똑하다 | 不舒服 bù shūfu 불편하다
9	开 kāi 켜다, 열다 关 guān 끄다, 닫다	电脑 diànnǎo 컴퓨터 | 手机 shǒujī 휴대전화 | 门 mén 문 | 灯 dēng 등, 램프 | 空调 kōngtiáo 에어컨
10	带 dài 지니다, 챙기다, 휴대하다	礼物 lǐwù 선물 | 伞 sǎn 우산 | 手机 shǒujī 휴대전화 | 行李 xíngli 짐 | 铅笔 qiānbǐ 연필

A 服务员，我们先看一下菜单，一会儿 　再点菜。 B 春天，特别是开花的时候，真漂亮。 C 昨天晚上我把它洗了，你穿别的吧。	A 종업원, 저희 우선 메뉴를 한번 보고 잠시 후에 다시 주문 　할게요. B 봄은 특히 꽃이 필 때가 정말 예뻐. C 어제저녁에 내가 그것을 빨았어. 너 다른 거 입어.
1. 你看见我那件衬衫了吗? 我放桌子上 　的那件。 2. 他们在饭馆儿。 3. 一年四个季节中，你最喜欢哪个?	1. 너 내 그 셔츠 봤어? 내가 책상 위에 올려 놓았던 그 　셔츠 말이야. 2. 그들은 식당에 있다. 3. 일 년 사계절 중에 너는 어떤 계절을 가장 좋아하니?

---

1. 你看见我那件衬衫了吗? 我放桌子上的那件。
C 昨天晚上我把它洗了，你穿别的吧。

해설 '衬衫 chènshān(셔츠)'과 관련된 동사 '穿 chuān(입다)'을 보기에서 찾는다. 그리고 '它 tā(그것)'는 사물이나 동물 등 사람 이외의 것을 가리키는 대명사인데, 의미상 이 대명사 '它'는 문제 1번의 '衬衫'을 가리키고 있다. 따라서 문제 1번과 짝이 되는 문장은 보기 C이다.

정답 1 - C

---

2. 他们在饭馆儿。
A 服务员，我们先看一下菜单，一会儿再点菜。

해설 대부분의 문제들은 문제와 보기가 질문-대답 형식으로 이루어져 있다. 하지만 이 문제는 질문과 대답으로 이루어진 유형이 아닌 문제와 보기가 하나의 문장으로 이루어진 유형이다. '그들은 식당에 있다'는 내용의 문제 2번과 짝이 되는 문장은 종업원을 부르며 잠시 후에 주문을 하는 내용인 보기 A가 된다. 여기서 '饭馆儿 fànguǎnr(식당)'과 '服务员 fúwùyuán(종업원)' 두 단어는 연관된 단어이므로 이를 통해 보다 쉽게 정답을 유추할 수 있다.

정답 2 - A

TIP 동사＋一下 = 한번 좀 ～하다 [동사 중첩]
　　동사 중첩은 상대방에게 제안이나 권유를 할 때, 혹은 주어가 동작에 대한 가벼운 시도를 할 때 사용한다.
　　⑩ 听听 = 听一下: 한번 들어보다, 休息休息 = 休息一下: 좀 쉬다

---

3. 一年四个季节中，你最喜欢哪个?
B 春天，特别是开花的时候，真漂亮。

해설 문제 3번의 '季节 jìjié(계절)'는 보기 B에 나온 '春天 chūntiān(봄)'과 연관된 단어이다. 또한, '开花 kāi huā'는 '꽃이 피다'라는 뜻으로 꽃이 피는 계절인 봄과 연관된 단어임을 알 수 있다. 따라서 문제 3번과 짝이 되는 보기는 B이다. 참고로 여름은 '夏天 xiàtiān', 가을은 '秋天 qiūtiān', 겨울은 '冬天 dōngtiān'이다.

정답 3 - B

TIP …的时候: ～할 때
　　⑩ 吃饭的时候: 밥 먹을 때, 学习的时候: 공부할 때

☺ 지문을 다 해석하기 전에 문제와 보기를 빠르게 훑어보면서 핵심 단어를 찾는다.
동의어, 반의어 혹은 같은 상황에 관련된 단어만 찾아 연결해도 90%는 정답이다!

A 是，我打扫房间的时候发现了，就在椅子下面。

B 关电脑吧，我们该走了。

C 冰箱里有牛奶和咖啡，还有果汁，你要哪个？

D 这个周末你打算去哪儿？

E 当然。我们先坐公共汽车，然后换地铁。

문제 1 我要带我女儿去动物园，她很想看大熊猫。 (   )

문제 2 等一下，我很快就看完这个电子邮件。 (   )

문제 3 你知道怎么去那儿吗？ (   )

문제 4 外面真热，有什么喝的吗？ (   )

문제 5 你的手机找到了吗？ (   )

좋니? 좋아! - 물음에 대한 답 찾기

❶ 문제를 먼저 보면서 문장 끝이 물음표로 끝난 문제를 찾자.

의문 형식으로 끝났으면 반드시 그에 대한 대답이 필요하다. 의문문에서 무엇을 묻는지 먼저 파악하고 보기에서 질문에 대한 답을 찾아 이어준다.

❷ 보기가 의문 형식일 수도 있다.

문제가 항상 의문 형식이라고 정해진 것은 없다. 반대로 보기가 의문 형식이 될 수 있고 문제가 대답이 될 수도 있다. 즉, 질문이 문제에서 나올 수도 있고, 보기에서 나올 수도 있다는 점을 주의하자.

A 今天晚上我们一起去看电影吧。　　오늘 저녁에 우리 같이 영화 보러 가자.
B 他去上海旅游了。　　그는 상하이로 여행을 갔어.
C 请问，小王在吗？　　실례합니다, 샤오왕 있나요?

1. 他去哪儿了？　　그는 어디 갔어?　　　　　　　　　　　　　(B)
2. 我要去奶奶家，明天看吧。　　나는 할머니 댁에 가야 해. 내일 보자. (A)
3. 他不在，一会儿就回来。　　그는 없어요, 곧 돌아와요.　　　　(C)

1번은 문제는 질문 형식으로 그가 어디갔는지에 대한 답을 보기에서 찾으면 된다. 하지만 2번, 3번 문제를 해석해보면 제안이나 질문에 대한 답이라는 것을 알 수 있다. 이런 식으로 질문이 모든 문제에 먼저 등장하는 것은 아니기 때문에 문제와 보기를 같이 보면서 물음표로 끝난 문장들을 먼저 해석한 뒤 그에 대한 대답을 찾으면 쉽게 짝을 지어 문제를 풀 수 있다.

❸ 조동사를 사용해서 질문한 문장은 반드시 조동사로 대답한다.

조동사를 사용한 의문 형식에 대해 대답할 때는 똑같이 조동사를 사용해서 대답해야 한다. 따라서 문장 시작 부분을 주의해서 보았을 때, 질문과 같은 조동사가 나오면 정답일 확률이 높다.

1. 질문 你会说汉语吗？
   대답 我说汉语。 혹은 我不说汉语。(✗) / 我会说汉语。 혹은 我不会说汉语。(○)
   '중국어를 말할 수 있니?'라고 질문했기 때문에 대답을 할 때 '(단순히) 중국어를 말하다, 말하지 않다가 아닌 '할 수 있다, 말할 수 없다'처럼 같은 조동사를 사용해서 답해야 한다.

2. 질문 你想看电影吗？
   대답 我想看电影。 혹은 我不想看电影。(○)

3. 질문 可以进去吗？
   대답 可以进去。 혹은 不可以进去。(○)

A 900多块钱。虽然有点儿贵，但是穿着 非常舒服。 D 你会不会开车？ C 还行，我们上个月才认识，只是普通朋 友。	A 900여 위안 정도. 비록 조금 비싸지만, 신고 있으면 매우 편해. B 너 운전할 수 있어? C 괜찮아, 우리는 지난달에야 비로소 알았어. 보통 친구일 뿐이야.
1. 我会开车，但是开得不太好。 2. 你和小马的关系怎么样？ 3. 这双运动鞋是新买的？多少钱？	1. 나 운전할 수 있어. 그런데 그다지 잘하지는 못해. 2. 너와 샤오마의 관계는 어때？ 3. 이 운동화 새로 산 거야？ 얼마야？

B 你会不会开车？
1. 我会开车，但是开得不太好。

해설 보기가 질문 형식인 문제이다. 앞서 말했듯이 조동사를 사용해서 물어본 문장은 똑같이 조동사를 넣어서 대답해야 한다. '会 huì(할 수 있다)'를 사용해서 물어본 보기 B에 알맞은 대답은 같은 조동사 '会'를 쓰고 있는 문제 1번이 적절하다.

정답 B − 1

---

2. 你和小马的关系怎么样？
C 还行，我们上个月才认识，只是普通朋友。

해설 '怎么样? zěnmeyàng?(어때?)'이라는 질문에 다른 보기들은 대답으로 이어질 수가 없기 때문에 문제 2번은 '还行 hái xíng(그럭저럭 괜찮다)'으로 시작하는 보기 C와 짝이 될 수 있다.

정답 2 − C

---

3. 这双运动鞋是新买的？多少钱？
A 900多块钱。虽然有点儿贵，但是穿着非常舒服。

해설 다른 문제에 비해 답을 찾는 것은 어렵지 않다. 질문에서 가격을 묻는 표현인 '多少钱? duōshao qián?(얼마입니까?)'이 쓰였기 때문에 그에 상응하는 대답인 '900多块钱', 즉, 보기 A를 쉽게 고를 수 있다.

정답 3 − A

☺ 의문문이 무엇을 묻는지 먼저 확인하고 그와 관련된 대답을 찾아보자.

A 　快去洗手，准备吃饭，你哥哥呢？

B 　你歌唱得真好，学多久了？

C 　很近，走路10分钟就能到。

D 　我爸爸，明天是他的生日。

E 　你相信吗？这张桌子去年春天卖100万。

문제 1 　桌子上的礼物是送给谁的？ 　　　　　　　（　　　）

문제 2 　他在看电视，我去叫他。 　　　　　　　　（　　　）

문제 3 　叔叔，这个你买的时候花了多少钱？ 　　　（　　　）

문제 4 　你上次去的那个饭馆儿离这儿远吗？ 　　（　　　）

문제 5 　我从8岁就开始学，一直到现在。 　　　　（　　　）

문장의 흐름을 파악하자!

❶ 연관된 단어가 등장하지 않아도 당황하지 말자.

반의어를 사용했거나 한자는 다르지만 의미는 같은 단어를 사용할 수도 있기 때문에 연관된 단어가 등장하지 않았다고 미리 조급해하지 말고 천천히 해석해보자.

❷ 대화 형식이 아닐 수 있다.

문제와 보기가 두 사람의 대화 형식이 아닌 한 사람이 말하는 하나의 문장일 수 있다. 이런 경우에는 문제와 보기의 해석을 통해 의미상 앞뒤가 맞는 문장인지 잘 확인해보자. 짝을 이뤄 나오는 접속사들이 힌트가 될 수 있으니 접속사가 나오면 이어지는 짝꿍 접속사가 있는지 확인해보자. 시험에 자주 출제되는 접속사는 독해 2부분 유형별 전략 05에 정리되어 있다.

> A　下班后我要去换一条。
> B　因为昨天我睡得太晚。
> C　虽然天气不太好。
>
> 1. 所以今天迟到了。　　　　　　(　B 　)
> 2. 但是我要出去玩儿。　　　　　(　C 　)
> 3. 昨天我买的裤子有点儿短。　　(　A 　)

① 짝꿍 접속사를 놓치지 말자!

> 因为…，所以…　(왜냐하면) ~하기 때문에 그래서 ~하다
> B　因为昨天我睡得太晚 – 1. 所以今天迟到了。
> 　　어제 나는 늦게 잤기 때문에 – 그래서 오늘 지각했다.
>
> 虽然…，但是…　비록 ~하지만 ~하다
> C　虽然天气不太好 – 2. 但是我要出去玩儿。
> 　　비록 날씨가 좋지 않다. – 하지만 나는 나가서 놀 것이다.

② 양사와 명사의 관계를 통해 짝을 찾자!

바지를 세는 양사는 '条 tiáo'이다.

> 3. 昨天我买的裤子有点儿短 – A 下班后我要去换一条。
> 　　어제 내가 산 바지가 조금 짧아서 나는 퇴근 후에 바꾸러 갈 것이다.

③ 대답도 의문 형식인 문장에 주의하자.

의문문으로 질문을 하면 그에 따른 대답은 대부분 평서문으로 돌아오곤 한다. 하지만 간혹 질문을 되물어 보거나 상대방의 의사를 물어보는 등 대답 역시 의문문 형식일 수도 있기 때문에 전체적으로 해석을 해보고 알맞게 짝지을 수 있어야 한다.

A 你们几点去?
B 我很饿，还有什么吃的吗?
C 你以前买了红的吧?

1. 你又饿吗? (B)
2. 明天我跟小王一起去看电影，你去不去? (A)
3. 这条红裙子怎么样? (C)

B 我很饿，还有什么吃的吗? – 1. 你又饿吗?
　나 배고파, 먹을 것 좀 더 있어? – 너 또 배고파?

2. 明天我跟小王一起去看电影，你去不去? – A 你们几点去?
　내일 나 샤오왕이랑 같이 영화보러 갈건데, 너 갈래? – 너희 몇 시에 가?

3. 这条红裙子怎么样? – C 你以前买了红的吧?
　이 빨간 치마 어때? – 너 전에 빨간색 사지 않았어?

세 문장은 질문에 대해 평서문이 아닌 의문문으로 되물어보는 형식의 대답이라는 공통점이 있다. 이처럼 '의 문문-의문문' 형식으로 된 문장을 접하면 한 문장이라는 생각이 쉽게 들지 않을 수도 있기 때문에 주의를 기울여서 해석해야 한다.

A 我的手机用了很久，想换个新的。 B 你们别担心。 C 你这么忙，有时间去运动吗?	A 내 휴대전화 오랫동안 사용해서 새로운 것으로 바꾸고 싶어. B 너희들 걱정하지 마. C 너 이렇게 바쁜데 운동하러 갈 시간이 있어?
1. 我已经20岁了，知道怎么照顾自己。 2. 我天天去打篮球，我瘦了吗? 3. 那周末我跟你一起去商店看看吧。	1. 나 이미 20살이 되었어. 스스로를 어떻게 돌보는지 알아. 2. 나는 매일 농구하러 가. 나 살 좀 빠졌어? 3. 그러면 주말에 너 나랑 같이 상점에 가서 한번 좀 보자.

> 1. 我已经20岁了，知道怎么照顾自己。
> B 你们别担心。

해설 문제와 보기가 동의어 또는 반의어처럼 연관된 단어로 이루어져 있지 않기 때문에 해석을 통해 문맥을 파악해야 한다. 게다가 1번 문제는 대화 형식이 아닌 한 사람이 이어 말하는 문장이다. 문제에서 '스스로 잘 지낼 것이다'라는 말과 함께 이어질 수 있는 문장은 '걱정하지 말라'는 내용의 보기 B이다.

정답 1 - **B**

> 2. 我天天去打篮球，我瘦了吗?
> C 你这么忙，有时间去运动吗?

해설 2번 문제와 보기 C는 의문문-의문문 형식이다. 운동을 해서 살이 빠졌냐고 묻지만 이에 평서문으로 답하지 않고 바쁜데 운동하러 갈 시간이 있냐고 되묻고 있다. 이러한 형식은 해석에 더욱 주의해야 한다. 여기서 정답을 유추할 수 있는 힌트가 한 가지 있는데, 바로 운동과 관련된 단어가 공통적으로 들어가 있다는 점이다. 문제 2번에서는 '打篮球 dǎ lánqiú(농구를 하다)'가 등장하고, 보기 C에는 '运动 yùndòng(운동)'이 등장하여 이어지는 문장임을 유추할 수 있다. 따라서 2번 문장은 보기 C와 짝이 된다.

정답 2 - **C**

> A 我的手机用了很久，想换个新的。
> 3. 那周末我跟你一起去商店看看吧。

해설 밀접하게 연관된 단어가 없어 답을 찾기 어려울 수 있다. 이런 경우에는 해석을 통해서 서로 상응하는 문장을 찾아야 한다. 휴대전화를 오랫동안 사용해서 새로 바꾸고 싶다고 하는 A의 말에 '그럼 주말에 같이 상점에 가자'는 권유를 하는 문제 3번이 이어질 수 있다.

정답 **A** - 3

▶ 정답 및 해설 p.46

☺ 직접적으로 연관되는 단어가 나오지 않더라도 당황하지 말고, 문장의 앞뒤 문맥을 차근히 살펴서 문제를 풀어 보자.

A   现在呢？干净了吗？

B   这是我送你的礼物，你看看喜不喜欢？

C   哥哥的书包用了四年，已经很旧了。

D   遇到问题时不要太着急。我觉得金老师一定可以帮你的忙。

E   他的办公室在3层，还是走上去吧，锻炼锻炼身体。

문제 1 ▶   姐，祝你生日快乐！   (　　　　)

문제 2 ▶   我早就想给他买个新的。   (　　　　)

문제 3 ▶   我们去坐电梯吧。   (　　　　)

문제 4 ▶   你鼻子上有东西，右边，就是那儿。   (　　　　)

문제 5 ▶   昨天课上讲的这些题，你会做吗？   (　　　　)

걱정하지 마! – 감정 표현하기

❶ 감정은 감정으로!

감정과 관련된 문제는 답도 대부분 감정과 관련된 것이다. 따라서 문제와 보기를 쭉 살펴보면서 감정에 관련된 단어를 표시해두면 쉽게 답을 찾을 수 있다.

> 문제 不好意思，我忘了拿你的书。미안해, 나 네 책 가져오는 것을 잊었어.
> Bùhǎoyìsi, wǒ wàng le ná nǐ de shū.

> 보기 没关系，明天拿给我吧。괜찮아, 내일 나에게 가져다 줘.
> Méiguānxi, míngtiān ná gěi wǒ ba.

> 문제 你有什么事吗？你的脸色不太好。너 무슨 일 있어? 네 안색이 그다지 좋지 않아 보여.
> Nǐ yǒu shénme shì ma? Nǐ de liǎnsè bú tài hǎo.

> 보기 我对自己的成绩不满意。나는 내 성적에 만족하지 못하겠어.
> Wǒ duì zìjǐ de chéngjì bù mǎnyì.

❷ '心'을 주의하자.

'放心 fàngxīn', '担心 dānxīn', '小心 xiǎoxīn'과 같이 '心 xīn'자가 들어간 단어들이 무슨 뜻을 갖고 있는지 정확히 기억하고, 한자 발음으로 해석하지 않도록 주의하자. '小心'은 한자 발음으로 읽으면 '소심'이기 때문에 '소심하다'라는 의미로 착각할 수 있다. 하지만 실제 의미는 '조심하다'이다. 아래 예문을 통해 '心'자가 들어간 다양한 단어들의 쓰임을 파악해보자.

> 小心感冒。감기 조심해.
> 他很关心你的身体。그가 너의 건강에 관심을 가지고 있어.
> 你担心什么？너 무엇을 걱정하니?
> 您放心吧。당신 안심하세요.

❸ 서로 반대되는 감정을 나타내는 어휘를 기억해두자.

문제와 보기가 비슷한 감정으로 이루어져 있는 문제도 있지만 상반된 감정을 표현하는 경우도 있다. 예를 들면, '우울하다'는 표현에 '행복하자'라고 대답해줄 수 있듯이 반대되는 감정 표현도 묶어서 기억해두자.

● 반대되는 감정을 나타내는 어휘들

긍정적인 감정	부정적인 감정
기쁘다, 즐겁다	화나다, 고통스럽다, 힘겹다
高兴 gāoxìng 기쁘다, 즐겁다 开心 kāixīn 기쁘다, 즐겁다 快乐 kuàilè 기쁘다, 즐겁다	生气 shēngqì 화나다 伤心 shāngxīn 아프다 痛苦 tòngkǔ 고통스럽다 难过 nánguò 힘겹다
행복하다	두렵다, 무섭다, 걱정하다
幸福 xìngfú 행복하다	害怕 hàipà 무섭다 担心 dānxīn 걱정하다
사랑하다, 좋아하다, 관심을 가지다	싫어하다, 관심이 없다
爱 ài 사랑하다, 좋아하다 喜欢 xǐhuan 사랑하다, 좋아하다 关心 guānxīn 관심을 가지다	不喜欢 bù xǐhuan 싫어하다 不关心 bù guānxīn 관심이 없다
재미있다	재미없다
有意思 yǒuyìsi 재미있다	没有意思 méiyǒuyìsi 재미없다
마음을 놓다, 안심하다	조심하다
放心 fàngxīn 마음을 놓다 安心 ānxīn 안심하다	小心 xiǎoxīn 조심하다 注意 zhùyì 주의하다
원하다	원하지 않다
要 yào 원하다 愿意 yuànyì 원하다	不要 búyào 원하지 않다 不愿意 búyuànyì 원하지 않다
만족하다	만족하지 못하다
满意 mǎnyì 만족하다	不满意 bù mǎnyì 만족하지 못하다

A 我很担心，他一个人去国外读书。 B 现在，他觉得这是一件快乐的事情。 C 没问题，你就放心吧。	A 나는 그가 혼자 해외에 가서 공부를 하는 게 걱정이야. B 현재 그는 그것이 하나의 즐거운 일이라고 생각해. C 문제 없어. 너 안심해도 돼.
1. 这几天我不在家，请你帮我照顾小狗。 2. 儿子第一次下水的时候比较害怕。 3. 孩子已经19岁了，知道怎么照顾自己， 　 你就别担心了。	1. 이 며칠 나 집에 없어. 네가 날 도와서 강아지를 돌봐줘. 2. 아들이 맨 처음으로 물에 들어갈 때 비교적 두려워했어. 3. 아이가 이미 19살이 되었어. 스스로를 어떻게 돌보는지 　 알아. 너 안심해.

> 1. 这几天我不在家，请你帮我照顾小狗。
> C 没问题，你就放心吧。

해설　문제 지문 안에는 감정에 관련된 단어가 없었기 때문에 해석을 통해서 답을 찾아내야 한다. 강아지를 부탁한다는 말에 대한 대답으로 적절한 것은 보기 C에 나오는 '放心 fàngxīn(안심하다)'이다. 따라서 1번은 보기 C와 짝이 된다.

정답　1 - C

> 2. 儿子第一次下水的时候比较害怕。
> B 现在，他觉得这是一件快乐的事情。

해설　문제에서 '害怕 hàipà(무섭다, 두렵다)'라는 표현과 비슷한 표현은 보기에 없기 때문에 반대되는 표현인 보기 B의 '快乐 kuàilè(즐겁다, 유쾌하다)'를 찾으면 두 문장 사이의 연관성이 있기 때문에 쉽게 답을 유추할 수 있다. 또한, '…的时候 …de shíhou(~했을 때)'라는 문장과 B의 '现在 xiànzài(현재는)'로 시작되는 문장은 시간으로 연결된다는 공통점이 있기 때문에 2번은 보기 B와 짝이 된다.

정답　2 - B

> A 我很担心，他一个人去国外读书。
> 3. 孩子已经19岁了，知道怎么照顾自己，你就别担心了。

해설　문제와 보기에 '担心 dānxīn(걱정하다)'이라는 표현이 공통적으로 들어가 있기 때문에 3번 문제는 비교적 쉽게 답을 찾을 수 있다. 걱정이 된다고 하자 앞에 '别 bié(~하지 마라)'를 붙여 걱정하지 말라고 대답하면서 대화가 자연스럽게 이어진다. 따라서 3번은 보기 A와 짝이 된다.

정답　A - 3

☺ 감정과 관련된 어휘에 표시해보고, 반대되는 감정 표현에 주의하자.

A 别担心，我坐公共汽车，20分钟就到学校了。

B 李小姐，这双鞋真漂亮，谢谢你。

C 这次比赛，世界很多国家的运动员都来参加了。

D 大家都觉得她又聪明又可爱。

E 已经都解决了，校长，您放心吧。

문제 1 ▶ 不客气，你喜欢就好。 ( )

문제 2 ▶ 这么小就会写自己的名字了？真不简单。 ( )

문제 3 ▶ 上次会议上说的那些问题解决了吗？ ( )

문제 4 ▶ 快点儿吧，再有一个小时就要考试了。 ( )

문제 5 ▶ 这是一个很好的机会，但我对自己的游泳成绩不太满意。 ( )

핵심 포인트를 찾아보자!

독해 제1부분은 (41번~50번) 총 10문제 》 제시된 문장과 관련된 문장 고르기

▶ **우선 물음표를 찾자!**
기본적으로 질문–대답 형식인 문장이 많기 때문에 문제를 먼저 보면서 문장 끝이 물음표로 끝난 문제를 찾자.

▶ **문제와 보기가 질문–대답으로 이루어진 문장이 아닌 여러 가지 형식을 조심하자.**
물음표가 보이지 않는다! 이럴 땐 질문이 없는 대화문이거나 평서문이므로 해석을 통해 짝이 되는 문장을 찾자!

▶ **문제와 보기에 같은 단어가 없어도 당황하지 말자.**
동의어, 반의어 혹은 유사한 어휘가 쓰이진 않았는지 확인해보자.

▶ **급할 필요 없다. 천천히 해석해보자.**
시간이 부족할 것 같아 허둥지둥하면 문장들이 더 엉켜서 보일 뿐이다. 차분히 살펴서 짝이 되는 문장을 찾아내자.

▶ 문장 속에 숨어있는 핵심 단어

1	회사	公司 gōngsī 몡 회사 | 经理 jīnglǐ 몡 사장 | 同事 tóngshì 몡 직장 동료 | 办公室 bàngōngshì 몡 사무실 | 会议室 huìyìshì 몡 회의실 | 会议 huìyì 몡 회의 | 开会 kāihuì 동 회의하다 | 问 wèn 동 묻다 | 解决 jiějué 동 해결하다 | 问题 wèntí 몡 문제
2	학교	学校 xuéxiào 몡 학교 | 年级 niánjí 몡 학년 | 学生 xuésheng 몡 학생 | 同学 tóngxué 몡 학우 | 老师 lǎoshī 몡 선생님 | 上课 shàngkè 동 수업하다 | 下课 xiàkè 동 수업이 끝나다 | 考试 kǎoshì 몡 시험 | 成绩 chéngjì 몡 성적 | 黑板 hēibǎn 몡 칠판 | 查 chá 동 찾다 | 词典 cídiǎn 몡 사전 | 字 zì 몡 글자
3	식당	服务员 fúwùyuán 몡 종업원 | 先生 xiānsheng 몡 ~씨, 선생님 [성인 남성을 부르는 말] | 菜单 càidān 몡 메뉴 | 点菜 diǎncài 동 주문하다 | 饭馆儿 fànguǎnr 몡 식당
4	상점	买 mǎi 동 사다 | 卖 mài 동 팔다 | 花 huā 동 소비하다 | 多少 duōshao 대 얼마 | 钱 qián 몡 돈 | 便宜 piányi 형 저렴하다 | 贵 guì 형 비싸다 | 旧 jiù 형 오래되다, 낡다 | 换 huàn 동 바꾸다 | 新 xīn 형 새롭다 | 商店 shāngdiàn 몡 상점
5	음식	喝 hē 동 마시다 | 渴 kě 형 갈증나다 | 冰箱 bīngxiāng 몡 냉장고 | 牛奶 niúnǎi 몡 우유 | 咖啡 kāfēi 몡 커피 | 果汁 guǒzhī 몡 과일주스 | 饿 è 형 배고프다 | 蛋糕 dàngāo 몡 케이크 | 面包 miànbāo 몡 빵 | 做饭 zuòfàn 동 밥을 하다 | 筷子 kuàizi 몡 젓가락 | 碗 wǎn 몡 그릇, 사발 | 盘子 pánzi 몡 쟁반

6	옷	件 jiàn 양 옷·셔츠 등을 세는 단위 | 衬衫 chènshān 명 셔츠 | 条 tiáo 양 가늘고 긴 것을 세는 단위 | 裤子 kùzi 명 바지 | 裙子 qúnzi 명 치마 | 洗 xǐ 동 씻다, 빨다 | 穿 chuān 동 입다 | 衣服 yīfu 명 옷
7	계절·날씨	季节 jìjié 명 계절 | 春天 chūntiān 명 봄 | 开花 kāihuā 동 꽃이 피다 | 夏天 xiàtiān 명 여름 | 热 rè 형 덥다 | 秋天 qiūtiān 명 가을 | 不冷不热 bùlěng búrè 춥지도 않고 덥지도 않다 | 冬天 dōngtiān 명 겨울 | 下雪 xiàxuě 동 눈이 내리다 | 下雨 xiàyǔ 동 비가 내리다 | 带伞 dàisǎn 동 우산을 챙기다 | 晴天 qíngtiān 명 맑은 날 | 阴天 yīntiān 명 흐린 날
8	질병·상태	感冒 gǎnmào 명 감기 | 发烧 fāshāo 동 열이 나다 | 生病 shēngbìng 동 병이 나다 | 注意 zhùyì 동 주의하다 | 身体 shēntǐ 명 신체, 건강 | 医院 yīyuàn 명 병원 | 休息 xiūxi 동 쉬다
9	기념일	生日 shēngrì 명 생일 | 送 sòng 동 보내다, 주다 | 礼物 lǐwù 명 선물 | 节日 jiérì 명 명절, 기념일
10	생김새	长 zhǎng 동 자라다 | 像 xiàng 동 닮다 | 鼻子 bízi 명 코 | 眼睛 yǎnjing 명 눈 | 耳朵 ěrduo 명 귀

▶ 자주 출제되는 질문

1	会不会…? ~한 거 아니야? huì bu huì…?	明天会不会下雨? 내일 비 오는 거 아니야? Míngtiān huì bu huì xiàyǔ?
2	能不能…? ~할 수 있니 없니? néng bu néng…?	能不能便宜点儿? 조금 싸게 해주실 수 있나요? Néng bu néng piányi diǎnr?
3	…怎么样? ~는 어때? …zěnmeyàng?	明天我们一起去爬山，怎么样? Míngtiān wǒmen yìqǐ qù páshān, zěnmeyàng? 내일 우리 같이 등산하러 가자. 어때?
4	多少钱? 얼마야? duōshao qián?	一共多少钱? 총 얼마입니까? Yígòng duōshao qián?
5	谁的? / 谁啊? 누구의 것이야? / 누구야? shéi de? / shéi a?	椅子上的那条裤子是谁的? Yǐzi shang de nà tiáo kùzi shì shéi de? 의자 위에 저 바지는 누구의 것이야?
6	远吗? 멀어? yuǎn ma?	北京大学离这儿远吗? Běijīng Dàxué lí zhèr yuǎn ma? 베이징대학교는 여기에서 먼가요?
7	怎么办? 어떻게 하지?, 어쩌지? zěnmebàn?	现在我没有零钱，怎么办? Xiànzài wǒ méiyǒu língqián, zěnmebàn? 지금 나는 잔돈이 없어. 어떡하지?
8	好不好? 좋아 안 좋아?, 어때? hǎo bu hǎo?	请帮我照张相吧，好不好? Qǐng bāng wǒ zhào zhāng xiàng ba, hǎo bu hǎo? 나 사진 찍는 것을 도와줘. 어때?

9	妈妈呢? / 爸爸呢? 엄마는? 아빠는? māma ne? / bàba ne?	我们吃饭吧，你爸爸呢? Wǒmen chī fàn ba, nǐ bàba ne? 우리 밥 먹자. 너희 아빠는?
10	喜欢哪个? 어느 깃이 좋아? xǐhuan nǎge?	你最喜欢哪个季节? Nǐ zuì xǐhuan nǎge jìjié? 너는 어느 계절을 가장 좋아해?
11	去哪儿? 어디 가? qù nǎr?	我们要去哪儿? Wǒmen yào qù nǎr? 우리 어디로 가야 하지?
12	什么时候买的? 언제 산 거야? shénme shíhou mǎi de?	这小包你什么时候买的? Zhè xiǎo bāo nǐ shénme shíhou mǎi de? 이 작은 가방 너 언제 산 거야?
13	什么时候照的? 언제 찍은 거야? shénme shíhou zhào de?	这张照片你什么时候照的? Zhè zhāng zhàopiàn nǐ shénme shíhou zhào de? 이 사진 너 언제 찍은 거야?
14	想吃什么? 뭐 먹고 싶어? xiǎng chī shénme?	晚上你想吃什么? Wǎnshang nǐ xiǎng chī shénme? 저녁에 너 뭐 먹고 싶어?
15	想看什么? 뭐 보고 싶어? xiǎng kàn shénme?	你想看什么节目? Nǐ xiǎng kàn shénme jiémù? 너는 무슨 프로그램을 보고 싶어?

▶ 자주 출제되는 감정표현

1	기쁘다, 유쾌하다	➡	快乐 kuàilè | 开心 kāixīn | 高兴 gāoxìng | 幸福 xìngfú
2	힘겹다, 고통스럽다	➡	痛苦 tòngkǔ | 伤心 shāngxīn | 难过 nánguò
3	조심하다, 주의하다	➡	小心 xiǎoxīn | 注意 zhùyì
4	문제 없다	➡	没事 méishì | 没问题 méiwèntí
5	무서워하다, 두려워하다	➡	害怕 hàipà
6	만족하다	➡	满意 mǎnyì
7	걱정하다	➡	担心 dānxīn
8	안심하다	➡	放心 fàngxīn

☺ 의문 형식의 대답을 먼저 찾고, 핵심이 될만한 단어를 표시해서 문제와 보기를 연결해보자.

[1-5]

A   我不饿，就是有点儿渴。

B   这双运动鞋是新买的？花了多少钱？

C   明天的考试要带铅笔。

D   我从6岁就开始学，一直到现在。

E   我身体有点儿不舒服，就先回教室了。

문제 1 ▶ 你跳舞跳得真好，学多久了？   (   )

문제 2 ▶ 那你在这儿休息一下，我看看附近有没有卖饮料的。   (   )

문제 3 ▶ 大家都去上体育课了，你怎么没去？   (   )

문제 4 ▶ 没问题，我昨天已经准备好了。   (   )

문제 5 ▶ 700多块钱，虽然比较贵，但是穿着很舒服。   (   )

[6-10]

A   我也不知道，正想查词典呢，查完我告诉你。

B   真的？那我穿裤子好了。

C   他刚打电话说，马上到，让我们再等几分钟。

D   没问题，我会照顾好自己的。

E   大家都向我这儿看，来，笑一笑，一二三！

문제 6 ▶ 我很担心，你一个人去中国留学。   (   )

문제 7 ▶ 黑板上的那个字怎么读？是"漂亮"的"亮"吗？   (   )

문제 8 ▶ 现在除了小王，其他人都来了。   (   )

문제 9 ▶ 他在给别人照相呢。   (   )

문제 10 ▶ 你这条裙子有点儿短。   (   )

빈칸에 들어갈 알맞은 어휘 고르기

● 문제유형

독해 제2부분은 51번~60번, 총 10문항으로, 빈칸에 알맞은 단어를 채워 넣는 문제이다. 51번부터 55번까지는 단문에 빈칸이 있으며, 55번부터 60번까지는 A와 B의 대화형식으로 둘 중 한 문장에 빈칸이 있다.

● 출제경향

① 동사·형용사를 넣는 문제가 출제된다.

술어 부분을 빈칸으로 남겨두어서 의미에 알맞은 동사 또는 형용사를 채워 넣는 문제가 출제되고 있다. 형용사는 수식성분으로도 많이 쓰이기 때문에 위치를 잘 보고 어떤 품사가 필요한지 확인해야 한다.

② 명사를 넣는 문제가 출제된다.

명사는 문장 안에서 위치할 수 있는 곳이 많다. 따라서 출제 빈도도 동사와 형용사 다음으로 높은 편이다.

③ 기타(접속사·부사·조동사) 성분을 넣는 문제가 출제된다.

그 외에는 접속사, 양사, 부사, 조동사와 같이 주어, 술어, 목적어 등을 수식할 수 있는 자리가 빈칸으로 나와 어법적으로나 의미상으로 맞는 품사를 채워 넣는 문제가 출제되고 있다.

독해 제2부분 출제경향

■ 동사·형용사
■ 명사
■ 기타(접속사·부사·조동사)

● 문제 접근 전략

시험지

| A 饮料 | B 突然 | C 去 |

① 보기를 해석하며 보기 단어의 품사가 무엇인지 적어둔다.

보기 A '饮料'는 '음료'라는 뜻으로 명사, 보기 B '突然'은 '갑자기'라는 뜻으로 부사, 보기 C '去'는 '가다'라는 뜻의 동사이다. 이처럼 단어마다 품사를 알면 더 빠르게 빈칸을 채워 넣을 수 있다.

시험지

51. 教室里怎么（ 突然 ）变得这么安静？

52. 你别忘了（ 去 ）图书馆还书。

53. A：你不是渴了吗？怎么只喝一口？
    B：那个（ 饮料 ）太甜了。

② 빈칸 앞뒤를 보고 빈칸에 어떤 품사가 필요한지 확인한다.

빈칸 앞뒤의 단어를 보고 어떤 문장성분이 필요한지, 그 문장성분에는 주로 어떤 품사가 들어가는지 확인한다. 먼저 51번은 술어 '变' 앞에서 술어를 수식해 줄 성분이 필요하다. 그리고 52번은 목적어 '图书馆(도서관)'에 대한 동사술어가 필요하다. 마지막으로 53번은 뒤쪽에 형용사술어가 있고 앞쪽에는 양사 '个'가 있으므로 명사가 필요하다.

③ 빈칸에 단어를 넣고 의미상으로도 맞는지 해석해본다.

보기에는 같은 품사가 있을 수 있으므로 위치에 알맞은 품사를 찾았다 하더라도 해석을 해서 의미가 맞는지도 확인해본다.

명사가 필요한 곳은?

❶ 명사가 지시대명사 또는 수사의 수식을 받으면 중간에 양사가 필요하다.

명사 앞에는 여러 가지 품사들이 수식을 할 수 있지만 그 중에서 지시대명사와 수사의 수식을 받으면 중간에 각각 명사에 적합한 양사가 필요하다.

❷ 문장이 '的'로 끝나면 뒤에는 명사가 위치한다.

'的'는 명사와 관형어 사이에서 수식 관계를 나타내기 때문에 문장 끝이 '的'이면 그 뒤는 명사가 와야 한다.

> 我买了漂亮的衣服。 나는 예쁜 옷을 샀다.
> 这是新买的手机。 이것은 새로 산 휴대전화이다.
> 那是谁的书? 저것은 누구의 책인가?

❸ 전치사를 찾자.

전치사는 문장 안에서 혼자 쓰일 수 없기 때문에 명사 또는 대명사와 짝을 이루어 전치사구를 만든다. 즉, 전치사 뒤가 빈칸일 땐 명사가 들어갈 확률이 높다.

> 我给打电话了。　　(✕)　　我给他打电话了。 나는 그에게 전화를 걸었다. 　(○)
> 我们从开始工作。　(✕)　　我们从9点开始工作。 우리는 9시부터 일을 시작한다. (○)
> 我跟去买东西。　　(✕)　　我跟妈妈去买东西。 나는 엄마와 물건을 사러간다. 　(○)

전치사는 절대 혼자 쓰일 수 없다는 것을 다시 한번 기억하고 위의 예문을 잘 외워두자.

❹ 동사 뒤 목적어 자리를 확인하자.

동사술어문은 동사 뒤에 목적어가 오고, 이 목적어 자리에는 대부분 명사가 들어간다는 특징이 있다. 동사 뒤가 빈칸일 땐 보어 자리인지 또는 목적어(대부분 명사)의 자리인지 잘 보고 문제를 풀어야 한다.

> 妈妈在做饭。 엄마는 하고 있다. 무엇을? 밥을!
> 他在图书馆学习汉语。 그는 도서관에서 공부한다. 무엇을? 중국어를!
> 我已经看完了这本书。 나는 이미 다 봤다. 무엇을? 이 책을!

● 자주 출제되는 양사

양사	[양사 + 명사] 표현 정리
1 **个** ge 개 사람이나 사물을 세는 가장 보편적인 단위	一个人 yí ge rén 한 사람 这个问题 zhège wèntí 이 문제 三个苹果 sān ge píngguǒ 사과 세 개
2 **条** tiáo (치마·길·강 등) 가지, 가닥 가늘고 긴 것을 세는 단위	一条裤子 yì tiáo kùzi 바지 한 벌 一条裙子 yì tiáo qúnzi 치마 한 벌 这条路 zhè tiáo lù 이 길 这条新闻 zhè tiáo xīnwén 이 소식
3 **双** shuāng (젓가락·양말·신발 등) 쌍 짝을 이루고 있는 것을 세는 단위	一双鞋 yì shuāng xié 신발 한 켤레 一双筷子 yì shuāng kuàizi 젓가락 한 쌍
4 **家** jiā (회사·호텔·식당 등) 집, 채 집이나 회사 등을 세는 단위	这家商店 zhè jiā shāngdiàn 이 상점 这家饭馆 zhè jiā fànguǎn 이 식당 一家公司 yì jiā gōngsī 한 회사
5 **张** zhāng (침대·책상 등) 장, 개 종이 또는 평평한 물건을 세는 단위	这张床 zhè zhāng chuáng 이 침대 一张桌子 yì zhāng zhuōzi 책상 한 개 一张纸 yì zhāng zhǐ 종이 한 장 这张照片 zhè zhāng zhàopiàn 이 사진
6 **本** běn (책·잡지 등) 권 서적을 세는 단위	一本书 yì běn shū 책 한 권 一本词典 yì běn cídiǎn 사전 한 권
7 **杯** bēi 잔, 컵 잔에 담긴 액체를 세는 단위	一杯咖啡 yì bēi kāfēi 커피 한 잔 一杯果汁 yì bēi guǒzhī 과일주스 한 잔
8 **件** jiàn 벌, 건 옷·사건 등을 세는 단위	这件衣服 zhè jiàn yīfu 이 옷 这件事 zhè jiàn shì 이 일 一件衬衫 yí jiàn chènshān 셔츠 한 벌
9 **辆** liàng 대 차량을 세는 단위	一辆车 yí liàng chē 차 한 대
10 **位** wèi 분 사람을 높여 세는 단위	一位老师 yí wèi lǎoshī 선생님 한 분 一位客人 yí wèi kèrén 손님 한 분
11 **把** bǎ (칼·우산·의자 등) 자루, 다발 손잡이가 있는 것을 세는 단위	一把伞 yì bǎ sǎn 우산 한 개 这把椅子 zhè bǎ yǐzi 이 의자

예제 1

A 小心 B 年轻人 C 健康 D 必须 E 银行	A 조심하다 B 젊은 사람 C 건강 D 반드시 ~해야 한다 E 은행
1. 现在的 （ ） 结婚越来越晚了。	1. 현재 （ ） 결혼이 점점 더 늦어졌다.

2. 妈妈，您每天喝杯红葡萄果汁，
    对 （   ） 很有帮助。
	2. 엄마, 매일 적포도 주스를 한 잔 마시면 （ ）에 매우
	    도움이 돼요.

1. 해설 빈칸 앞 부분인 '现在的(현재의)'에서 '的'는 구조조사로 문장의 구조를 잡아주는 역할을 한다. 명사 앞에서 명사를 수식하는 관형어와 수식을 받는 명사 사이에서 두 단어가 수식 관계임을 알려준다. 따라서 이 문제에서 '的' 뒤에는 명사가 필요하다. 현재 무언가의 결혼이 점점 늦어진다는 해석을 통해 답은 B 年轻人(젊은 사람)이 된다.

    정답 **B**

2. 해설 전치사는 문장에서 혼자 쓰일 수 없기 때문에 명사 혹은 대명사와 전치사구를 이룬다. 이 문장에서는 '对'의 뒤가 빈칸으로 뚫려있다. '对 duì(~에 대해서)'는 전치사이기 때문에 뒤에 (대)명사를 놓아서 전치사구를 만들어야 한다. 해석해보면 '적포도 주스를 마시는 것이 ~에 도움이 된다'이기 때문에 답은 C 健康(건강)이 된다.

    정답 **C**

예제 2

A 地方 B 短 C 结束 D 饱 E 一定	A 장소 B 짧다 C 끝나다 D 배부르다 E 반드시

1. A: 明天在哪儿见面?
   B: 上次我们去过的那个 （   ），那
      儿附近有一家饭馆儿很不错。
	1. A: 내일 어디에서 만나?
	   B: 지난번에 우리 갔었던 그 （ ）, 거기 근처에 있는
	      식당 하나가 괜찮아.

2. A: 我去厨房，拿点儿面包，你要不要?
   B: 不用了，我觉得已经很 （   ） 了。
	2. A: 내가 주방에 가서 빵을 조금 가져올게, 너 필요해?
	   B: 괜찮아. 나는 이미 （ ）고 생각해.

1. 해설 명사가 앞에서 지시대명사 또는 수사(숫자)의 수식을 받으면 중간에 양사를 넣어야 한다. '那 nà(그, 저)'는 지시대명사이고 '个 ge(개)'는 양사로 뒤가 빈칸으로 되어 있으니 그 자리엔 당연히 명사가 필요하다. 하지만 보기의 세 단어는 모두 명사이므로 의미상으로 판단해야 한다. '去过 qùguo(갔었던)', '饭馆 fànguǎn(식당)' 등에서 힌트를 얻어 '那个' 뒤에는 A 地方(장소)이 와야 한다.

    정답 **A**

2. 해설 정도부사 뒤가 빈칸이므로 형용사가 필요한 것을 알 수 있다. 내용상으로도 자신이 어떻게 느끼는지 묘사하고 있기 때문에 정답은 D 饱(배부르다)이다.

    정답 **D**

☺ 빈칸의 위치를 바르게 파악해서 어떤 품사가 필요한지 파악하자!

[1-3]

A 种　　　　B 中间　　　　C 信　　　　D 邻居　　　　E 条

문제 1 ▶ 这个周末我想去商店买（　　　）裙子，你去不去?

문제 2 ▶ 弟弟去国外后，经常给妈妈写（　　　）。

문제 3 ▶ 小李，你站爸爸和妈妈（　　　），让弟弟站后面。

[4-6]

A 伞　　　　B 筷子　　　　C 附近　　　　D 关心　　　　E 普通话

문제 4 ▶ A: 你准备了几双（　　　）?
　　　　B: 三双啊。

문제 5 ▶ A: 那个药的作用怎么样? 你的腿好些了吗?
　　　　B: 好多了，谢谢你的（　　　）。

문제 6 ▶ A: 外面还在下雨吗?
　　　　B: 在下大雨，儿子今天上学没带（　　　），我一会儿去接他吧。

동사가 필요한 곳은?

❶ 명사와 명사 사이!

일반적으로 동사는 술어 자리에 가장 많이 쓰인다. 주어와 목적어 자리에는 주로 명사 또는 대명사가 들어가기 때문에 명사와 명사 사이가 빈칸이면 동사 자리인지 살펴봐야 한다. 만약 문장 맨 앞이 빈칸이고 그 뒤에 명사가 있다면 주어가 생략된 형태의 문장인지도 확인해야 한다.

❷ '부, 조, 전, 명'을 기억하자!

부사, 조동사, 전치사구(전치사 + 명사)는 주로 술어 앞에서 술어를 수식하는 역할을 한다. 이 '부, 조, 전, 명' 뒤가 빈칸이면 동사 자리인지 확인해야 하는데, 여기서 주의할 점은 부사나 조동사 뒤가 빈칸이라고 무조건 동사 자리는 아닐 수 있다는 점이다! 부사 뒤는 조동사나 전치사구, 조동사 뒤는 전치사구가 들어갈 수 있으니 보기에 나온 어휘들의 뜻과 품사를 잘 파악하고 문제를 풀어야 한다.

	부사 +	조동사 +	전치사 +	명사		
你	不	可以	在	这儿	抽烟。	너 여기에서 담배를 피우면 안 돼.
我	一定	要	跟	他	结婚。	나는 반드시 그와 결혼할 것이다.
我	不	想	跟	她	聊天。	나는 그녀와 이야기를 하고 싶지 않다.

❸ '了'를 찾자!

동작의 완료를 알려주는 '了'는 기본적으로 동사 뒤에 붙는다. 만약 빈칸 뒤에 '了'가 있고 그 뒤에 명사가 따라 나와 있다면 빈칸에는 대부분 동사가 들어간다.

❹ '得' 앞은 동사!

'得'는 술어와 정도보어 사이에서 수식 관계임을 나타낸다. 정도보어 문장에서 술어 자리에는 동사가 들어가기 때문에 '得' 앞이 빈칸이라면 동사를 넣어준다.

他吃得很多。　　그는 많이 먹는다.
我跑得不快。　　나는 빨리 달리지 못한다.
他汉语说得很好。　　그는 중국어를 잘 말한다.

A 花 B 遇到 C 以前 D 双 E 满意	A 소비하다 B 마주치다 C 이전 D 쌍 E 만족하다
1. （ ）这样的事情，你就问金老师，她一定会帮你。	1. 이런 일을 （ ） 너 바로 김 선생님한테 물어봐, 그녀는 반드시 널 도와줄 거야.
2. 昨天我买了新手机，（ ）了一千多块钱。	2. 어제 나는 새 휴대전화를 사서, 천 위안 정도를 （ ）.

1. 해설   문장 맨 앞이 빈칸이라서 주어 자리라고 생각할 수 있지만 잘 보면 빈칸 뒤에 오는 품사가 명사이다. 이 문장은 주어가 생략된 형태의 문장이기 때문에 목적어에 대한 술어가 필요하다. 목적어를 해석해보면 '이러한 일'이고 이에 맞는 동사는 B 遇到(마주치다)가 된다.

정답   **B**

2. 해설   '了' 앞이 빈칸이다. '了'는 동사 뒤에서 동작의 완료를 나타낸다. 뒤에 목적어로 '一千多块钱(천 위안 정도)'이라는 돈과 관련된 내용이 나왔기 때문에 답은 A 花(소비하다)가 된다. 하지만 '了' 앞이 빈칸이라고 동사만 들어갈 수 있는 것은 아니다. 형용사 뒤에 있는 '了'는 형용사의 변화도 나타낼 수 있기 때문에 문장 속에서 '了'가 어떤 용도로 쓰였는지 잘 파악해야 한다.

정답   **A**

A 爱好 B 为 C 放 D 奇怪 E 机场	A 취미 B ~을 위해 C 놓다 D 이상하다 E 공항

1. A: 爸，今天的报纸你（   ）哪儿了？
     B: 应该在我房间里的桌子上。
	1. A: 아빠, 오늘 신문을 어디에 （ ）?
	     B: 아마도 내 방 책상 위에 있을 거야.

2. A: 让你哥哥送你去（   ）吧。
     B: 不用，妈，我就一个行李箱，自己坐出租车就可以。
	2. A: 네 형에게 너를 （ ）에 데려다 주라고 할게.
	     B: 괜찮아요, 엄마. 저 짐가방이 하나뿐이라 스스로 택시 타고 갈 수 있어요.

1. 해설   주어 뒤가 빈칸이기도 하며, 문장 안에 술어가 될 수 있는 품사가 없기 때문에 빈칸에는 술어가 필요하다. 이 문장에서는 해석상 동사가 들어가야 한다. '오늘 신문을 어디에 ~했나요'라는 의미이므로 답은 C 放(놓다)이 된다.

정답   **C**

2. 해설   '去 qù(가다)'라는 동사 뒤가 빈칸이므로 '去'에 대한 목적어가 필요하다. 목적어 자리에는 주로 명사나 대명사가 들어가지만 항상 그런 것만은 아니기 때문에 해석을 통해 다시 한번 답이 맞는지 확인해봐야 한다. 따라서 답은 명사 E 机场(공항)이다.

정답   **E**

☺ 빈칸 앞뒤를 빠르게 보며 '부 + 조 + 전 + 명' 뒤 혹은 '了'의 앞처럼 동사가 들어가는 자리를 찾아보자.

[1-3]

A 举行　　　B 说　　　C 坏　　　D 回答　　　E 花

문제 1 你能（　　　）黑板上的这个问题吗？

문제 2 这次会议要在我们学校（　　　），所以最近老师们特别忙。

문제 3 跟以前比，现在我汉语（　　　）得好多了。

[4-6]

A 记得　　　B 睡　　　C 试　　　D 骑　　　E 照顾

문제 4 A：路上小心，到了宿舍给妈妈打个电话。
B：好的，你就放心吧，我会（　　　）好自己的。

문제 5 A：从家到公司要花多长时间？
B：（　　　）自行车的话，半个小时。

문제 6 A：这件衣服很好看！
B：颜色很漂亮，你（　　　）一下。

형용사가 필요한 곳은?

❶ 정도부사 뒤를 주의하자!

문장 성분에서 형용사가 가장 많이 들어가는 곳이 술어 자리이다. 형용사가 술어로 쓰일 땐 기본적으로 앞에 정도부사를 붙여야 한다. 따라서 정도부사 뒤가 빈칸이면 형용사 자리일 확률이 높다.

> 这件衣服很好看。 이 옷은 예쁘다.
> 今天真冷。 오늘 정말 춥다.

❷ 형용사가 정도부사를 떼고 문장 안에 쓰이는 경우를 기억하자!

위에서 언급했듯이 형용사가 술어로 쓰일 경우에는 일반적으로 앞에 정도부사를 붙여야 하지만 그렇지 않은 경우도 있다. 첫 번째는 비교문이다. 두 개의 대상을 비교할 때는 형용사 앞에 절대 정도부사를 붙이지 않는다. 두 번째는 의문 형식이다. 구어체에서는 종종 쓰이지만 시험에서는 쓰이지 않는 형식으로, 형용사를 써서 질문할 경우 '(형용사)하니?'라고 물어볼 뿐이지 정도가 어떤지는 대부분 붙이지 않는다. 마지막 세 번째는 중첩 형식이다. 형용사를 중첩할 경우 그 자체로 의미가 강해지기 때문에 정도부사가 필요하지 않다.

> 他比我很高。 （✕）　　他比我高。 （〇）　그는 나보다 크다. [비교]
> 他很高吗? （✕）　　他高吗? （〇）　그는 큽니까? [의문]
> 很大大的眼睛。(✕)　　大大的眼睛。(〇)　아주 큰 눈 [중첩]

❸ 형용사는 항상 술어로만 쓰이는 것은 아니다.

형용사는 주로 술어 자리에 자주 놓이지만 아래와 같이 다양한 역할을 한다.

구분	예문	해석
관형어	他是我的好朋友。 그는 나의 좋은 친구이다.	'好'는 명사 '朋友'를 수식하는 관형어로 쓰였다.
부사어	你快来。 너 빨리 와.	'快'는 술어 '来'를 수식하는 부사어로 쓰였다.
결과보어	妈妈洗干净了弟弟的衣服。 엄마는 남동생의 옷을 깨끗이 세탁했다.	'干净'은 동사 '洗'의 결과보어로 옷을 세탁한 결과 깨끗하다는 의미로 쓰였다.
정도보어	他来得最晚。 그는 오는 정도가 가장 늦었다.	'最晚'은 오는(来) 정도를 보충해주는 정도보어로 쓰였다.

TIP 이처럼 형용사는 주어와 목적어를 제외한 나머지 문장 성분이 될 수 있다. 따라서 술어 자리가 아니라도 형용사가 들어갈 수 있으니 위의 예문을 통해 형용사의 다양한 역할을 기억해두자.

A 漂亮　　　B 欢迎　　　C 绿 D 兴趣　　　E 总是	A 예쁘다　　　B 환영하다　　　C 푸르다 D 흥미　　　　E 줄곧
1. 蓝天，白云，（　　　）树，这儿的环境 真好。	1. 파란 하늘, 흰 구름, (　　) 나무, 여기의 환경이 정말 좋다.
2. 那家商店的衣服又（　　　）又便宜， 我们去那儿买吧。	2. 그 상점의 옷은 (　　)도 하고 값도 저렴해. 우리 거기 가 서 사자.

1. 해설 앞에 있는 단어들을 보고 힌트를 얻을 수 있다. '天 tiān(하늘)' 앞에서 '蓝 lán(파란)'이란 형용사가, '云 yún(구름)' 앞
   에서는 '白 bái(하얀)'라는 형용사가 명사를 수식하는 구조로 나열되어 있다. 따라서 명사 '树 shù(나무)'도 앞에서 관
   련된 형용사가 수식을 해야 한다는 것을 알 수 있다. 형용사는 술어 외에도 다른 문장 성분이 될 수 있다. 이 문제는
   형용사가 명사를 수식하는 관형어로 쓰였다. 나무를 수식할 수 있는 형용사로 의미상 가장 적절한 것은 C 绿 lǜ(푸르
   다)이다.

   정답 **C**

2. 해설 빈칸 앞뒤로 나온 '又 A 又 B'는 접속사로, 해석은 'A하기도 하고 B하기도 하다'이다. 주어에 대한 특징이나 성질 등을
   나열할 때 쓰이는 접속사이다. 이때 A와 B자리에는 주로 형용사가 쓰인다. 상점의 옷이 예쁘기도 하고 값도 저렴하다
   는 의미가 되면 적절하므로 답은 A 漂亮(예쁘다)이다.

   정답 **A**

A 几乎　　　B 甜　　　　C 方便 D 注意　　　E 着急	A 거의　　　　B 달다　　　　C 편리하다 D 주의하다　　E 초조해하다
1. A: 这些苹果真（　　）, 你在哪儿买 　　的? 　B: 就在楼下的超市。	1. A: 이 사과들 정말 (　　), 너 어디서 샀어? 　B: 바로 건물 아래 슈퍼에서.
2. A: 对不起，我迟到了。 　B: 没关系，先开会吧，以后（　　） 　　一下。	2. A: 죄송해요. 제가 늦었어요. 　B: 괜찮아요. 먼저 회의합시다. 이후에는 좀 (　　)세요.

1. 해설 정도부사 '真 zhēn(정말)' 뒤가 빈칸이기 때문에 형용사가 필요하다는 것을 알 수 있다. 형용사가 술어로 쓰일 경우에는 앞에 정도부사가 필요하기 때문이다. 위의 문장에서는 '苹果 píngguǒ(사과)'에 대한 묘사를 할 수 있는 형용사 술어가 필요하다. 보기 어휘들을 해석해보고 사과와 관련된 형용사가 있는지 살펴보면 '甜 tián(달다)'이 가장 적합하다. 따라서 B 甜(달다)이 정답이 된다.

   정답 B

2. 해설 빈칸 뒤에 '一下 yíxià(좀 ~하다)'를 통해 빈칸에는 동사가 들어가야 하는 것을 알 수 있다. '一下'는 동사 뒤에서 '좀 ~하다'라는 의미로 동작에 대한 시도 또는 제안이나 권유의 말투를 나타낼 수 있다. 지각한 직원에게 지각을 하지 말라는 당부의 말이므로 빈칸에 알맞은 동사는 D 注意(주의하다)이다.

   정답 D

☺ 형용사는 술어, 관형어, 부사어, 보어로 쓰일 수 있다. 빈칸의 위치를 잘 확인하여 형용사가 들어갈 수 있는 자리
를 찾아보자.

[1-3]

A 渴　　　B 短　　　C 可爱　　　D 白　　　E 高

문제 1 ▶ 天晴了，你看，外面蓝天（　　　）云，真漂亮啊。

문제 2 ▶ 大熊猫胖胖的，真（　　　）！

문제 3 ▶ 我应该对自己要求（　　　）一点儿，对别人要求低一点儿。

[4-6]

A 奇怪　　　B 清楚　　　C 饱　　　D 满意　　　E 迟到

문제 4 ▶ A：（　　　），我的书怎么不见了？
　　　　B：刚才在教室我还看见了，是不是你离开时忘拿了？

문제 5 ▶ A：怎么样？这房子您还（　　　）吗？
　　　　B：很好，但我还想看看其他的。

문제 6 ▶ A：喂，你声音太小，我听不（　　　）。
　　　　B：等一下，我在电梯里。

부사·조동사·전치사가 필요한 곳은?

❶ [부사 ➜ 조동사 ➜ 전치사구] 이 순서를 기억하자.

부사, 조동사, 전치사구는 주로 술어 앞에서 술어를 수식하는 역할을 한다. 술어 앞에 이 성분들이 두 개 또는 세 개가 같이 나와도 대부분 이 순서를 지켜서 배열하면 되기 때문에 단어마다 품사를 잘 기억해둬야 한다. 보기에 '부, 조, 전' 어휘가 있는 경우엔 문제를 빠르게 확인해서 술어 앞이 빈칸인지 확인해보고, 나와있는 어휘들을 '부, 조, 전' 순서에 맞추어 배치하면 된다.

일부부사	+ 주어	+ 부사	+ 조동사	+ 전치사구	+ 술어 (+목적어)	
	我	一定	要	跟他	结婚。	나는 반드시 그와 결혼할 것이다.
	他	一直		在家	睡觉。	그는 계속 집에서 잠을 잔다.
	我	不	想		吃饭。	나는 밥을 먹고 싶지 않다.
	你		可以	给我	打电话。	너는 나에게 전화를 걸어도 된다.
其实	我	没			去过美国。	사실 나는 미국에 가본 적이 없다.

❷ 일부 부사는 주어 앞에도 놓일 수 있다.

모든 부사가 항상 술어 앞에만 놓이는 것은 아니다. 문장 맨 앞에서 문장 전체를 수식하는 자리에도 부사가 놓일 수 있다. 주어 앞이 빈칸인 경우에 만약 보기 중 어떤 어휘도 주어를 수식하기에 적절하지 않다면, 시선을 돌려서 전체를 꾸밀 수 있는 부사 어휘가 있는지 확인해봐야 한다. 아래와 같은 부사들은 종종 문장 맨 앞에서 문장 전체를 수식하므로 기억해두자.

> 就 jiù 오직, 단지 | 突然 tūrán 갑자기 | 到底 dàodǐ 도대체 | 其实 qíshí 사실 | 原来 yuánlái 알고 보니 | 本来 běnlái 원래

❸ 일반부사와 부정부사가 같이 나온다면 일반부사를 먼저!

부사의 종류는 여러 가지가 있지만 크게 일반부사와 부정부사(不, 没)로 나뉜다. 두 가지가 같이 나오는 경우에는 일반부사 뒤에 부정부사가 온다. 따라서 부정부사 앞이 빈칸이고, 그 앞에 이미 주어가 있다면 보기 중 일반부사로 쓰이는 어휘가 있는지 확인해보자.

❹ 조동사는 술어 앞, 전치사구 앞에!

조동사는 주로 동사술어 앞에서 동사를 수식해주는 품사이기 때문에 기본적으로 술어 앞에 위치한다. 그러나 조동사가 전치사구와 같이 쓰일 경우에는 앞에서 외웠던 순서 그대로 '부, 조, 전'에 맞춰서 넣어주면 되기 때문에 만약 전치사구 앞이 빈칸이라면 조동사 자리는 아닌지 확인해보자.

⑤ 전치사는 혼자 쓰일 수 없다.

모든 전치사의 공통점은 문장 안에 혼자 쓰일 수 없다는 것이다. 따라서 주어나 목적어가 아닌 명사의 앞자리가 빈칸이라면 전치사를 넣을 수 있는지 확인하자.

> 我跟一起看电影了。　　(×)
> → 我跟他一起看电影了。(○) 나는 그와 같이 영화를 봤다.
>
> 从坐车去吧。　　　　　(×)
> → 从这儿坐车去吧。　　(○) 여기에서부터 차를 타고 가자.

하지만 '在'나 '给'와 같은 어휘는 전치사로 쓰일 수도 있고 동사로도 쓰일 수 있기 때문에 위치를 잘 파악해서 어떤 품사로 쓰였는지 주의해서 확인해야 한다. '在/给 + 명사 + 동사'일 경우엔 전치사, '在/给 + 명사(목적어)'로 오는 경우엔 동사로 쓰인 것이다. 두 품사 모두 뒤에 명사가 오는 것까지는 같기 때문에 헷갈릴 수 있지만, 뒤에 동사(술어)가 나오는지 확인해보면 간단하게 구분할 수 있다.

> 我 + 在家 + 看 + 书。　　　　나는 집에서 책을 본다.
> 　　[전치사 + 명사] [동사]
>
> 我 + 在 + 家。　　　　　　　　나는 집에 있다.
> 　　[동사] [명사(목적어)]
>
> 他 + 给我 + 打 + 电话。　　　그는 나에게 전화를 건다.
> 　　[전치사 + 명사] [동사]
>
> 他 + 给 + 我 + 一个面包。　　그는 나에게 빵 한 개를 준다.
> 　　[동사] 　[명사(목적어1 + 목적어2)]

● 꼭 알아야 하는 전치사

从 cóng ~에서부터	从三天前开始他一直发烧。3일 전부터 시작해서 그는 계속 열이 난다. Cóng sān tiān qián kāishǐ tā yìzhí fāshāo.
离 lí ~에서부터	国家图书馆离我家很近。국가도서관은 우리 집에서부터 가깝다. Guójiā túshūguǎn lí wǒ jiā hěn jìn.
在 zài ~에서	他在商店买了一件衬衫。그는 상점에서 셔츠 한 벌을 샀다. Tā zài shāngdiàn mǎi le yí jiàn chènshān.
对 duì ~에 대해서	她对她的成绩很满意。그녀는 그녀의 성적에 대해 만족한다. Tā duì tā de chéngjì hěn mǎnyì.
向 xiàng ~을 향해서	大家向我看。모두들 저를 향해 보세요. Dàjiā xiàng wǒ kàn.
给 gěi ~에게	我给妈妈写信。나는 엄마에게 편지를 쓴다. Wǒ gěi māma xiě xìn.

跟 gēn ~와(과)	我跟老师一起吃饭。 나는 선생님과 함께 식사를 한다. Wǒ gēn lǎoshī yìqǐ chīfàn.
和 hé ~와(과)	我家有爸爸、妈妈和我。 우리 집에는 아빠, 엄마와 내가 있다. Wǒ jiā yǒu bàba、māma hé wǒ.
把 bǎ ~을(를)	老师把我的书拿出去了。 선생님은 내 책을 가지고 나갔다. Lǎoshī bǎ wǒ de shū náchūqù le.
被 bèi ~에게 당하다	我的自行车被朋友借走了。 내 자전거는 친구에게 빌려가졌다. Wǒ de zìxíngchē bèi péngyou jièzǒu le.
为了 wèile ~을 위하여	为了考上北京大学，他每天努力学习。 Wèile kǎoshàng Běijīng Dàxué, tā měitiān nǔlì xuéxí. 베이징대학에 합격하기 위해, 그는 매일 열심히 공부한다.

예제 1

A 要　　　　B 向　　　　C 终于 D 除了　　　E 饿	A ~해야 한다　　B ~을 향하여　　C 드디어 D ~을 제외하고　E 배고프다
1. 我下个月8号结婚，你一定（　　）来啊。	1. 나 다음 달 8일에 결혼해. 너는 반드시 와(　　).
2. 您站中间就可以，再（　　）右边一点儿，非常好！	2. 당신은 가운데 서면 됩니다. 다시 조금만 오른쪽(　　)서 주세요, 아주 좋아요!

1.　해설　빈칸의 앞뒤를 확인해보면 앞에는 '一定 yídìng(반드시)'이라는 부사가 있고 뒤에는 '来 lái(오다)'라는 동사가 있기 때문에 빈칸은 또다른 부사나 조동사 또는 전치사 자리라고 생각할 수 있다. 전치사는 혼자 쓰일 수 없는데 빈칸 뒤에는 명사가 아닌 동사가 나와 있어 이 자리는 전치사가 올 수 없다. 또한 부사 '终于 zhōngyú(드디어)'는 의미상 적절하지 않기 때문에 조동사 '要 yào(~해야 한다)'를 넣어 해석해보면 '반드시 와야 한다'는 자연스러운 문장이 된다. 따라서 답은 A 要(~해야 한다)이다.

　정답　A

2.　해설　빈칸 앞은 '再 zài(다시)'라는 부사가 있고, 뒤에는 '右边 yòubian(오른쪽)'이라는 명사가 있기 때문에 빈칸에는 전치사가 필요하다. B 向(xiàng)은 '~를 향하여'라는 뜻의 전치사로, 혼자 쓰일 수 없기 때문에 뒤에 명사가 필요하다. 이때 명사로는 주로 방향이나 장소를 나타내는 명사가 온다. 따라서 문법상으로도 내용상으로도 문제없이 답은 B 向 xiàng(~을 향하여)이 된다.

　정답　B

A 一定　　　B 容易　　　C 终于 D 安静　　　E 新鲜	A 반드시　　　B 쉽다　　　C 드디어 D 조용하다　　　E 신선하다
1. A: 你（　　）回来了，葡萄酒买了吗? 　　B: 医生不让你喝酒，所以我买了些果 　　汁和牛奶。	1. A: 너 (　　　) 돌아왔구나, 포도주 사왔어? 　　B: 의사가 너 술 마시지 못하게 했잖아. 그래서 약간의 과 　　일주스와 우유를 사왔어.
2. A: 你打算7号回去吗? 　　B: 不（　　），我8号下午有考试，所 　　以8号上午走也可以。	2. A: 너 7일에 돌아가기로 결정했어? 　　B: (　　　) 없어. 나는 8일 오후에 시험이 있어서 8일 오 　　전에 가도 괜찮아.

1.　해설　술어 '回来 huílái(돌아오다)' 앞이 빈칸이고 이미 앞에는 주어가 있으니 술어를 수식해주는 성분(부, 조, 전)이 들어가
　　야 한다는 것을 알 수 있다. 일단 뒤에 명사 성분이 없기 때문에 전치사는 들어갈 수 없으므로, 답은 부사 C 终于(드
　　디어, 마침내) 밖에 될 수 없다. 해석상으로도 '드디어 돌아왔다'고 이야기하는 문장이 되어야 적절하다.
　　정답　C

2.　해설　부정부사 뒤에는 주로 술어, 조동사 등이 온다. 하지만 보기에는 답이 될 만한 단어가 없다. 일부 부사는 부정부사 앞
　　이 아닌 뒤에 쓰이는데 그중 하나가 '一定'이다. '不一定'은 '확정할 수 없다'는 뜻으로 문맥에 맞다. 따라서 답은 A
　　一定(반드시, 꼭)이 된다.
　　정답　A

☺ 빈칸의 앞뒤를 잘 살펴서 어떤 품사가 들어가야 하는지 확인하고, 특히 '부, 조, 전' 순서를 잊지 말자!

[1-3]

A 一直　　　B 想　　　C 在　　　D 经常　　　E 会

문제 1 （　　　）到会议结束，大家也没想出来办法。

문제 2 请（　　　）地图上找一下中国。

문제 3 别担心，他的病一定（　　　）好的。

[4-6]

A 从　　　B 简单　　　C 终于　　　D 突然　　　E 应该

문제 4 A：我的电影票放哪儿了？怎么（　　　）找不到？
B：是不是和报纸放在一起了？

문제 5 A：那家公司让我去面试，你说我去不去啊？
B：我觉得这个机会不错，你（　　　）试试。

문제 6 A：地铁站远不远？
B：（　　　）这儿到地铁站走路的话需要20分钟。

접속사가 필요한 곳은?

① 짝꿍 어휘를 기억하자.

혼자서 접속사 역할을 할 수 있는 단어도 있지만 대부분 접속사들은 앞뒤로 자주 붙어 나오는 짝꿍 어휘들이 있다. 각각 접속사마다 어떤 짝꿍 어휘와 주로 호응이 되어서 문장을 만드는지 잘 기억해두면 빈칸에 접속사가 나왔을 때 호응되는 짝꿍 어휘를 통해 답을 찾아낼 수 있다.

② 해석을 주의하자.

가장 중요한 것은 해석이다. 접속사가 문장 안에서 어떤 뜻을 가지고 연결해주는지를 알아야 앞뒤 관계를 파악할 수 있기 때문이다. 예를 들어, 글자 하나 차이로 앞쪽에 중점을 두는 문장인지, 뒤쪽에 중점을 두는 문장인지 그 의미가 달라질 수 있기 때문에 접속사마다 해석에 주의하자.

● 주의해서 해석해야 할 선택관계 접속사

1	평서문 **A 或者 B** A 또는(혹은) B이다 A huòzhě B	我明天去或者后天去。 나는 내일 가거나 모레 간다. 他在家看书或者睡觉。 그는 집에서 책을 보거나 잠을 잔다.
2	선택의문문 **A 还是 B?** A인가 (아니면) B인가? A háishi B?	你喜欢妈妈还是爸爸? 너는 엄마가 좋니, 아니면 아빠가 좋니? 你喝咖啡还是茶? 너 커피 마실래, 차 마실래?
3	A or B **不是 A, 就是 B** A가 아니면 B이다 búshì A, jiùshì B	我觉得他不是韩国人就是中国人。 내 생각에 그는 한국인 아니면 중국인이다. 他不是在图书馆看书, 就是在教室学习。 그는 도서관에서 책을 보고 있거나 아니면 교실에서 공부하고 있다.
4	B만 선택 **不是 A, 而是 B** A가 아니라 B이다 búshì A, érshì B	他不是韩国人而是中国人。 그는 한국인이 아니라 중국인이다. 他不是在图书馆看书, 而是在教室学习。 그는 도서관에서 책을 보고 있는게 아니라 교실에서 공부하고 있다.

● 자주 출제되는 접속사

<table>
<tr>
<td rowspan="3">병렬
관계</td>
<td>一边 A，一边 B
yìbiān A, yìbiān B

A하면서, B하다</td>
<td>他一边洗澡，一边唱歌。 그는 샤워를 하면서 노래를 부른다.
Tā yìbiān xǐzǎo, yìbiān chànggē.

他们一边吃面包，一边看书。 그들은 빵을 먹으면서 책을 본다.
Tāmen yìbiān chī miànbāo, yìbiān kàn shū.</td>
</tr>
<tr>
<td>又 A 又 B
yòu A yòu B

A하기도 하고 또 B하기도 하다</td>
<td>我的房间又大又干净。 내 방은 크고 깨끗하다.
Wǒ de fángjiān yòu dà yòu gānjìng.

她又高又瘦。 그녀는 키도 크고 날씬하다.
Tā yòu gāo yòu shòu.</td>
</tr>
<tr>
<td>A 也…，B 也…
A yě…, B yě…

A도 ~하고, B도 ~하다</td>
<td>这个也好，那个也好。 이것도 좋고, 저것도 좋다.
Zhège yě hǎo, nàge yě hǎo.

我也喜欢，他也喜欢。 나도 좋아하고, 그도 좋아한다.
Wǒ yě xǐhuan, tā yě xǐhuan.</td>
</tr>
<tr>
<td rowspan="2">점층
관계</td>
<td>而且
érqiě

게다가</td>
<td>我不想听，而且不想看。
Wǒ bù xiǎng tīng, érqiě bù xiǎng kàn.
나는 듣고 싶지 않고 게다가 보고 싶지 않다.

天很冷，而且下了大雪。 날이 춥고 게다가 많은 눈이 내렸다.
Tiān hěn lěng, érqiě xià le dàxuě.</td>
</tr>
<tr>
<td>不但 A，而且 B
búdàn A, érqiě B

A뿐만 아니라, 또한 B하다</td>
<td>这家超市的水果不但很新鲜，而且价格很便宜。
Zhè jiā chāoshì de shuǐguǒ búdàn hěn xīnxiān, érqiě jiàgé hěn piányi.
이 슈퍼마켓의 과일은 신선할 뿐만 아니라 게다가 가격도 저렴하다.

我弟弟不但会说汉语，而且会说英语。
Wǒ dìdi búdàn huì shuō Hànyǔ, érqiě huì shuō Yīngyǔ.
내 남동생은 중국어를 말할 수 있을 뿐만 아니라, 게다가 영어도 말할 수 있다.</td>
</tr>
<tr>
<td rowspan="2">전환
관계</td>
<td>但是
dànshì

그러나</td>
<td>我想去中国旅行但是没有时间。
Wǒ xiǎng qù Zhōngguó lǚxíng dànshì méiyǒu shíjiān.
나는 중국 여행을 가고 싶지만 시간이 없다.

我把手机放在桌子上了，但是找不到。
Wǒ bǎ shǒujī fàng zài zhuōzi shang le, dànshì zhǎobudào.
나는 휴대전화를 책상 위에 두었지만 찾을 수 없다.</td>
</tr>
<tr>
<td>虽然 A，但是 B
suīrán A, dànshì B

비록 A하지만, B하다</td>
<td>这个苹果虽然很小，但是非常甜。
Zhège píngguǒ suīrán hěn xiǎo, dànshì fēicháng tián.
이 사과는 비록 매우 작지만 매우 달다.

虽然学了英语，但是说得不太好。
Suīrán xué le Yīngyǔ, dànshì shuō de bú tài hǎo.
비록 영어를 배웠지만 말은 잘하지 못한다.</td>
</tr>
</table>

선택 관계	A 或者 B A huòzhě B A 또는, 혹은 B [평서문]	走路或者坐地铁，你自己决定吧。 Zǒu lù huòzhě zuò dìtiě, nǐ zìjǐ juédìng ba. 걸어가거나 지하철을 타거나 네가 스스로 결정해. 每周末我在家休息或者和朋友出去玩儿。 Měi zhōumò wǒ zài jiā xiūxi huòzhě hé péngyou chūqù wánr. 주말마다 나는 집에서 쉬거나 또는 친구와 나가서 논다.
	A 还是 B? A háishi B? A인가 B인가? [선택의문문]	你今天去还是明天去？너 오늘 가니, 아니면 내일 가니? Nǐ jīntiān qù háishi míngtiān qù? 他喜欢吃中国菜还是韩国菜？ Tā xǐhuan chī Zhōngguócài háishi Hánguócài? 그는 중국 음식 먹는 것을 좋아하니, 아니면 한국 음식 먹는 것을 좋아하니?
	不是 A, 就是 B búshì A, jiùshì B A가 아니면, B이다	我觉得他不是美国人就是法国人。 Wǒ juéde tā búshì Měiguórén jiùshì Fǎguórén. 내가 생각하기에 그는 미국인 아니면 프랑스인이다. 他的衣服不是黑色就是白色。그의 옷은 검은색이 아니면 흰색이다. Tā de yīfu búshì hēisè jiùshì báisè.
	不是 A, 而是 B búshì A, érshì B A가 아니라, B이다	他不是美国人而是法国人。그는 미국인이 아니라 프랑스인이다. Tā búshì Měiguórén érshì Fǎguórén. 这本书不是他的而是我的。이 책은 그의 것이 아니라 내 것이다. Zhè běn shū búshì tā de érshì wǒ de.
연속 관계	先 A, 然后 B xiān A, ránhòu B 먼저 A하고, 그 다음에 B하다	我们先在网上查查，然后再买吧。 Wǒmen xiān zài wǎngshàng chácha, ránhòu zài mǎi ba. 우리 먼저 인터넷에서 좀 찾아본 다음에 사자. 你先做作业，然后看电影吧。 Nǐ xiān zuò zuòyè, ránhòu kàn diànyǐng ba. 너 먼저 숙제를 하고, 그 다음에 영화를 봐라.
	一 A, 就 B yì A, jiù B A하자마자 바로 B하다	我一紧张，就头疼。나는 긴장을 하면 바로 머리가 아프다. Wǒ yì jǐnzhāng, jiù tóu téng. 她一毕业，就去中国留学。그녀는 졸업하자마자 중국에 유학을 간다. Tā yí bìyè, jiù qù Zhōngguó liúxué.
인과 관계	因为 A, 所以 B yīnwèi A, suǒyǐ B A때문에, B하다	因为今天是周末，所以人很多。 Yīnwèi jīntiān shì zhōumò, suǒyǐ rén hěn duō. 오늘은 주말이기 때문에 사람이 많다. 因为明天有考试，所以我要好好儿复习。 Yīnwèi míngtiān yǒu kǎoshì, suǒyǐ wǒ yào hǎohāor fùxí. 내일 시험이 있기 때문에 나는 복습을 해야 한다.

가정 관계	如果 A，就 B rúguǒ A, jiù B 만약 A라면, B할 것이다	如果你身体不舒服，就去医院。 Rúguǒ nǐ shēntǐ bù shūfu, jiù qù yīyuàn. 만약 네 몸이 불편하다면 바로 병원에 가라. 如果你不能来，就告诉我。 Rúguǒ nǐ bù néng lái, jiù gàosu wǒ. 만약 네가 올 수 없으면 바로 나에게 알려줘.
조건 관계	只有 A，才 B zhǐyǒu A, cái B A해야만 비로소 B하다	只有慢点儿说，我才能听得懂。 Zhǐyǒu màndiǎnr shuō, wǒ cái néng tīngdedǒng. 조금 천천히 말해야만 나는 비로소 알아들을 수 있다. 只有多听多说才能学会外语。 Zhǐyǒu duō tīng duō shuō cái néng xuéhuì wàiyǔ. 많이 듣고 많이 말해야만 비로소 외국어를 배울 수 있다.

예제 1

A 又 B 先 C 而且 D 如果 E 只有	A 또 B 먼저 C 게다가 D 만약 E ~해야만
1. 明天早上我（ ）去书店，然后再去找你。	1. 내일 아침에 나는 （ ） 서점에 가고, 그 다음에 다시 널 찾으러 갈게.
2. 这家商店的水果又大（ ）新鲜。	2. 이 상점의 과일은 크기도 하고 （ ） 신선하기도 하다.

1. 　해설 　'先' 자체가 '먼저'라는 뜻을 가지고 있고, '然后'는 '그 다음'이라는 뜻을 갖고 있어서, 이 둘이 같이 붙어서 '先 A, 然后 B'의 짝꿍 형태로 자주 쓰여 '먼저 A하고 그 다음에 B하다'라는 의미를 지닌다. 뒷부분에 '然后'가 있는 것으로 보아 답은 '然后'의 짝꿍 어휘인 B 先(먼저)이 된다.
   　정답 　**B**

2. 　해설 　이 상점에서 파는 과일의 특징을 나열하고 있다. '又 A 又 B'는 'A하기도 하고 또 B하기도 하다'라는 뜻으로 주어에 대한 성질이나 특징 등을 나열할 때 사용한다. 앞에 '又'가 있는 것을 확인하고 빈칸에도 알맞게 '又'를 넣어준다. 따라서 답은 A 又(또)가 된다.
   　정답 　**A**

예제 2

A 附近 B 教 C 或者 D 终于 E 以前	A 근처 B 가르치다 C 혹은 D 마침내 E 이전
1. A: 我爸快过生日了，我送他什么礼物好呢？ B: 给他买件衬衫，（ ）买个帽子，怎么样？	1. A: 우리 아빠가 곧 생일이신데, 내가 아빠에게 어떤 선물을 드리면 좋을까? B: 아빠에게 셔츠 한 벌을 사드리거나, （ ） 모자를 사드려. 어때?
2. A: 哥，刚才说的那个数学题怎么做？ B: 很简单，我（ ）你。	2. A: 형, 방금 말한 그 수학 문제 어떻게 풀어? B: 간단해, 내가 너를 （ ）.

1. 　해설 　'어떤 선물을 드리면 좋을까?'라는 질문에 선택 사항이 두 가지가 있다. 하나는 '衬衫 chènshān(셔츠)'을 사드리는 것과 나머지 하나는 '帽子 màozi(모자)'를 사드리는 것인데 이렇게 평서문에서 선택사항이 두 가지일 경우엔 'A 或者 B (A 혹은 B)'를 사용한다. 이 구문은 주로 두 가지 선택사항 중간에 들어가서 문장을 연결해준다. 따라서 답은 C 或者(혹은, 또는)가 된다.
   　정답 　**C**

2. 　해설 　주어와 목적어 사이가 빈칸으로, 빈칸에는 술어가 반드시 필요한데 뒤에 목적어가 있으므로 동사 술어가 필요하다는 것을 알 수 있다. 따라서 답은 유일한 동사인 B 教(가르치다)이다. 의미상으로도 수학 문제 푸는 법을 가르쳐준다고 하는 내용이 오면 적절하다.
   　정답 　**B**

◎ 앞에서 배운 내용을 기억해서 빈칸 앞이나 뒤에 있는 짝꿍 어휘를 통해 빈칸에 들어갈 접속사를 찾아보자.

[1–3]

A 也　　　B 不是　　　C 而且　　　D 因为　　　E 只有

문제1 （　　　）突然有事，所以我不能去看电影。

문제2 爸爸也说，妈妈（　　　）说，我到底听谁的话？

문제3 天气非常冷，（　　　）还在下雪。

[4–6]

A 一边　　　B 除了　　　C 还是　　　D 所以　　　E 但是

문제4 A：这条怎么样？
　　　　B：这条裙子虽然漂亮，（　　　）有点儿短。

문제5 A：你别一边走路，（　　　）看手机，这样对眼睛不好。
　　　　B：好，我知道了。

문제6 A：周末你（　　　）在家休息以外，还做什么呢？
　　　　B：有时看看电视，有时洗洗衣服，打扫打扫房间。

들어갈 자리는 정해져 있다 I
– 양사·명사 & 동사

독해 제2부분 (51번~60번) 총 10문제 》 빈칸에 들어갈 알맞은 어휘 고르기

▶ **기본 뼈대 주, 술, 목을 찾자!**
빈칸에 어떤 품사가 필요한지 모를 경우에도 '주어, 술어, 목적어'를 찾아야 해석상으로 어떤 단어가 필요한지 알 수 있다.

▶ **'수양명', '지양명'을 기억하자!**
명사 앞에서 지시대명사 혹은 수사가 수식할 경우에는 둘 사이에 양사를 넣어주어야 한다. 따라서 [수사 + 양사 + 명사], [지시대명사 + 양사 + 명사] 순으로 오기 때문에 숫자나 지시대명사 뒤가 빈칸이라면 양사가 필요하고 양사 뒤가 빈칸이면 명사가 필요하다는 것을 알 수 있다.

▶ **'的' 뒤는 명사 자리!**
'的'는 명사와 그 앞에서 수식해주는 관형어 성분 사이에서 문장의 구조를 잡아주는 역할을 하기 때문에 '的' 뒤가 빈칸이라면 명사를 넣어준다.

▶ **빈칸 뒤에 '了'가 있다면 빈칸에는 동사가 필요하다!**
동태조사 '了'의 기본적으로 동사 뒤에서 동작이 완료되었음을 나타낸다.

▶ **부사어 친구들 부조전! 부사, 조동사, 전치사구 뒤에 빈칸이 있다면 역시나 동사 자리!**
부사, 조동사, 전치사구 등은 술어 앞에서 술어를 수식하는 부사어 성분에 들어간다.

▶ 기본적으로 알아두어야 할 명사의 출제 패턴

1	동사 '看'과 명사	看报纸 kàn bàozhǐ 신문을 보다 | 看表演 kàn biǎoyǎn 공연을 보다 | 看电影 kàn diànyǐng 영화를 보다 | 看电视 kàn diànshì 텔레비전을 보다 | 看新闻 kàn xīnwén 뉴스를 보다
2	동사 '有'와 명사	有很多爱好 yǒu hěn duō àihào 많은 취미가 있다 | 有办法 yǒu bànfǎ 방법이 있다 | 有会议 yǒu huìyì 회의가 있다 | 有考试 yǒu kǎoshì 시험이 있다 | 有机会 yǒu jīhuì 기회가 있다 | 有事情 yǒu shìqing 일이 있다 | 有/感兴趣 yǒu/gǎn xìngqù 흥미가 있다/흥미를 느끼다
3	양사와 명사	这家公司 zhè jiā gōngsī 이 회사 | 这家商店 zhè jiā shāngdiàn 이 상점 | 这个教室 zhège jiàoshì 이 교실 | 这个城市 zhège chéngshì 이 도시 | 四个季节 sì ge jìjié 사계절 | 一双筷子 yì shuāng kuàizi 한 쌍의 젓가락 | 这个地方 zhège dìfang 이곳, 이 장소 | 这个宾馆 zhège bīnguǎn 이 호텔
4	동사 '去'와 명사	去超市 qù chāoshì 슈퍼마켓에 가다 | 去银行 qù yínháng 은행에 가다 | 去图书馆 qù túshūguǎn 도서관에 가다

5	명사와 형용사	环境不错 huánjìng búcuò 환경이 좋다 ｜ 成绩不错 chéngjì búcuò 성적이 좋다 ｜ 房间很干净 fángjiān hěn gānjìng 방이 깨끗하다 ｜ 历史很长 lìshǐ hěn cháng 역사가 길다 ｜ 眼睛很大 yǎnjing hěn dà 눈이 크다 ｜ 眼镜很旧 yǎnjìng hěn jiù 안경이 오래되다 ｜ 天气很好 tiānqì hěn hǎo 날씨가 좋다
6	동사 '找'와 명사	找护照 zhǎo hùzhào 여권을 찾다 ｜ 找手机 zhǎo shǒujī 휴대전화를 찾다 ｜ 找手表 zhǎo shǒubiǎo 손목시계를 찾다
7	동사 '买'와 명사	买票 mǎi piào 표를 사다 ｜ 买帽子 mǎi màozi 모자를 사다 ｜ 买水果 mǎi shuǐguǒ 과일을 사다 ｜ 买衣服 mǎi yīfu 옷을 사다
8	동사 '穿'과 명사	穿裤子 chuān kùzi 바지를 입다 ｜ 穿裙子 chuān qúnzi 치마를 입다 ｜ 穿衬衫 chuān chènshān 셔츠를 입다
9	그 밖에 자주 출제되는 동사와 명사	参加比赛 cānjiā bǐsài 시합·경기에 참가하다 ｜ 坐电梯 zuò diàntī 엘리베이터를 타다 ｜ 写电子邮件 xiě diànzǐ yóujiàn 이메일을 쓰다 ｜ 带铅笔 dài qiānbǐ 연필을 챙기다 ｜ 教数学 jiāo shùxué 수학을 가르치다 ｜ 送礼物 sòng lǐwù 선물을 보내다 ｜ 拍照片 pāi zhàopiàn 사진을 찍다 ｜ 做作业 zuò zuòyè 숙제를 하다
10	그 밖에 자주 출제되는 명사와 명사	我们班 wǒmen bān 우리 반 ｜ 汉语水平 Hànyǔ shuǐpíng 중국어 수준 ｜ 中国文化 Zhōngguó wénhuà 중국 문화 ｜ 教师节 Jiàoshī Jié 스승의 날(기념일) ｜ 什么节目 shénme jiémù 어떤 프로그램 ｜ 我家附近 wǒ jiā fùjìn 우리 집 근처 ｜ 我家厨房 wǒ jiā chúfáng 우리 집 주방 ｜ 是我们邻居 shì wǒmen línjū 우리의 이웃이다 ｜ 是我的同学 shì wǒ de tóngxué 나의 학우이다 ｜ 是我的同事 shì wǒ de tóngshì 나의 직장 동료이다

▶ 자주 출제되는 지양명! 수양명!

지시대명사 · 수사	양사	자주 쓰이는 명사
这, 那, 一 …	个 ge 개, 명 일반적으로 쓰이는 단위	问题 wèntí 문제 ┃ 人 rén 사람 ┃ 苹果 píngguǒ 사과
	本 běn 권 책을 세는 단위	书 shū 책 ┃ 杂志 zázhì 잡지
	辆 liàng 대 차량을 세는 단위	车 chē 차 ┃ 自行车 zìxíngchē 자전거
	台 tái 대 기계·큰 제품을 세는 단위	电脑 diànnǎo 컴퓨터 ┃ 冰箱 bīngxiāng 냉장고
	条 tiáo 줄기, 개 가늘고 긴 것을 세는 단위	裤子 kùzi 바지 ┃ 裙子 qúnzi 치마 ┃ 路 lù 길 ┃ 河 hé 강
	件 jiàn 벌, 건, 개 옷·사건·서류 등을 세는 단위	衣服 yīfu 옷 ┃ 事 shì 일
	位 wèi 분 사람을 높여 세는 단위	医生 yīshēng 의사 ┃ 老师 lǎoshī 선생님
	双 shuāng 짝, 쌍 짝을 이룬 것을 세는 단위	筷子 kuàizi 젓가락 ┃ 鞋 xié 신발
	张 zhāng 장 종이 또는 윗면이 평평한 물건을 세는 단위	画 huà 그림 ┃ 地图 dìtú 지도 ┃ 桌子 zhuōzi 책상 ┃ 床 chuáng 침대
	只 zhī 마리 동물을 세는 단위	狗 gǒu 개 ┃ 猫 māo 고양이
화폐 단위	元 yuán (구어: 块 kuài) > 角 jiǎo (구어: 毛 máo) > 分 fēn (1元 = 10角 = 100分)	

▶ 기본적으로 알아두어야 할 동사

1	일상	穿衣服 chuān yīfu 옷을 입다 | 准备做饭 zhǔnbèi zuòfàn 밥을 할 준비하다 | 买东西 mǎi dōngxi 물건을 사다 | 卖东西 mài dōngxi 물건을 팔다 | 花钱 huā qián 돈을 쓰다, 소비하다 | 坐椅子 zuò yǐzi 의자에 앉다 | 站在前面 zhàn zài qiánmian 앞쪽에 서다 | 开门 kāi mén 문을 열다 | 关门 guān mén 문을 닫다 | 跑来 pǎo lai 뛰어오다 | 找手机 zhǎo shǒujī 휴대전화를 찾다 | 打扫房间 dǎsǎo fángjiān 방을 청소하다
2	학습	教汉语 jiāo Hànyǔ 중국어를 가르치다 | 开始上课 kāishǐ shàngkè 수업을 시작하다 | 参加考试 cānjiā kǎoshì 시험에 참가하다 | 差一刻 chà yíkè 15분 모자라다 (15분 전) | 要复习 yào fùxí 복습해야 한다 | 做作业 zuò zuòyè 숙제를 하다 | 借书 jiè shū 책을 빌리다 | 还这本书 huán zhè běn shū 이 책을 돌려주다 | 用电脑 yòng diànnǎo 컴퓨터를 사용하다
3	직장	换地铁 huàn dìtiě 지하철로 갈아타다 | 工作很忙 gōngzuò hěn máng 일이 바쁘다 | 很了解 hěn liǎojiě 잘 알다, 이해하다 | 觉得很好 juéde hěn hǎo 괜찮다고 생각하다 | 带伞 dài sǎn 우산을 휴대하다
4	관계	认识他 rènshi tā 그를 알다 | 讲话 jiǎng huà 이야기하다 | 关心别人 guānxīn biérén 다른 사람에게 관심을 가지다 | 帮助别人 bāngzhù biérén 다른 사람을 돕다 | 影响很大 yǐngxiǎng hěn dà 영향이 크다 (영향을 끼치다)
5	성장	长大了 zhǎng dà le 다 컸다, 성장했다 | 照顾自己 zhàogù zìjǐ 자신을 돌보다 | 锻炼身体 duànliàn shēntǐ 몸을 단련하다 | 检查身体 jiǎnchá shēntǐ 신체를 검사하다 | 努力运动 nǔlì yùndòng 열심히 운동하다
6	문제	出现问题 chūxiàn wèntí 문제가 출현하다 | 遇到问题 yùdào wèntí 문제를 마주치다 | 发现问题 fāxiàn wèntí 문제를 발견하다 | 回答问题 huídá wèntí 문제에 대답하다 | 解决问题 jiějué wèntí 문제를 해결하다
7	이동	打算去中国 dǎsuàn qù Zhōngguó 중국에 갈 계획이다 | 拿行李 ná xíngli 짐을 들다 | 搬家 bān jiā 집을 옮기다, 이사하다 | 放在这儿 fàng zài zhèr 여기에 놓다
8	경기	举行比赛 jǔxíng bǐsài 경기를 열다, 개최하다 | 相信自己 xiāngxìn zìjǐ 자신을 믿다 | 骑自行车 qí zìxíngchē 자전거를 타다 | 踢足球 tī zúqiú 축구하다 (공 등을 차다) | 打篮球 dǎ lánqiú 농구하다 (손으로 치다, 때리다)
9	대화	别担心 bié dānxīn 걱정하지 마 | 你放心 nǐ fàngxīn 너 안심해 | 别哭 bié kū 울지 마 | 小心感冒 xiǎoxīn gǎnmào 감기 조심해 | 祝你生日快乐 zhù nǐ shēngrì kuàilè 생일 축하해 (축복하다, 기원하다)

☺ 빈칸에 어떤 품사가 들어가야 하는지 빈칸 주위 어휘를 통해 확인하자!

[1-5]

A 分　　　B 兴趣　　　C 提高　　　D 像　　　E 说

문제 1 我相信在老师的帮助下，你的汉语水平一定会（　　　）的。

문제 2 找您4角5（　　　），欢迎再来。

문제 3 他从小就对电子游戏感（　　　），长大后他选择了和游戏有关的工作。

문제 4 跟以前比，我现在的普通话（　　　）得好多了。

문제 5 从地图上看，黄河很（　　　）一个"几"字。

[6–10]

A 礼物　　　B 双　　　C 河　　　D 检查　　　E 差

문제 6 ▶ A：我终于做完了数学作业。
B：要不要再（　　　）一下？

문제 7 ▶ A：地图上这儿有条（　　　），怎么没看见啊？
B：你看错了，在前面啊。

문제 8 ▶ A：服务员，我们这儿还少了一（　　　）筷子。
B：对不起，我马上给您拿。

문제 9 ▶ A：过两天是爷爷的生日，你给他买（　　　）没有？
B：我准备给他买个新手机。

문제 10 ▶ A：现在几点？我的手表又坏了。
B：我看一下，现在（　　　）一刻八点。

들어갈 자리는 정해져 있다 II
– 형용사·부사·조동사·접속사

독해 제2부분 (51번~60번) 총 10문제 〉 빈칸에 들어갈 알맞은 어휘 고르기!

▶ **형용사술어는 목적어를 동반하지 못한다.**
형용사는 주어를 묘사, 설명하기 때문에 따로 목적어를 동반할 수 없다. 형용사가 술어로 쓰일 땐 앞에
정도부사가 필요하다.

▶ **형용사는 여러 문장성분이 될 수 있다.**
형용사는 주로 술어로 쓰이지만 명사를 수식하는 관형어, 술어를 묘사하는 부사어, 술어를 보충해주는
보어 성분이 될 수 있다. 즉, 주어와 목적어 자리를 제외한 모든 문장성분이 될 수 있기 때문에 주, 술,
목을 찾고 빈칸의 위치를 파악해서 형용사가 들어갈 수 있는지 확인해야 한다.

▶ **부사와 조동사는 술어 앞에 위치한다.**
일부 부사는 주어 앞에 놓일 수도 있지만 대부분의 부사는 술어(동사, 형용사) 앞에서 술어를 수식하는
역할을 한다. 조동사 역시 술어 앞에서 술어를 수식하는 역할을 한다. 부(사)→조(동사)→전(치사구)은
모두 부사어로 술어 앞에 놓이므로 동시에 나오는 경우 이 순서를 꼭 기억해두자!

▶ **자주 나오는 접속사를 기억해두자.**
3급 시험에 출제되는 접속사는 많지 않다. 따라서 자주 나오는 접속사들이 어떠한 호응관계를 갖는지,
어떻게 해석되는지 기억해두면 쉽게 문제를 풀 수 있다.

▶ 기본적으로 알아두어야 할 형용사

대비 관계	大 dà 크다	↔	小 xiǎo 작다
	多 duō 많다	↔	少 shǎo 적다
	远 yuǎn 멀다	↔	近 jìn 가깝다
	高 gāo 높다	↔	低 dī 낮다
	快 kuài 빠르다	↔	慢 màn 느리다
	早 zǎo 이르다	↔	晚 wǎn 늦다
	饱 bǎo 배부르다	↔	饿 è 배고프다
	胖 pàng 뚱뚱하다, 살찌다	↔	瘦 shòu 마르다, 살 빠지다

대비 관계	干净 gānjìng 깨끗하다	↔	脏 zāng 더럽다
	晴 qíng 맑다	↔	阴 yīn 흐리다
	容易 róngyì 쉽다	↔	难 nán 어렵다
	年轻 niánqīng 젊다	↔	老 lǎo 늙다
	好看 hǎokàn 보기 좋다	↔	难看 nánkàn 흉하다
	贵 guì 비싸다	↔	便宜 piányì 저렴하다

기타	认真 rènzhēn 진지하다 ㅣ 旧 jiù 낡다 ㅣ 快乐 kuàilè 기쁘다 ㅣ 久 jiǔ 오래다 ㅣ 难过 nánguò 슬프다 ㅣ 努力 nǔlì 열심히 하다 ㅣ 满意 mǎnyì 만족하다 ㅣ 方便 fāngbiàn 편리하다 ㅣ 安静 ānjìng 조용하다 ㅣ 疼 téng 아프다 ㅣ 舒服 shūfu 편안하다 ㅣ 简单 jiǎndān 간단하다 ㅣ 聪明 cōngming 똑똑하다 ㅣ 清楚 qīngchu 분명하다 ㅣ 重要 zhòngyào 중요하다 ㅣ 有名 yǒumíng 유명하다 ㅣ 可爱 kě'ài 귀엽다 ㅣ 热情 rèqíng 친절하다 ㅣ 着急 zháojí 급하다 ㅣ 健康 jiànkāng 건강하다 ㅣ 坏 huài 나쁘다 ㅣ 奇怪 qíguài 이상하다 ㅣ 甜 tián 달다 ㅣ 白 bái 하얗다 ㅣ 绿 lǜ 푸르다 ㅣ 蓝 lán 파랗다

▶ 자주 출제되는 부사

1	很 hěn 아주	他很热情。 Tā hěn rèqíng. 그는 친절하다.
	非常 fēicháng 매우	这本书非常有意思。 이 책은 매우 재미있다. Zhè běn shū fēicháng yǒuyìsi.
2	也 yě ~도	我也想去。 Wǒ yě xiǎng qù. 나도 가고 싶다.
	都 dōu 모두	他们都是中国人。 그들은 모두 중국인이다. Tāmen dōu shì Zhōngguórén.
3	只 zhǐ 오직, 단지	我只有一个。 Wǒ zhǐyǒu yí ge. 나는 오직 한 개 밖에 없다.
	才 cái 겨우, 고작	他8岁才会写字。 그는 8살이 되어서야 글씨를 쓸 줄 알았다. Tā bā suì cái huì xiě zì.
4	又 yòu 또	他们又来了。 Tāmen yòu lái le. 그들은 또 왔다.
	再 zài 다시	你再说一下。 Nǐ zài shuō yíxià. 너 다시 한번 말해줘.
5	总是 zǒngshì 항상	她的孩子总是哭。 그녀의 아이는 계속 운다. Tā de háizi zǒngshì kū.
	一直 yìzhí 계속	一直走。 Yìzhí zǒu. 계속해서 걸어가세요.
6	一定 yídìng 반드시	他一定会来的。 Tā yídìng huì lái de. 그는 꼭 돌아올 것이다.
	必须 bìxū 반드시	我必须见他。 Wǒ bìxū jiàn tā. 나는 그를 반드시 만나야 한다.

7	太 tài 너무	这条裤子太贵了。 이 바지는 너무 비싸다. Zhè tiáo kùzi tài guì le.
	有点儿 yǒudiǎnr 조금, 약간	我有点儿冷。 Wǒ yǒudiǎnr lěng. 나는 조금 춥다.
8	已经 yǐjīng 이미	我已经到了。 Wǒ yǐjīng dào le. 나는 이미 도착했다.
	还 hái 여전히, 아직도	他还在睡觉。 Tā hái zài shuìjiào. 그는 아직 자고 있다.
9	比较 bǐjiào 비교적	我的房间比较大。 나의 방은 비교적 크다. Wǒ de fángjiān bǐjiào dà.
	最 zuì 가장	你最喜欢哪个季节? 너는 어느 계절을 가장 좋아하니? Nǐ zuì xǐhuan nǎge jìjié?
10	马上 mǎshàng 곧	妈妈马上回来。 Māma mǎshàng huílai. 엄마는 곧 돌아온다.
	刚 gāng 막	他刚走了。 Tā gāng zǒu le. 그는 막 갔다.
11	突然 tūrán 갑자기	突然下雨了。 Tūrán xiàyǔ le. 갑자기 비가 내렸다.
	终于 zhōngyú 드디어	我终于找到了手机。 나는 마침내 휴대전화를 찾아냈다. Wǒ zhōngyú zhǎodào le shǒujī.
12	不 bù / 没 méi / 别 bié ~하지 마라	我爸爸不抽烟。 우리 아빠는 담배를 피우지 않는다. Wǒ bàba bù chōuyān. 我没带伞。 Wǒ méi dài sǎn. 나는 우산을 챙기지 않았다. 别担心。 Bié dānxīn. 걱정하지 마.

▶ 자주 출제되는 조동사

1	应该 yīnggāi 마땅히 ~해야 한다, 아마도 ~일 것이다	学生应该努力学习。 Xuésheng yīnggāi nǔlì xuéxí. 학생은 마땅히 공부를 열심히 해야 한다.
2	想 xiǎng ~하고 싶다	我想陪妈妈去中国旅行。 Wǒ xiǎng péi māma qù Zhōngguó lǚxíng. 나는 엄마를 모시고 중국여행을 가고 싶다.
3	要 yào ~해야 한다, ~할 것이다	我要回去。 Wǒ yào huí qù. 나는 돌아가야 한다. 我要去中国。 Wǒ yào qù Zhōngguó. 나는 중국에 갈 것이다.
4	得 děi ~해야 한다 ['要'보다 어투가 다소 강함]	我得马上回家。 나는 곧 집으로 돌아가야 한다. Wǒ děi mǎshàng huí jiā.
5	敢 gǎn 감히 ~하다	他不敢做这样的事。 그는 이런 일을 감히 하지 못한다. Tā bùgǎn zuò zhèyàng de shì.

6	能 néng (능력이나 조건이 되어) ~할 수 있다	我能看懂中国电影。 나는 중국 영화를 보고 이해할 수 있다. Wǒ néng kàndǒng Zhōngguó diànyǐng.
7	会 huì (배워서) ~할 수 있다 ~할 가능성이 있다	我会游泳。 Wǒ huì yóuyǒng. 나는 수영을 할 줄 안다. 今天不会下雨吧？ 오늘 비가 오지 않겠지? Jīntiān búhuì xiàyǔ ba?
8	可以 kěyǐ (조건이나 여건상) ~할 수 있다 (허락) ~해도 된다	游泳可以减肥。 수영은 다이어트를 할 수 있다. Yóuyǒng kěyǐ jiǎnféi. 你可以进来。 Nǐ kěyǐ jìnlái. 당신은 들어와도 됩니다.

TIP 조동사는 부정은 '不'로! '不想/不敢/不能/不会…' 등으로 쓰이지만 조동사 '得'의 부정 '~할 필요 없다'는 '不得'가 아니라 '不用'이라고 쓴다.

▶ 자주 출제되는 접속사

1	而且 érqiě 게다가	我喜欢听音乐，而且喜欢唱歌。 Wǒ xǐhuan tīng yīnyuè, érqiě xǐhuan chànggē. 나는 음악 듣는 것을 좋아하고, 게다가 노래 부르는 것도 좋아한다.
2	因为 A，所以 B yīnwèi A, suǒyǐ B A하기 때문에 B하다	因为我迟到了，所以她生气了。 Yīnwèi wǒ chídào le, suǒyǐ tā shēngqì le. 내가 늦었기 때문에 그녀는 화가 났다.
3	虽然 A，但是 B suīrán A, dànshì B 비록 A하지만 B하다	虽然我明天有考试，但是我想出去玩儿。 Suīrán wǒ míngtiān yǒu kǎoshì, dànshì wǒ xiǎng chū qù wánr. 비록 나는 내일 시험이 있지만, 나가서 놀고 싶다.
4	先 A，然后 B xiān A, ránhòu B 먼저 A하고 그 다음에 B하다	先上网看看，然后再买吧。 Xiān shàngwǎng kànkan, ránhòu zài mǎi ba. 먼저 인터넷으로 좀 보고, 그 다음에 다시 사자.
5	如果 A，就 B rúguǒ A, jiù B 만약 A한다면 B하다	如果你不相信我，你就看一下。 Rúguǒ nǐ bù xiāngxìn wǒ, nǐ jiù kàn yíxià. 만약 네가 나를 믿지 않는다면, 네가 한번 봐라.
6	A 还是 B? A háishi B? (선택의문문) A인가? 아니면 B인가?	你今天去还是明天去? Nǐ jīntiān qù háishi míngtiān qù? 너 오늘 가니 아니면 내일 가니?
7	A 或者 B A huòzhě B (의문 형식이 아니어도 사용 가능) A 혹은 B	你去或者我去都可以。 Nǐ qù huòzhě wǒ qù dōu kěyǐ. 네가 가든지 내가 가든지 다 가능하다(괜찮다).

☺ 보기들을 해석하며 품사도 함께 떠올리자. 앞뒤 문장에 짝꿍접속사가 있는지 확인하자.

[1–5]

A 可爱　　　B 然后　　　C 很　　　D 必须　　　E 如果

문제 1 （　　　　）你有不懂的地方就去找王老师。

문제 2 大熊猫胖胖的，真（　　　　）！

문제 3 为了更好地解决问题，（　　　　）提高自己的水平。

문제 4 比赛要求（　　　　）简单，10分钟，谁踢进的球最多，谁就是第一。

문제 5 我们先买衣服（　　　　）吃饭吧。

[6~10]

A 久　　　B 能　　　C 而且　　　D 疼　　　E 会

문제 6 ▶　A: 那本书你还了吗?

　　　　　B: 对，没什么意思，（　　　）很多地方看不懂。

문제 7 ▶　A: 你很长时间没锻炼，下午和我去爬山吧。

　　　　　B: 我昨天刚踢了足球，今天腿还（　　　）。

문제 8 ▶　A: 现在几点了? 我们不（　　　）迟到吧?

　　　　　B: 别担心，还有一个多小时呢。

문제 9 ▶　A: 姐，你怎么去了那么（　　　）?

　　　　　B: 今天银行里人太多了。

문제 10 ▶　A: 阿姨，我要出国两个星期，您（　　　）帮我照顾一下我的猫吗?

　　　　　B: 当然可以。

단문 읽고 질문에 대한 답 찾기

● 문제유형

독해 제3부분은 61번~70번, 총 10문항이다. 짧은 단락을 읽은 후 제시된 질문에 알맞은 답을 찾는 문제이다. 보통 3문장~8문장 정도로 이루어져 있으며 문장이 대체적으로 짧은 편이다. 질문 역시 짧은 한 문장으로 제시되어 있다.

● 출제경향

① 핵심 단어가 포함된 문제가 출제된다.

다른 유형에 비해 독해 제3부분은 문장이 길기 때문에 심리적으로 어렵다고 느낄 수 있다. 하지만 문장의 핵심이 되는 단어가 포함되어 있어 문제를 푸는 데 도움이 되는 문제가 출제되고 있다.

② 주제를 묻는 문제가 출제된다.

질문이 '이 단락을 통해 알 수 있는 것은?'과 같이 전체적인 내용을 파악해야 문제를 풀 수 있는 문제들이 출제되고 있다.

③ 지시대명사를 묻는 문제가 출제된다.

질문에 '그는(그들/그곳은):'과 같이 지시대명사가 가리키는 것에 대해 묻는 문제가 출제되고 있다. 지시대명사가 지문에서 무엇을 가리키는지 잘 살펴봐야 한다.

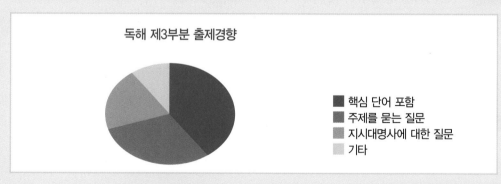

독해 제3부분 출제경향

- ■ 핵심 단어 포함
- ■ 주제를 묻는 질문
- ■ 지시대명사에 대한 질문
- ■ 기타

● 문제 접근 전략

61. 经过一夏天的努力, 他的游泳水平终于有了很大提高, 我相信他一定能在下周的
比赛中拿个好成绩。
★ 他:
    A 个子很高   B 游得很好   C 下个月要参加比赛

62. 我们的飞机是明天上午十一点三刻的, 大家必须在九点前到机场。还有最重要的
就是别忘记带护照。
★ 根据这段话, 可以知道什么?
    A 飞机11:45起飞   B 明天有雨   C 他们要去韩国

① 별표 옆에 제시된 질문을 먼저 본다.

문제를 알아야 그와 관련된 내용을 찾을 수 있기 때문에 제시된 문제가 무엇을 물어보는지 가장 먼저 확인해야 한다.

61. 经过一夏天的努力, 他的游泳水平终于有了很大提高, 我相信他一定能在下周的
比赛中拿个好成绩。
★ 他:
    A 个子很高   B 游得很好   C 下个月要参加比赛

② 제시된 질문이 한 단어라면 지문에서 그 단어를 찾아 내용을 확인한 뒤 답을 표기한다.

제시된 질문이 위 예문처럼 '他(그)'라고만 쓰여 있다면 위 문장에서 공원을 찾아 그 내용과 보기의 내용을 대조해 답을 찾는다. 여기서는 수영 실력에 대해 이야기하고 있으니 답은 보기 B이다.

62. 我们的飞机是明天上午十一点三刻的, 大家必须在九点前到机场。还有最重要的
就是别忘记带护照。
★ 根据这段话, 可以知道什么?
    A 飞机11:45起飞   B 明天有雨   C 他们要去韩国

③ 전체적인 내용을 묻는 경우 보기의 단어가 내용에 있는지 없는지 확인한다.

글의 주제나 글을 통해 알 수 있는 것 등을 묻는다면 보기에서 답이 되는 단어가 지문 안에 대부분 똑같이 들어가 있기 때문에 보기의 단어를 지문 안에서 찾아본다. 위 예문에서는 '飞机(비행기)'가 공통 어휘이다.

핵심 포인트를 찾자! - 핵심 단어

❶ 지문의 단어를 포괄할 수 있는 단어를 문제에서 찾자!

예를 들어 지문에서 '他喜欢吃苹果，葡萄还有西瓜。(그는 사과, 포도 그리고 수박 먹는 것을 좋아한다.)'라는 내용이 나오고 문제는 '他爱吃水果。(그는 과일 먹는 것을 좋아한다.)'처럼 나오기도 한다. 똑같은 단어가 아니더라도 이처럼 지문에 있는 단어들을 포괄할 수 있는 보기가 답일 확률이 높다.

> 지문   他有很多爱好。跳舞、踢足球、打篮球、爬山、游泳，而且水平也都特别高。
> 그는 취미가 많다. 춤추기, 축구하기, 농구하기, 등산, 수영, 게다가 수준도 모두 높다.
> 문제   他：A 很少运动   B 爱运动   C 没有爱好
> 그는: A 운동을 적게한다   B 운동을 좋아한다   C 취미가 없다

→ 지문에 '运动 yùndòng(운동)'이라는 단어는 없지만 그의 취미가 모두 운동에 속하는 것이기 때문에 답은 B가 된다. 이렇게 나열된 단어들을 모두 포괄할 수 있는 단어를 보기에서 찾아보자.

❷ 문제에 등장한 명사를 지문에서 찾자.

문제에서 '上海的夏天: 상하이의 여름은:'이라고 나오면 지문은 당연히 상하이의 여름에 대한 내용일 것이다. 이렇게 명사의 특징이나 성질 또는 명사가 하는 행동 등을 묻는 문제는 지문에서 나온 문장이 그대로 답일 확률이 높기 때문에 문제에 명사가 등장하면 먼저 그 명사가 나온 부분을 지문에서 찾아야 한다.

질문 예시	찾아야 하는 부분
那家商店 / 饭馆 그 상점은 / 그 식당은	상점/식당에 관한 내용을 찾자.
주어＋打算 '주어'는 ~할 계획이다	주어가 무엇을 할 계획인지 찾자.
根据这段话，可以知道＋명사 : 문장에 근거해서 '명사'에 대해 알 수 있는 것은?	문장을 통해 명사에 관해 알 수 있는 것을 찾자.
关于＋명사，可以知道＋명사 : '명사'에 관해 알 수 있는 것은?	
…现在 ~는 현재	주어가 현재 무엇을 하고 있는지 찾자.
这个地方 이 장소는	이 장소에 관한 내용을 찾자.
他妹妹 그의 여동생은	여동생 말고도 다른 가족 구성원에 대해 묻는 문제도 많이 출제되니 가족구성원 역시 확실히 알아두자.
小王 (사람 이름)샤오왕은	언급된 사람 이름이나 관련 내용을 찾고 지문에 없는 내용은 보기에서 지워가며 문제를 풀자.

❸ 의미가 같은 표현을 찾자!

예를 들어, 그는 운동을 좋아하고 지금까지 병원에 한 번도 간 적이 없다는 내용이 나온 경우, 그는 매우 건강하다는 내용의 보기는 답이 될 수 있다. 이처럼 지문과 문제에 같은 어휘가 등장하지 않더라도 표현은 달리 했지만 의미는 같은 문장들이 답이 될 수 있으니 주의해서 해석하여 답을 찾는다.

지문 昨天下了大雨，但是他没带伞。今天他觉得有些累，头也很疼。所以下班后他要去医院看看。

어제 비가 많이 내렸는데 그는 우산을 가져가지 않았다. 오늘 그는 조금 피곤하고 머리도 아픈 것 같다. 그래서 그는 퇴근 후에 병원에 한번 가볼 생각이다.

문제 他今天: A 身体不舒服   B 很健康   C 不能去上班

그는 오늘: A 몸이 불편하다   B 건강하다   C 출근하지 못했다

→ 문제가 '他今天(그는 오늘)'이라고 나와있기 때문에 '他'라는 대명사의 상태를 지문에서 찾아봐야 한다. '身体不舒服(몸이 불편하다)'라고 직접적으로 언급하진 않았지만, 계속 피곤하고 머리도 아프고 퇴근 후에 병원에 갈 것이라는 내용을 통해 몸이 불편하다는 것을 알 수 있다. 따라서 답은 A '身体不舒服(몸이 불편하다)'가 되는 것이다.

哥哥从小就爱运动，经常游泳、跑步、踢足球，所以身体特别好，这么多年几乎没生过病。 ★ 他哥哥：	형은 어렸을 때부터 운동을 좋아했다. 종종 수영, 조깅, 축구를 해서 몸이 특히나 좋다. 이렇게 오랜 세월 동안 거의 병에 걸린 적이 없다. ★ 그의 형은：
A 不爱锻炼 B 很健康 C 爱看书	A 운동을 싫어한다 B 건강하다 C 책 읽는 것을 좋아한다

해설 　형이 운동을 좋아한다는 내용을 시작으로 주로 어떠한 운동을 하는지 나와 있다. 또한, 마지막 문장에서 '**身体特别好**(몸이 특히나 좋다)'와 '**几乎没生过病**(거의 병에 걸린 적이 없다)'이라는 의미는 B **很健康**(건강하다)과 같은 의미이기 때문에 답은 B가 된다.

정답 　**B**

那个地方我去年秋天去过一次，在那儿我第一次看见了香蕉树，才知道香蕉是长在树上的。 ★ 他去年才知道：	그곳은 내가 작년 가을에 한 번 갔던 적이 있다. 그곳에서 나는 처음 바나나 나무를 보고 비로소 바나나가 나무에서 자란다는 것을 알았다. ★ 그는 작년에야 알았다：
A 香蕉树很高 B 香蕉树会开花 C 香蕉长在树上	A 바나나 나무가 높다는 것을 B 바나나 나무가 꽃을 피울 수 있다는 것을 C 바나나가 나무에서 자란다는 것을

해설 　그는 어떤 장소에서 바나나 나무를 처음 보았고, 바나나가 나무에서 자란다는 것을 비로소 깨달았다. 이 지문의 핵심 단어는 '**香蕉树** xiāngjiāoshù(바나나 나무)'이다. 마지막 문장에 '**香蕉是长在树上**(바나나가 나무에서 자란다는 것)'이 보기에 그대로 나와있기 때문에 핵심 단어가 나온 부분을 꼼꼼히 읽으면 그가 알게된 것이 무엇인지 쉽게 찾아낼 수 있다. 따라서 정답은 C **香蕉长在树上**(바나나가 나무에서 자란다는 것)이다.

정답 　**C**

> ☺ 문제에서 묻는 대상을 지문에서 찾아 표시하고, 해당 부분의 내용을 확인하여 관련없는 보기는 지워가며 답을 찾아보자.

문제 1 新买的空调比以前那个旧的好多了，它的声音非常小，几乎没有声音，不会影响我们的工作和休息。

★ 新买的空调怎么样？

A 用电多　　　　　　B 出现了问题　　　　　C 声音很小

문제 2 每天工作前，他都会用不同颜色的笔写出今天要做的事情。黑色的表示只是一般的事情，红色的表示这件事很着急、很重要，必须完成。

★ 根据这段话，红色表示：

A 不着急的事情　　　　　　　　　B 需要别人帮助的事情

C 要快点儿做完的事情

문제 3 手机使我们的学习、工作越来越方便，除了打电话，写短信外，还可以照相，有时侯真的方便。

★ 手机经常被用来：

A 做练习　　　　　　B 上网　　　　　　　C 写短信

문제 4 你看，这上面写着1.31元，前面的1表示元，中间的3表示角，最后的1表示分。明白了吗？

★ 中间的数字表示：

A 元　　　　　　　　B 角　　　　　　　　C 分

문제 5 中午看新闻了吗？我很快就可以坐13号地铁了。13号地铁经过我家附近，以后，我上班就方便了，从我家到公司只要花15分钟，比坐公共汽车快多了。

★ 13号地铁：

A 离他家不远　　　　B 比坐公共汽车慢　　　C 旁边有火车站

문장의 숨은 조력자 - 접속사·지시대명사

❶ '그러나' 뒤의 내용을 조심하자!

'但是 dànshì', '可是 kěshì'와 같이 '그러나'라는 뜻을 가진 접속사들을 전환관계 접속사라고 한다. 문장이 잘 이어지다가 중간에 '但是'와 같은 전환관계 접속사가 들어가게 되면 상황이 전환되기 때문에 '但是'를 기준으로 앞부분보다는 뒷부분 내용이 정답일 경우가 많다. 따라서 '但是'와 같은 전환관계 접속사가 나오면 뒷부분 내용을 주의 깊게 보자. 또한, '但是'가 단독으로 나오는 경우도 있지만 주로 '虽然 A, 但是 B'로 쓰여 '비록 A하지만 B하다'라는 의미를 나타낸다.

| 지문 | 我家旁边有一家新开的饭馆。那家的菜虽然有点儿贵，但是很新鲜。所以很多人去。 |

우리 집 옆에는 새로 개업한 식당이 하나 있다. 그곳의 요리는 비록 조금 비싸지만 신선하다. 그래서 많은 사람들이 간다.

| 문제 | 那家饭馆：　A 菜新鲜　　B 离他家很远　　C 不好吃 |

그 식당은:　A 요리가 신선하다　　B 그의 집에서부터 멀다　　C 맛이 없다

➔ 식당에 대해 묻고 있고 지문에서는 식당의 특징이 나와 있다. 비싸긴 하지만 신선하다는 내용을 보고 보기에서 답을 찾으면 되는데 '虽然 A, 但是 B' 접속사가 나온 경우엔 90% 이상 '但是' 뒤 내용이 답일 확률이 높다. 따라서 답은 A 菜新鲜(요리가 신선하다)이 된다.

❷ '게다가' 뒤의 내용을 주목하자!

3급 시험에 자주 나오는 '而且 érqiě'는 '게다가'라는 뜻을 가진 점층관계 접속사이다. 점층관계는 앞보다 뒷문장 내용의 의미가 깊고 확장됨을 나타내기 때문에 '而且' 역시 뒷부분과 관련된 내용을 묻는 문제가 종종 출제되고 있다. 따라서 문장에서 '而且'와 같은 점층관계 접속사가 나오면 뒷문장의 내용을 주목해야 한다.

| 지문 | 昨天弟弟给我买了一双鞋。那双颜色很漂亮，现在卖得很不错，而且穿着非常舒服。我很满意。 |

어제 남동생이 나에게 신발 한 켤레를 사줬다. 그 신발은 색도 예쁘고 현재 잘 팔린다. 게다가 신고 있으면 매우 편안하다. 나는 만족스럽다.

| 문제 | 根据这段话可以知道那双鞋：　A 卖完了　　B 穿着舒服　　C 很干净 |

이 문단을 통해 그 신발에 대해 알 수 있는 것은:　A 다 팔렸다　　B 신고 있으면 편하다　　C 깨끗하다

➔ 문장 안에 접속사가 있으면 접속사를 먼저 표시해두고 해석하는 것이 좋다. '게다가 신발을 신고 있는 것이 편하다'라는 내용이 문제에 그대로 등장하므로 답은 B 穿着舒服(신고 있으면 편하다)이다. 독해나 듣기에서 또 하나 주의해야 할 점은 자기 주관에 따라 답을 찾으면 안 된다는 점이다. 새 신발이라고 깨끗하다고 생각할 수 있지만 지문엔 깨끗함과 관련된 내용이 없기 때문에 답이 될 수 없다.

❸ 지시대명사가 가리키는 것을 정확히 파악하자.

'我们这儿: (우리 이곳은:)'처럼 정확한 명칭이 아닌 지시대명사를 사용해서 특징을 묻는 문제가 종종 출제된다. 이때는 지문에 지시대명사가 있는지 잘 살펴보고 있으면 표시해두는 것이 좋다. 그리고 그 문장 안에서 그 지시대명사가 어떤 어휘를 가리키는지 또는 그 특징으로 어떤 것들이 나열되어 있는지 잘 표시해두고 문제를 풀자.

● 독해 영역에서 자주 나오는 지시대명사

> 这儿 zhèr(= 这里 zhèlǐ) 여기, 이곳 | 那儿 nàr(= 那里 nàlǐ) 저기, 저곳 | 这个 zhège 이것 | 那个 nàge 저것 | 它 tā 그것(사람 이외의 사물이나 동물 등을 가리킴) | 它们 tāmen 그것들 | 他们 tāmen 그들

◆ 기출상식

중국인이 좋아하는 색과 싫어하는 색

많은 사람들이 잘 알고 있듯이 중국인이 가장 좋아하는 색은 빨간색이다. 빨간색은 행운, 복, 길조를 상징해서 전통 의상, 국기뿐만 아니라 중국에서 가장 쉽게 볼 수 있는 색이기도 하다. 중국인들은 결혼식이나 새해처럼 의미있는 날에 빨간 봉투에 돈을 담아 선물하곤 한다. 또한, 이전에 황금색은 황제나 귀족이 아니면 사용할 수 없었기 때문에 부유를 상징했다. 하지만 오늘날 중국에서 의미가 조금 변질되어 선정적이고 음란함을 상징하는 색이 되어 성인영화나 음란물과 관련된 곳에 자주 쓰인다.

그렇다면 중국인이 싫어하는 색은 무엇일까?

비교적 흰색을 좋아하는 우리나라 사람들과 달리 중국인은 흰색을 매우 기피하는 편이다. 중국인에게 흰색은 죽음을 상징하기 때문에 우리나라에서처럼 흰 봉투에 돈을 넣어 주지 않도록 조심해야 한다. 또한, 중국에서 녹색은 불륜을 의미한다. 과거에 매춘부의 남편이나 가족들은 녹색 모자를 썼기 때문이다. 그래서 중국에서는 남자에게 '戴绿帽子 dài lǜ màozi(녹색 모자를 썼다)'라는 표현을 해서는 안 되는데, 이는 부인이 바람났다는 의미이기 때문이다.

예제 1

我们这儿的环境不错，很安静，街道也很干净，旁边还有一个花园，是个休息的好地方，欢迎你们去那儿住一段时间。 ★ 他们那儿：	우리 이곳의 환경은 괜찮다. 조용하고, 거리도 깨끗하다. 옆쪽에는 하나의 화원이 있는데, 휴식하기 좋은 장소이다. 너희가 그곳에 가서 얼마간의 시간 동안 머무는 것을 환영한다. ★ 그들의 그곳은：
A 在北方 B 热极了 C 环境还可以	A 북방에 있다 B 매우 덥다 C 환경이 비교적 괜찮다

해설　장소에 대한 정확한 명칭은 나오지 않았지만 지시대명사를 통해 주어가 살고 있는 곳에 관한 설명이 나열되어 있다. 첫 문장부터 '这儿的环境不错(이곳의 환경은 괜찮다)'라고 정답을 언급했고, 뒤에 나열된 내용도 전부 긍정적인 내용이며 그곳에 오는 것을 환영한다는 마지막 문장을 통해 그곳의 환경이 괜찮다는 것을 알 수 있다. 따라서 정답은 C 环境还可以(환경이 비교적 괜찮다)이다.

정답　C

예제 2

爸爸总是为我结婚的事情着急，但是我觉得自己还很年轻。对我来说，现在工作很重要。 ★ 说话人是什么意思：	아빠는 늘 나의 결혼에 관한 일 때문에 조급해하신다. 그러나 내가 생각하기에 나는 아직 젊다. 나에게 있어서 지금은 일이 중요하다. ★ 화자의 의미는：
A 工作不重要 B 先照顾爸爸 C 还不想结婚	A 일은 중요하지 않다 B 먼저 아빠를 돌본다 C 아직 결혼하고 싶지 않다

해설　지문의 시작 부분에 화자의 아버지는 화자의 결혼 문제를 조급해 한다고 나온다. 하지만 전환관계 접속사 '但是 dànshì(그러나)' 뒷부분에서 화자 스스로가 아직 젊다고 생각하며 현재는 일이 중요하다는 내용을 통해 화자는 결혼을 하고 싶어하지 않다는 것을 알 수 있다. 따라서 정답은 C 还不想结婚(아직 결혼하고 싶지 않다)이다.

정답　C

☺ 우선 접속사와 지시대명사를 표시해둔 후 문제를 풀어보자.

문제 1 ▶ 他姓高，但是长得不高，只有一米六。同学们都说："我们以后叫你小高吧。"他笑着回答："当然可以，过去朋友们都这么叫我。"
★ 关于他，可以知道什么？

A 比较矮　　　　　　　B 头发很长　　　　　　C 他姓王

문제 2 ▶ 这家饭馆很有名，来吃饭的人很多，主要是因为他们家的菜又好吃又便宜，所以大家都愿意来。
★ 那家饭馆：

A 菜不贵　　　　　　　B 不新鲜　　　　　　　C 对客人要求高

문제 3 ▶ 现在人们经常会看到"二手车"、"二手房"这样的词语，这个"二手"是什么意思？它表示东西被人用过了，不是新的。但因为二手的东西很便宜，而且有的几乎没用过，所以有很多人买。
★ "二手"的东西：

A 很难买到　　　　　　B 比较便宜　　　　　　C 太脏了

문제 4 ▶ 邻居张叔叔是小学校长。他每天都第一个到学校，最后一个离开。他常说，如果工作是你自己感兴趣的，再累也是快乐的。
★ 张叔叔：

A 爱帮助学生　　　　　B 对老师们很热情　　　C 喜欢自己的工作

문제 5 ▶ 前天我在网上买了一双鞋，今天就拿到了。虽然颜色跟我在网上看的不太一样，但穿在脚上非常舒服，我比较满意。
★ 根据这段话，可以知道那双鞋：

A 卖完了　　　　　　　B 很贵　　　　　　　　C 穿着舒服

문장의 흐름을 파악하자!

❶ 지문의 전체적인 내용을 파악해야 한다.

'이 문단을 통해 알 수 있는 것은?'과 같은 질문 유형이 자주 출제된다. 이처럼 문장 전체의 흐름을 파악하는 문제는 단어 하나하나에 주목하기보다는 전체적인 내용을 이해하는 것이 중요하다. 따라서 이런 문제가 나올 경우 서두를 필요 없이 처음부터 끝까지 내용의 흐름을 잘 파악해보자.

❷ 지문을 읽으면서 관련없는 보기는 지운다.

문장의 흐름을 파악하는 문제에서 답을 제외한 나머지 보기는 전혀 관련 없는 내용인 경우가 많기 때문에 답 찾기는 쉽다. 문제를 먼저 확인하고 지문을 읽으면서 관련이 없는 내용의 보기는 지워나가며 문제를 푸는 것이 좋다.

> 지문   你怎么又忘记了？这药要饭前吃，不能饭后吃，饭后吃会影响药的作用，下次一定要注意。
>
> 너 어째서 또 잊었어? 이 약은 밥 먹기 전에 먹어야지, 밥 먹은 후에 먹으면 안 돼. 식사 후에 먹으면 약이 작용하는 데 영향을 미칠 수 있으니, 다음 번엔 반드시 주의해야 해.
>
> 문제   根据这段话，可以知道：
> A 不要吃药   B 要吃饭前吃药   C 没带药
> 이 문단에 근거해서 알 수 있는 것은:
> A 약을 먹을 필요가 없다   B 밥 먹기 전에 약을 먹어야 한다   C 약을 가져오지 않았다

→ 보기를 통해 '药 yào(약)'와 관련된 내용이라는 것을 알 수 있다. 보기를 먼저 해석한 뒤 지문을 보면서 없는 내용을 지워가며 문제를 푼다. 보기 A와 C에 관한 내용은 없기 때문에 답은 B 要吃饭前吃药(밥 먹기 전에 약을 먹어야 한다)가 된다.

❸ 서두를 필요 없다!

포인트가 되는 단어만 찾으면 풀 수 있는 문제가 있는 반면 흐름을 파악해야 하는 문제는 온전히 전체 내용을 해석해야 하기 때문에 상대적으로 조급해질 수 있다. 하지만 생각보다 시간은 충분하기 때문에 전혀 조급해할 필요 없이 이 문제가 원하는 답이 무엇인지 천천히 해석해보는 것이 중요하다.

● 자주 나오는 질문

> 根据这段话, 可以知道：   이 문장에 근거해서 알 수 있는 것은:
> 这段话想告诉我们：   이 문장이 우리에게 말하고 싶은 것은:
> 说话人是什么意思：   말하는 사람은 무슨 의미인가:

예제 1

我刚才去河边走了走，那儿的草都绿了，树上的鸟也变多了，又一个春天到了，这是我最喜欢的季节。 ★ 根据这段话，可以知道：	나는 방금 강가에 가서 한번 좀 걸었다. 그곳의 풀은 모두 푸르러졌고, 나무 위의 새 역시 많아졌다. 또 봄이 왔다. 이 것은 내가 가장 좋아하는 계절이다. ★ 이 문단에 근거해서, 알 수 있는 것은:
A 今天是春节 B 现在是春季 C 秋天到了	A 오늘은 춘절이다 B 지금은 봄이다 C 가을이 왔다

해설 화자가 강가에 가서 그곳의 변화된 것들을 나열하며 봄이 왔다고 했다. 보기 중 A의 '春节 Chūn Jié'는 중국의 명절인 춘절이므로 봄(春天, 春季)과 헷갈릴 수 있으니 잘 확인하고 문제를 풀어야 한다. 문단에 근거해서 알 수 있는 것은 봄이 왔다는 것이기 때문에 답은 B 现在是春季(지금은 봄이다)이다.

정답 B

예제 2

我必须找到它，这信对我很重要，是一个老同学写给我的。我昨天看完就放在椅子上了，你看见了吗? 上面有一个用铅笔画的太阳。 ★ 说话人在：	나는 반드시 그것을 찾아야 해. 이 편지는 나에게 매우 중요해. 오래된 학우 한 명이 나에게 써준 거야. 내가 어제 다 보고 의자 위에 올려 두었거든. 너 봤어? 위쪽에는 연필로 그린 태양이 하나 있어. ★ 화자는:
A 画太阳 B 写信 C 找东西	A 태양을 그리고 있다 B 편지를 쓰고 있다 C 물건을 찾고 있다

해설 첫 문장의 '它(그것)'를 통해 주어가 사람이 아닌 그 이외의 것을 찾는다는 것을 알 수 있고, 두 번째 문장을 통해 그것이 편지라는 것을 알 수 있다. 지문에서 '上面有一个用铅笔画的太阳(위쪽에는 연필로 그린 태양이 하나 있어)'이라고 하며 보기 A의 太阳 tàiyáng(태양)을 언급했지만 태양을 그리고 있는 것은 아니기 때문에 답이 될 수 없다. 따라서 C 找东西(물건을 찾고 있다)가 답이 된다.

정답 C

☺ 보기에 언급된 내용은 지문에 바로 표시해두자. 서두르지 말고 차분히 전체적인 흐름을 파악하면 쉽게 정답을 찾을 수 있다.

문제 1 越高的地方越冷，山路也越难走。但是不用担心，有我呢，我去年春天爬过这个山，这儿我比较了解。我饿了，我们先坐下吃点儿饭吧，然后再爬。一会儿我们可以从中间这条路上去。

★ 根据这段话，可以知道什么？

A 现在是春季　　　　B 今天是阴天　　　　C 他来过这儿

문제 2 太阳从西边出来了吗？他今天怎么这么早就起床了？他一般都要睡到9点以后才起来。

★ 根据这段话，可以知道今天：

A 他起得早　　　　B 天气不好　　　　C 他没起床

문제 3 西瓜的汁儿很多，吃的时候小心点儿，要低下头，不要吃得脸上、衣服上都是。

★ 吃西瓜时必须：

A 站着　　　　B 低着头　　　　C 多喝水

문제 4 "再见"是一个很有意思的词语。"再见"表示"再一次见面"，所以人们离开时说"再见"，其实也是希望以后再见面。

★ "再见"出现在什么时候？

A 睡觉前　　　　B 见面　　　　C 离开

문제 5 笑笑，冰箱里有牛奶、蛋糕、还有个西瓜，渴了你就自己拿，别客气，就像在自己家一样。

★ 笑笑：

A 想吃蛋糕　　　　B 在别人家做客　　　　C 爱吃面包

핵심이 되는 문장을 찾아내자!
– 속담·주요 문장의 위치

❶ 속담이나 관용어의 속뜻을 기억하자.

지문에 속담이나 관용어가 나오면 그 문장이 의미하는 바가 무엇인지를 나타내는 문제가 출제된다. 따라서 자주 쓰이는 속담이나 관용어를 정리하고 문장이 가지고 있는 속뜻을 기억해두자.

❷ " " 속 내용이 핵심이다.

쌍따옴표 안에는 인용하는 글이나 강조하는 말 등이 들어가기 때문에 속담이나 관용구 등은 주로 쌍따옴표 안에 등장하게 된다. 문제의 핵심이 되는 부분이기 때문에 쌍따옴표 안에 있는 문장이 의미하는 바가 무엇인지 해석에 주의한다.

❸ 주제는 주로 문장의 맨 앞이나 맨 뒤에 나온다.

문제에서 하고자 하는 말은 주로 문장 앞부분에 주어지거나 끝맺음 부분에 등장한다. 문제를 미리 훑어볼 때 주제를 묻는 문제라면 보기를 확인한 뒤 지문의 맨 앞과 맨 뒤를 먼저 확인하여 답이 되는 단서가 있는지 확인한다.

● **자주 출제되는 속담 및 관용구**

1	左耳朵进, 右耳朵出 한 귀로 듣고 한 귀로 흘린다 zuǒ ěrduo jìn, yòu ěrduo chū	
2	有借有还, 再借不难 빌린 것을 잘 돌려주면 다시 빌리는 것은 어렵지 않다 yǒu jiè yǒu huán, zài jiè bù nán	
3	笑一笑, 十年少 자주 웃으면 10년이 젊어진다 xiào yi xiào, shí nián shào	
4	吃饭七分饱 폭식하지 않고 적당히 먹어야 건강에 좋다 chī fàn qī fēn bǎo	
5	好好学习, 天天向上 열심히 공부하면 나날이 향상한다 hǎohǎo xuéxí, tiāntiān xiàng shàng	
6	面包会有的, 牛奶也会有的 노력하며 지낸다면 무엇이든지 있을 수 있다 miànbāo huì yǒu de, niúnǎi yě huì yǒu de	
7	要面子, 爱面子 yào miànzi, ài miànzi 체면을 중시하다	
8	时间就是金钱 shíjiān jiù shì jīnqián 시간이 금이다	
9	六月的天, 孩子的脸, 说变就变 6월의 날씨는 아이의 얼굴처럼 자주 변한다 liù yuè de tiān, háizi de liǎn, shuō biàn jiù biàn	

中国有句话叫"左耳朵进，右耳朵出"，意思是别人跟你说的一些事情，从你左耳朵进去，马上又从右耳朵出来了。这句话表示别人说的话你没有放在心上。 ★"左耳朵进，右耳朵出"表示对别人的话：	중국에는 '왼쪽 귀로 들어와서, 오른쪽 귀로 나가다'라는 문장이 있다. 의미는 다른 사람이 당신과 말한 몇 가지 일이 당신의 왼쪽 귀로 들어가서 바로 다시 오른쪽 귀로 나온다는 것이다. 이 문장은 다른 사람이 한 말을 당신의 마음에 담아두지 않는다는 의미이다. ★ '왼쪽 귀로 들어와서 오른쪽 귀로 나가다'가 의미하는 것은 다른 사람의 말을:
A 不满意 B 没放心上 C 不明白	A 만족하지 못하다 B 마음에 두지 않는다 C 이해하지 못하다

해설　'左耳朵进, 右耳朵出'는 우리 속담 중에 '한 귀로 듣고 한 귀로 흘리다'와 같은 의미를 가진다. 즉, 다른 사람의 말을 귀담아듣지 않는다는 뜻을 가지고 있기 때문에 답은 B 没放心上(마음에 두지 않는다)이다.

정답　**B**

虽然电脑给人们的工作带来了极大的方便，但是长时间看着电脑，对人们的身体、特别是眼睛影响很大。 ★ 长时间用电脑，会：	비록 컴퓨터는 사람들의 업무에 아주 큰 편리함을 가져다주지만, 오랜 시간동안 컴퓨터를 보고 있으면 사람의 몸, 특히 눈에 큰 영향을 미친다. ★ 긴 시간 동안 컴퓨터를 사용하면:
A 变年轻 B 提高汉语水平 C 影响健康	A 젊어진다 B 중국어 실력을 향상시킨다 C 건강에 영향을 끼친다

해설　컴퓨터가 우리에게 가져다주는 편리함은 크지만 오랫동안 사용하게 되면 건강에 좋지 않다는 것은 누구나 알고 있는 사실이다. 문장 앞부분에서는 컴퓨터 사용의 편리한 점을 이야기하고 있지만, '虽然 A, 但是 B(비록 A이지만, 그러나 B하다)' 구문이 등장하면서 '但是' 뒤의 문장이 전환되었다. 따라서 C 影响健康(건강에 영향을 끼친다)이 답이 된다.

정답　**C**

☺ 쌍따옴표 안의 내용이 무슨 뜻인지 생각하면서 문제를 풀어보자.

문제 1 "笑一笑，十年少。"这是中国人经常说的一句话，意思是笑的作用很大，笑会让人年轻10岁。我们应该常笑，这样才能使自己年轻。

★ 根据这段话，可以知道：

　A 人应该快乐　　　　　B 笑能使人聪明　　　　C 爱笑的人更热情

문제 2 一般来说，我们可以从一个人选择和什么样的人做朋友了解他。同样，也可以从一个人对书的选择上认识他。因为书也是我们的朋友。

★ 根据这段话，书可以帮助我们：

　A 完成作业　　　　　　B 了解一个人　　　　　C 看清楚自己

문제 3 妈妈经常对我说："吃饭七分饱。""七分"就是70%的意思。很多中国人认为"吃饭七分饱"对身体很有帮助。

★ "吃饭七分饱"是为了：

　A 健康　　　　　　　　B 发现问题　　　　　　C 帮助别人

문제 4 很多人想学游泳，但是害怕下水，到了河边也只是站着看别人游泳，不敢下去，这样学不会游泳的。其实只有敢做，才能学会。

★ 根据这段话，怎样才能学会游泳？

　A 要敢下水　　　　　　B 找老师教　　　　　　C 一边听音乐一边练习

문제 5 人们常说："面包会有的，牛奶也会有的。"是的，如果努力，什么都会有的。

★ 这句话主要想告诉我们：

　A 要相信别人　　　　　B 想吃面包　　　　　　C 努力才有希望

답은 이미 문장 안에 나와 있다!

독해 제3부분 (61번~70번) 총 10문제 》 지문 읽고 질문에 대한 답 찾기

▶ **" " 안의 문장에 주목하자.**
주로 주제를 묻는 문제에서 많이 볼 수 있으며 쌍따옴표 안에는 주로 속담이나 관용구 등이 들어간다. 이 부분이 문제의 핵심이 되기 때문에 쌍따옴표 안에 있는 문장이 의미하는 바가 무엇인지 해석해보고, 모르는 내용이면 그 문장을 설명해놓은 앞뒤 내용을 통해 의미를 파악하자.

▶ **주제는 주로 문장의 맨 앞이나 맨 뒤에 나온다.**
문단의 주제는 첫 문장에 나오거나 맨 마지막에 문장을 마무리 하면서 나오는 경우가 많다. 문제에서 주제를 묻는다면 보기를 확인한 뒤 지문의 맨 앞과 맨 뒤를 먼저 확인하여 일치하는 답이 있는지 확인하자.

▶ **지문의 전체적인 내용을 파악해야 한다.**
보기와 문장에 일치하는 단어 없이 문장 전체의 흐름을 파악하여 문제를 풀어야 하는 형식이 종종 등장하고 있다. 이런 문제는 단어 하나하나에 주목하는 것보다는 전체적인 내용을 이해하는 것이 중요하다.

▶ **지문을 읽으면서 관련 없는 보기는 지운다.**
문제를 먼저 확인하고 지문을 읽으면서 관련이 없는 내용의 보기는 지워나가며 문제를 푸는 것이 좋다.

▶ **지시대명사가 가리키는 것을 정확히 파악하자.**
정확한 명칭이 아닌 지시대명사를 사용해서 그것의 특징을 묻는 문제가 종종 출제된다. 지문에 지시대명사가 있으면 문장 안에서 무엇을 가리키는지, 어떤 내용이 나열되어 있는지 확인하자.

▶ **접속사를 조심하자.**
가장 주의해야 할 접속사는 '그러나'와 '게다가'이다. '그러나'는 문장의 상황을 전환시키기 때문에 '그러나'를 기준으로 앞부분보다는 뒷부분 내용을 잘 해석해야 한다. 또한, '게다가'는 문장의 의미를 더 심화시키기 때문에 역시나 뒷부분을 주의 깊게 살펴야 한다.

▶ **문제에 등장한 명사를 지문에서 찾자.**
문제에서 별다른 내용 없이 '명사는:' 이렇게 나왔다면 그 명사를 지문에서 찾아 그 부분의 내용을 확인하는 것이 문제를 빨리 풀 수 있는 지름길이다.

▶ 독해 제3부분에서 자주 나오는 질문

1 关于 + 명사, 可以知道什么?
Guānyú + 명사, kěyǐ zhīdào shénme?
→ (명사)에 관해서 알 수 있는 것은?

2 해당 문항의 주제가 되는 명사:
→ (명사)는:

3 根据这段话, 可以知道?
Gēnjù zhè duàn huà, kěyǐ zhīdào?
→ 이 이야기에 근거해서 알 수 있는 것은?

4 说话人是什么意思?
Shuōhuàrén shì shénme yìsi?
→ 말하는 사람의 의미는?

❺ 这句话主要…
Zhè jù huà zhǔyào…
➡ 이 문장의 주된 ~

❻ …怎么样?
…zěnmeyàng?
➡ ~는 어떠한가?

❼ 为什么…?
Wèishénme…?
➡ 왜 ~하는가?

▶ 독해 제3부분에 자주 출제되는 접속사

但(是) dàn(shì) 그러나	他姓高，但是长得不高。 그의 성은 '까오'이지만 키는 크지 않다. Tā xìng Gāo, dànshì zhǎng de bùgāo.
	她那时很矮，但现在比我还高。 그녀는 그때 작았지만 지금은 나보다 훨씬 크다. Tā nà shí hěn ǎi, dàn xiànzài bǐ wǒ hái gāo.
	妈妈总是对我结婚的事情着急，但是我不想这么早结婚。 Māma zǒngshì duì wǒ jiéhūn de shìqing zháojí, dànshì wǒ bù xiǎng zhème zǎo jiéhūn. 엄마는 항상 나의 결혼에 대한 일에 조급해 하시지만, 나는 이렇게 일찍 결혼하고 싶지 않다.
	我们这个城市不大，但已经有几千年的历史了。 Wǒmen zhège chéngshì bú dà, dàn yǐjīng yǒu jǐ qiān nián de lìshǐ le. 우리 도시는 크지 않지만 이미 몇천 년의 역사를 가지고 있다.
虽然 A， 但(是) B suīrán A, dàn(shì) B 비록 A하지만 B하다	虽然时间短，但他做事一直很努力。 Suīrán shíjiān duǎn, dàn tā zuò shì yìzhí hěn nǔlì. 비록 시간은 짧지만, 그는 일을 항상 열심히 한다.
	虽然工作很忙，但我每天找时间去锻炼身体。 Suīrán gōngzuò hěn máng, dàn wǒ měitiān zhǎo shíjiān qù duànliàn shēntǐ. 비록 일이 바쁘지만, 나는 매일 시간을 내서 몸을 단련하러 간다.
	虽然那家店离我们家有点儿远，但是他们家的鸡蛋和面包好吃极了。 Suīrán nà jiā diàn lí wǒmen jiā yǒudiǎnr yuǎn, dànshì tāmen jiā de jīdàn hé miànbāo hǎochī jíle. 비록 그 음식점은 우리 집에서 조금 멀지만, 그 집의 달걀과 빵은 정말 맛있다.
	虽然颜色跟我在网上看的不太一样，但穿在脚上非常舒服。 Suīrán yánsè gēn wǒ zài wǎngshàng kàn de bú tài yíyàng, dàn chuān zài jiǎo shang fēicháng shūfu. 비록 색은 내가 인터넷에서 본 것과 다르지만, 신어보니 매우 편하다.
	虽然电脑给人们的工作带来了极大的方便，但是长时间对着电脑，对身体不好。 Suīrán diànnǎo gěi rénmen de gōngzuò dàilái le jídà de fāngbiàn, dànshì cháng shíjiān duìzhe diànnǎo, duì shēntǐ bùhǎo. 비록 컴퓨터가 사람들의 업무에 큰 편리함을 가져왔지만, 긴 시간 컴퓨터를 마주하면 몸에 좋지 않다.
	虽然比火车慢了6个小时，但是船票比火车票便宜。 Suīrán bǐ huǒchē màn le liù ge xiǎoshí, dànshì chuánpiào bǐ huǒchēpiào piányi. 비록 기차보다 6시간 느리지만, 배표가 기차표보다 저렴하다.

不但 A, 而且 B búdàn A, érqiě B A할 뿐만 아니라, B하다	那儿不但有很多好吃的，而且街道两边的房子也很特别。 Nàr búdàn yǒu hěn duō hǎochī de, érqiě jiēdào liǎngbiān de fángzi yě hěn tèbié. 그곳에는 맛있는 것이 많을 뿐만 아니라, 거리 양 옆의 집들도 특별하다.
	张经理不但工作很认真，而且对人很热情。 Zhāng jīnglǐ búdàn gōngzuò hěn rènzhēn, érqiě duì rén hěn rèqíng. 장 사장님은 일을 열심히 할 뿐만 아니라, 게다가 사람들에게도 친절하다.
	现在手机不但能听歌，玩儿游戏，而且上网也很方便。 Xiànzài shǒujī búdàn néng tīng gē, wánr yóuxì, érqiě shàngwǎng yě hěn fāngbiàn. 현재 휴대전화는 노래를 들을 수 있을 뿐만 아니라, 게임도 하고 게다가 인터넷을 하는 것도 편리하다.
先 A, 然后 B xiān A, ránhòu B 먼저 A하고, 그 다음에 B하다	我先回去一下，然后去咖啡馆找你们。 Wǒ xiān huíqù yíxià, ránhòu qù kāfēiguǎn zhǎo nǐmen. 나는 먼저 돌아갔다가 그 다음에 카페에 가서 너희를 찾을게.
	我们先坐下吃点儿饭，然后再爬。 Wǒmen xiān zuòxià chī diǎnr fàn, ránhòu zài pá. 우리 먼저 앉아서 밥을 조금 먹고 그 다음에 다시 오르자.
	我们要先准备面、牛奶、鸡蛋，然后就可以开始。 Wǒmen yào xiān zhǔnbèi miàn, niúnǎi, jīdàn, ránhòu jiù kěyǐ kāishǐ. 우리는 먼저 밀가루, 우유, 달걀을 준비하고 그 다음에 시작할 수 있다.
A 或者 B A huòzhě B A 또는(혹은) B	有什么事就给我发电子邮件或者打我手机。 Yǒu shénme shì jiù gěi wǒ fā diànzǐ yóujiàn huòzhě dǎ wǒ shǒujī. 무슨 일이 있으면 바로 나에게 이메일을 보내거나 내 휴대전화로 전화를 걸어.
	天冷了或者你工作累了的时候，喝杯热茶，真是舒服极了。 Tiān lěng le huòzhě nǐ gōngzuò lèi le de shíhou, hē bēi rè chá, zhēnshi shūfu jíle. 날이 추워지거나 당신 일이 피곤할 때, 뜨거운 차를 마시면 정말 편안하다.
	在汽车站或者地铁站里，经常能看见人们一边玩儿手机一边等车。 Zài qìchēzhàn huòzhě dìtiězhàn lǐ, jīngcháng néng kànjiàn rénmen yìbiān wánr shǒujī yìbiān děng chē. 버스정류장이나 지하철역에서 사람들이 휴대전화를 하면서 차를 기다리는 것을 자주 볼 수 있다.
	看书时会遇到一些历史上的人或者国家的名字。 Kànshū shí huì yùdào yìxiē lìshǐ shang de rén huòzhě guójiā de míngzi. 책을 볼 때 역사적 인물 또는 국가의 이름을 마주할 수 있다.
如果 rúguǒ 만약에	你如果先到了，就去那个咖啡馆等我一会儿。 Nǐ rúguǒ xiān dào le, jiù qù nàge kāfēiguǎn děng wǒ yíhuìr. 만약 네가 먼저 도착하면 바로 카페에 가서 나를 잠시만 기다려.
	如果你有兴趣，我可以教你。 만약에 네가 흥미가 있으면 내가 널 가르쳐줄 수 있어. Rúguǒ nǐ yǒu xìngqù, wǒ kěyǐ jiāo nǐ.

▶ 정답 및 해설 p.70

☺ 문제에 나온 단어를 지문에서 빠르게 찾아보자! 지문을 읽으면서 관련 없는 보기는 바로 지워나가자.

문제1 ▶ 你知道《百家姓》这本书吗? 它主要介绍了中国人的姓。虽然叫《百家姓》，但其实中国人的姓比书中介绍的多。

★ 《百家姓》介绍了:

A 中国习惯　　　　　B 中国人的姓　　　　　C 姓出现的时间

문제2 ▶ 了解一个人，除了要听他怎么说，还要看他怎么做。

★ 了解一个人:

A 要关心他　　　　　B 要听他怎么说　　　　C 不需要看他怎么做

문제3 ▶ 这个空调用了8年了，几乎没出过什么问题。但儿子担心它声音太大，晚上会影响我和他爸爸休息，所以一定要换个新的。

★ 根据这段话，儿子:

A 生病了　　　　　　B 关心爸妈　　　　　　C 不同意换空调

문제4 ▶ 我们还是坐船去吧，虽然比火车慢了5个小时，但是船票比火车票便宜多了。

★ 他们认为:

A 要坐出租车　　　　B 坐船时间短　　　　　C 火车票更贵

문제5 ▶ 这几年，他的汉语水平提高了不少，对中国的了解也越来越多，这跟他经常看中文报纸和节目有很大关系。

★ 关于他，可以知道:

A 会唱中文歌　　　　B 爱看体育比赛　　　　C 中文水平提高了

문제 6 ▶ 这里的西瓜非常有名，每年8月这里会举行一个西瓜节，所以，夏季有很多人来这儿玩儿。

★ 这个地方：

A 常下雨   B 很有名   C 苹果有名

문제 7 ▶ 出国留学对很多年轻人来说是一种锻炼。因为一个人在外国，不但要学会照顾自己，而且还要学着解决自己以前没遇到过的问题。

★ 这段话主要想告诉我们，去国外留学：

A 比较难   B 能锻炼自己   C 需要别人帮忙

문제 8 ▶ "6月的天，孩子的脸，说变就变。"刚才还是大晴天，现在就要用伞了。雨越下越大，天也变得越来越黑，街上一辆出租车也找不到了。

★ 6月的天：

A 热极了   B 变化快   C 一般不下雨

문제 9 ▶ 我上次买过这种面包，糖放得太多了，这次我想买别的。

★ 他觉得上次的面包：

A 很贵   B 不新鲜   C 有点儿甜

문제 10 ▶ 我弟弟是一名出租车司机，他每天早上都会洗一下车。他常说，车就像人的衣服一样，车干净了，自己很开心，大家坐着也舒服。

★ 关于他弟弟，可以知道：

A 买了辆新车   B 是公共汽车司机   C 经常洗车

Final 전략 & Test

▶ **제1부분: 제시된 문장과 관련된 문장 고르기**
  1. 문제와 보기의 핵심단어 및 관련어구를 찾아보자.
  2. 의문문에 대한 답을 먼저 찾아보자.
  3. 대화문이 아닌 형식에 주의하자.

▶ **제2부분: 빈칸에 들어갈 알맞은 어휘 고르기**
  1. 빈칸의 앞뒤를 파악해서 빈칸에 어떤 품사가 필요한지 확인하자.
  2. 각 품사의 특징을 기억하자.
  3. 모르는 문제는 일단 넘기고 아는 것부터 푼다.

▶ **제3부분: 지문 읽고 질문에 대한 답 찾기**
  1. 문제에 있는 단어를 먼저 지문에서 찾아보자.
  2. 전환관계 접속사를 주의하자.
  3. 지시대명사가 가리키는 것이 무엇인지 정확히 파악하자.

제1부분 – 자주 출제되는 핵심단어가 들어간 상황별 문장

1	회사	中午见到经理了吗? Zhōngwǔ jiàndào jīnglǐ le ma? 정오에 사장님 만났어?
		没有，他不在办公室。 Méiyǒu, tā bú zài bàngōngshì. 아니, 그는 사무실에 없어.
		他让我告诉你，下午4点在公司会议室开会。 Tā ràng wǒ gàosu nǐ, xiàwǔ sì diǎn zài gōngsī huìyìshì kāihuì. 그가 오후 4시에 회사 회의실에서 회의한다고 너에게 알려주래.
		我刚才在电梯门口遇到经理了。 나 방금 엘리베이터 입구에서 사장님을 마주쳤어. Wǒ gāngcái zài diàntī ménkǒu yùdào jīnglǐ le.
		我有一个问题，经理在哪儿? 나 문제 하나가 있는데 사장님 어디 계셔? Wǒ yǒu yí ge wèntí, jīnglǐ zài nǎr?
		他的办公室在5层。 Tā de bàngōngshì zài wǔ céng. 그의 사무실은 5층에 있어.

2	학교	明天**考试**要带**铅笔**。 내일 시험에 연필을 가져와야 해. Míngtiān kǎoshì yào dài qiānbǐ.
		同学们注意一下，**运动会**结束以后，请大家先回**教室**。 Tóngxuémen zhùyì yíxià, yùndònghuì jiéshù yǐhòu, qǐng dàjiā xiān huí jiàoshì. 학우 여러분 좀 집중해주세요. 운동회가 끝나면 모두 먼저 교실로 돌아가주세요.
		老师要说一下明天**考试**的事情。 선생님께서 내일 시험에 관한 일을 말씀하시려고 한다. Lǎoshī yào shuō yíxià míngtiān kǎoshì de shìqing.
		听说昨天的**考试**你又是**第一名**！ 듣자 하니 어제 시험 네가 또 1등 했다며! Tīngshuō zuótiān de kǎoshì nǐ yòu shì dì yī míng!
		你一直很**努力**，所以才有那么好的**成绩**。 Nǐ yìzhí hěn nǔlì, suǒyǐ cái yǒu nàme hǎo de chéngjì. 너는 항상 열심히 해서 그렇게 좋은 성적을 얻은 거야.
		他是我们**学校**的**老师**。 Tā shì wǒmen xuéxiào de lǎoshī. 그는 우리 학교 선생님이다.
		教三年级历史**课**。 Jiāo sān niánjí lìshǐ kè. 3학년 역사를 가르친다.
		快点儿吧，再有一个小时就要**考试**了。 빨리 와. 한 시간 더 있으면 곧 시험이야. Kuài diǎnr ba, zài yǒu yí ge xiǎoshí jiùyào kǎoshì le.
		别担心，我坐出租车去，30分钟就到**学校**。 Bié dānxīn, wǒ zuò chūzūchē qù, sānshí fēnzhōng jiù dào xuéxiào. 걱정 마. 나 택시 타고 가서 30분이면 학교에 도착해.
		没问题，我已经**准备**好了。 문제없어. 나는 이미 준비했어. Méi wèntí, wǒ yǐjīng zhǔnbèi hǎo le.
3	옷	你这**条裙子**是不是有点儿**短**？ 너 이 치마 조금 짧은 거 아니야? Nǐ zhè tiáo qúnzi shì bu shì yǒudiǎnr duǎn?
		真的？那我**穿裤子**好了。 정말? 그럼 나 바지 입는 게 좋겠다. Zhēnde? Nà wǒ chuān kùzi hǎo le.
		昨天我把它**洗**了，你**穿**别的吧。 어제 내가 그것을 빨았어. 다른 것을 입어. Zuótiān wǒ bǎ tā xǐ le, nǐ chuān biéde ba.
		你看见我那**件衬衫**了吗？ Nǐ kànjiàn wǒ nà jiàn chènshān le ma? 너 내 그 셔츠 봤어?
		这**条裙子**卖得很好，而且才200块。 Zhè tiáo qúnzi mài de hěn hǎo, érqiě cái liǎng bǎi kuài. 이 치마는 팔리는 것도 괜찮고, 게다가 겨우 200위안이다.
		如果您喜欢，可以**穿上**看看，一定很**漂亮**。 Rúguǒ nín xǐhuan, kěyǐ chuānshàng kànkan, yídìng hěn piàoliang. 만약 당신이 좋으시다면 한번 입어보셔도 됩니다. 분명히 예쁠 거예요.

		刚才还是**晴天**，怎么突然就**阴天**了？ Gāngcái háishi qíngtiān, zěnme tūrán jiù yīntiān le? 방금 전에는 날이 맑았는데, 어째서 갑자기 흐려졌지?
		可能要**下雨**，我们坐出租车回去吧。아마 비가 올 것 같으니, 우리 택시 타고 돌아가자. Kěnéng yào xiàyǔ, wǒmen zuò chūzūchē huíqù ba.
		雨越下越大了，你带**伞**了吗？비가 점점 더 많이 내려. 너 우산 가져왔어? Yǔ yuè xià yuè dà le, nǐ dài sǎn le ma?
		没有，我早上出门的时候还是**晴天**呢。아니, 내가 아침에 나올 때는 날이 맑았어. Méiyǒu, wǒ zǎoshang chūmén de shíhou háishi qíngtiān ne.
4	계절·날씨	你还不习惯我们这儿的**天气**吧？너는 우리 이곳의 날씨가 아직 적응이 안 됐지? Nǐ hái bù xíguàn wǒmen zhèr de tiānqì ba?
		还可以，北方的**冬天**很冷。그런대로 괜찮아. 북방의 겨울은 정말 추워. Hái kěyǐ, běifāng de dōngtiān hěn lěng.
		外面**风刮**得真大！Wàimiàn fēng guā de zhēn dà! 밖에 바람이 매우 세게 불어!
		这儿的**冬天**就是这样，慢慢地你就会习惯。 Zhèr de dōngtiān jiùshì zhèyàng, mànmàn de nǐ jiù huì xíguàn. 이곳의 겨울은 이래. 너는 천천히 적응될 거야.
		一年四个**季节**中，你最喜欢哪个？1년 사계절 중에 너는 어느 계절이 가장 좋아? Yì nián sì ge jìjié zhōng, nǐ zuì xǐhuan nǎge?
		春天，特别是**开花的时候**，漂亮极了。봄, 특히 꽃이 필 때 정말 예뻐. Chūntiān, tèbié shì kāihuā de shíhou, piàoliang jíle.
		我**感冒**了，有点儿**发烧**。나 감기 걸렸어. 열이 조금 나. Wǒ gǎnmào le, yǒudiǎnr fāshāo.
		那你在家**休息**几天吧。그러면 너는 집에서 며칠 쉬어. Nà nǐ zài jiā xiūxi jǐ tiān ba.
		电影院在4层，还是走上去吧，**锻炼锻炼身体**。 Diànyǐngyuàn zài sì céng, háishi zǒushàngqù ba, duànliàn duànliàn shēntǐ. 영화관이 4층에 있어서 우리 걸어 올라가는 게 낫겠다. 몸을 좀 단련해야지.
5	신체·건강	我的**脚**还没好，我们坐电梯去吧。 Wǒ de jiǎo hái méi hǎo, wǒmen zuò diàntī qù ba. 내 다리가 아직 좋아지지 않았어. 우리 엘리베이터 타고 가자.
		腿疼，是吗？那我们在这儿坐坐吧。다리가 아파? 그럼 우리 여기에 좀 앉자. Tuǐ téng, shì ma? Nà wǒmen zài zhèr zuòzuò ba.
		这孩子**长**得真**像**他爸爸。이 아이 생긴 게 그의 아빠와 정말 닮았다. Zhè háizi zhǎng de zhēn xiàng tā bàba.

		是啊，特别是<mark>眼睛</mark>和<mark>鼻子</mark>。 응. 특히 눈이랑 코가 (닮았어). Shì a, tèbié shì yǎnjing hé bízi.
		我天天去<mark>游泳</mark>，你没发现我<mark>瘦</mark>了？ Wǒ tiāntiān qù yóuyǒng, nǐ méi fāxiàn wǒ shòu le? 나 매일 수영하러 가는데, 너 내가 살 빠진 것 발견하지 못했니?
5	신체·건강	你这么忙，有时间去<mark>运动</mark>吗？ 너 이렇게 바쁜데, 운동하러 갈 시간이 있어? Nǐ zhème máng, yǒu shíjiān qù yùndòng ma?
		怎么办？我又<mark>胖</mark>了两公斤。 어떡해? 나 또 2kg이 쪘어. Zěnmebàn? Wǒ yòu pàng le liǎng gōngjīn.
		没关系，我觉得你这样更<mark>可爱</mark>。 괜찮아. 내가 보기에 넌 이게 더 귀여워. Méiguānxi, wǒ juéde nǐ zhèyàng gèng kě'ài.
		<mark>健康</mark>是最重要的。 건강이 가장 중요해. Jiànkāng shì zuì zhòngyào de.

제2부분 – 자주 출제되는 동사 + 명사 짝꿍 어휘

1	表示 표시하다 biǎoshì	表示感谢 biǎoshì gǎnxiè 감사를 표하다 ｜ 表示满意 biǎoshì mǎnyì 만족을 표하다
2	参加 참가하다 cānjiā	参加考试 cānjiā kǎoshì 시험에 참가하다 ｜ 参加面试 cānjiā miànshì 면접에 참가하다 ｜ 参加会议 cānjiā huìyì 회의에 참가하다 ｜ 参加比赛 cānjiā bǐsài 시합에 참가하다
3	发现 발견하다 fāxiàn	发现问题 fāxiàn wèntí 문제를 발견하다 ｜ 发现错误 fāxiàn cuòwù 잘못을 발견하다 ｜ 发现变化 fāxiàn biànhuà 변화를 발견하다
4	检查 검사하다 jiǎnchá	检查作业 jiǎnchá zuòyè 숙제를 검사하다 ｜ 检查身体 jiǎnchá shēntǐ 신체를 검사하다 ｜ 检查行李 jiǎnchá xíngli 짐을 검사하다
5	解决 해결하다 jiějué	解决困难 jiějué kùnnan 어려움을 해결하다 ｜ 解决问题 jiějué wèntí 문제를 해결하다 ｜ 解决办法 jiějué bànfǎ 해결 방법
6	举行 개최하다, 열다 jǔxíng	举行比赛 jǔxíng bǐsài 시합을 개최하다 ｜ 举行会议 jǔxíng huìyì 회의를 열다
7	离开 떠나다 líkāi	离开中国 líkāi Zhōngguó 중국을 떠나다 ｜ 离开父母 líkāi fùmǔ 부모님을 떠나다
8	遇到 만나다 yùdào	遇到困难 yùdào kùnnan 어려움을 마주치다 ｜ 遇到老朋友 yùdào lǎopéngyou 오랜 친구를 마주치다

9	照顾 돌보다 zhàogù	照顾孩子 zhàogù háizi 아이를 돌보다 ｜ 照顾病人 zhàogù bìngrén 환자를 돌보다 ｜ 照顾自己 zhàogù zìjǐ 스스로를 돌보다
10	注意 주의하다 zhùyì	注意身体 zhùyì shēntǐ 몸조심하다 ｜ 注意感冒 zhùyì gǎnmào 감기 조심하다 ｜ 注意安全 zhùyì ānquán 안전에 주의하다

제3부분 - 자주 출제되는 관용어와 그 풀이

	관용어 표현	관용어 풀이
1	太阳从西边出来了 tàiyang cóng xībiān chūlái le 해가 서쪽에서 뜨다	出现的事让人觉得是不太可能的事情 chūxiàn de shì ràng rén juéde shì bútài kěnéng de shìqing 사람이 생각하기에 불가능하다고 느껴지는 일이 일어나다 出现了不太可能的事 거의 불가능한 일이 일어나다 chūxiàn le bútài kěnéng de shì
2	吃饭七分饱 chīfàn qī fēn bǎo 밥은 7할 정도만 배부르게 먹어야 한다	七分 qī fēn = 70% = 吃得不太饱 그다지 배부르지 않게 먹다 　chī de bútài bǎo = 对身体健康很有帮助 신체 건강에 도움이 된다 　duì shēntǐ jiànkāng hěn yǒu bāngzhù
3	有借有还再借不难 yǒu jiè yǒu huán zài jiè bù nán 빌리고 갚으면 다시 빌리기 쉽다	向别人借的东西，用完就要还，这样才能让 别人相信你，下次还会借给你 xiàng biérén jiè de dōngxi, yòngwán jiù yào huán, zhèyàng cái néng ràng biérén xiāngxìn nǐ, xiàcì hái huì jiè gěi nǐ 다른 사람에게 빌린 물건은 다 쓰고 바로 돌려줘야 한다. 이렇게 해야 비로소 다른 사람이 당신을 믿을 수 있게 하고 다음 번에 또 빌려줄 것이다 如果你借了别人的东西要记得还 rúguǒ nǐ jiè le biérén de dōngxi yào jìde huán 만약 당신이 다른 사람의 물건을 빌리면 돌려주는 것을 기억해 야 한다
4	二手 èrshǒu 중고	表示东西被人用过了 biǎoshì dōngxi bèi rén yòngguo le 물건이 사람에 의해 사용되어졌음을 의미한다 不是新的 búshi xīn de 새것이 아니다

5	明天又是新的一天 míngtiān yòu shì xīn de yì tiān 내일은 새로운 하루이다	不高兴的事情都会过去的 bù gāoxìng de shìqing dōu huì guòqù de 기쁘지 않은 일은 모두 지나갈 것이다
		我们应该少生气　우리는 화를 적게 내야 한다 wǒmen yīnggāi shǎo shēngqì
6	笑一笑，十年少 xiào yí xiào, shí nián shào 웃으면 10년은 젊어진다	笑的作用很大，笑会让人年轻10岁 xiào de zuòyòng hěn dà, xiào huì ràng rén niánqīng shí suì 웃는 것은 영향이 커서, 웃음은 사람을 10년을 젊게 한다
		我们应该常笑　우리는 자주 웃어야 한다 wǒmen yīnggāi cháng xiào
7	面包会有的，牛奶也会有的 miànbāo huì yǒude, niúnǎi yě huì yǒude 빵도 있고 우유도 있을 것이다	如果努力，什么都会有的 rúguǒ nǔlì, shénme dōu huì yǒude 노력한다면 어떤 것이든 얻을 수 있다
8	6月的天，孩子的脸，说变就变 liù yuè de tiān, háizi de liǎn, shuō biàn jiù biàn 6월의 하늘과 아이의 얼굴은 자주 변한다	6月的天气变化快　6월의 날씨는 빨리 변화한다 liù yuè de tiānqì biànhuà kuài
		刚才还是晴天，突然下大雨 gāngcái háishi qíngtiān, tūrán xià dàyǔ 방금 전까진 맑았는데 갑자기 많은 비가 내린다
9	左耳朵进，右耳朵出 zuǒ ěrduo jìn, yòu ěrduo chū 왼쪽 귀로 들어왔다가 오른쪽 귀로 나가다	别人说的话没有放在心上 biérén shuō de huà méiyǒu fàngzài xīn shang 다른 사람이 한 말을 마음에 담아두지 않는다

第一部分
第1-5题

A　好，但听完了就要睡觉啊。

B　不太远，就在这条街的后面。

C　8点了，快起床，吃早饭。

D　不客气，你喜欢就好。

E　雨下得越来越大了，你带伞了吗?

1.　你上次去的那家饭馆儿离这儿远吗?　　　　　　　（　　　）

2.　蓝小姐，这个帽子真漂亮，谢谢你。　　　　　　　（　　　）

3.　没有，我早上出门的时候还是晴天呢。　　　　　　（　　　）

4.　我不饿，让我再睡会儿。　　　　　　　　　　　　（　　　）

5.　妈妈，你给我讲这个故事吧?　　　　　　　　　　（　　　）

第6-10题

A 是，还好我们办公室在5层。

B 菜点完了，你想喝什么？啤酒？

C 他搬走以后，这是我们第一次见面。

D 这儿附近有家饭馆儿，牛肉做得很不错。

E 王阿姨每天很忙。

6. 我今天早上在路上遇到以前的邻居老马了。   (   )

7. 电梯坏了，我们只能走上去。   (   )

8. 我相信你一定会喜欢的。   (   )

9. 除了工作学习以外，她还要照顾孩子。   (   )

10. 晚上要开车，喝杯茶或者苹果汁吧。   (   )

第二部分
第11-15题

A 音乐　　　　B 但是　　　　C 打扫　　　　D 简单　　　　E 终于

11. 你跟我一样，我也喜欢一边走路，一边听（　　　　）。

12. 我（　　　　）房间，你洗碗筷，怎么样？

13. 其实问题不像你想的那么（　　　　）。

14. 虽然这两个问题有不一样的地方，（　　　　）解决的办法是相同的。

15. （　　　　）完成了，大家可以好好休息一下了。

第16-20题

A 舒服　　　B 比较　　　C 或者　　　D 见面　　　E 张

16. A：我们在哪儿（　　　）？

B：国家图书馆东门吧，那儿离你家比较近。

17. A：我爸快过生日了，我送他什么礼物好呢？

B：给他买件衬衫，（　　　）买个帽子。

18. A：昨天我生日，女儿送给我一（　　　）她画的画儿。

B：那你一定很高兴吧？

19. A：医生，这两天我的耳朵不太（　　　）。

B：先请坐，我给你检查一下。

20. A：考试成绩出来了吗？考得怎么样？

B：还可以，这次的题（　　　）简单，我都会做。

21. 我叫王月，第一个字是我的姓，中国人的名字和你们国家的不太一样。中国人的姓是放在前面的，而且一般都是一个字。

★ 根据这段话，中国人的名字：

A 比较长　　　　　　　B 姓在前面　　　　　　C 一共三个字

22. 我是一个小学老师，教学生画画儿。每次下课前，我会把下次学生要准备的东西写在黑板上，但每次上课时，都有学生忘了拿铅笔。

★ 学生会忘记拿什么？

A 纸　　　　　　　　　B 手表　　　　　　　　C 铅笔

23. 小李是2018年3月来公司的，虽然时间短，但他做事一直很努力，很认真，同事们都很喜欢他。

★ 根据这段话，可以知道小李：

A 总是迟到　　　　　　B 对工作没兴趣　　　　C 参加工作了

24. 做蛋糕其实很简单，如果你有兴趣，我可以教你。我们要先准备面、鸡蛋、牛奶和水果这些东西，然后就可以开始了。

★ 说话人认为：

A 做蛋糕很容易　　　　B 蛋糕很贵　　　　　　C 蛋糕很好吃

25. 对不起，我可能会迟到十几分钟，走到半路我才发现没带钱包，现在回去拿，你如果先到，就去公园旁边的那个咖啡馆等我一会儿。

★ 说话人为什么又回去了？

A 来客人了　　　　　　B 没带手机　　　　　　C 没带钱包

26. 我们周末要去上海旅游，听说上海现在比我们这儿热多了，都可以穿裙子了。

    ★ 他们那儿现在：

    A 是冬季　　　　　　　B 不能穿裙子　　　　　　C 跟上海一样冷

27. 现在，我们做个练习，请大家用黑板上的这几个词语写一个小故事，最少100字，下课前给我，听明白了吗？

    ★ 说话人最可能是做什么的？

    A 老师　　　　　　　　B 医生　　　　　　　　　C 司机

28. 经常生气容易使人变老，所以遇到不高兴的事情的时候，我总是告诉自己："没关系，这些都会过去的，明天又是新的一天。"

    ★ 根据这段话，我们应该：

    A 忘记过去　　　　　　B 少用电脑　　　　　　　C 少生气

29. 上午的考试很容易，就是让孩子们用刚学会的词语讲一个小故事，孩子们都很聪明，讲得非常好。

    ★ 上午孩子们：

    A 故事讲得很好　　　　B 考得很差　　　　　　　C 很难过

30. 这个地方的茶特别有名，每年春季有一次茶文化节，很多人都会来参加，有些人是从国外来的。

    ★ 那个地方的茶：

    A 不好喝　　　　　　　B 很有名　　　　　　　　C 太甜了

春节 Chūn Jié VS 春季 chūnjì (= 春天 chūntiān)

3급 어휘 중에서 가장 많이 헷갈리는 것 중에 하나가 바로 '春节'와 '春季'이다. 한자도 비슷하고 발음도 비슷하기 때문에 혼동하기 쉬운데 먼저, '春节 Chūn Jié(춘절)'는 중국 최대 규모의 명절로 우리나라의 설날과 같다. 중국에서도 춘절에는 여러 가지 풍습이 있다.

첫 번째는 우리나라와 똑같이 세뱃돈을 주는 풍습이 있는데 특이한 점은 반드시 빨간색 봉투(红包, 홍바오)에 세뱃돈을 담아서 주는 것이다. 중국에서 빨간색은 행운과 기쁨을 상징하기 때문이다. 두 번째로 대문 앞에 '福'자를 거꾸로 써서 붙이는데 이렇게 하는 이유는 '거꾸로'라는 뜻을 가진 '倒 dào'와 '오다'라는 뜻을 가진 '到 dào'의 발음이 같기 때문에 '복이 들어온다'는 의미를 내포하기 때문이다. 세 번째는 폭죽 터뜨리기이다. 중국인들은 폭죽 소리가 크면 귀신을 쫓을 수 있다는 믿음과 남들보다 더 큰 폭죽을 터뜨리고자 하는 과시욕이 있어 모두들 더욱 크고 화려하게 폭죽을 터뜨리려고 한다. 하지만 환경 오염과 쓰레기 처리문제가 심각해져 최근에는 폭죽놀이를 금지하고 폭죽 판매를 단속하고 있다. 마지막으로 우리가 떡국을 먹듯 중국인들은 춘절 전날 밤 가족들이 함께 모여 만두를 빚어 먹는 풍습이 있다. 물만두 '饺子 jiǎozi'는 새해의 교차를 의미하는 '交子 jiāozǐ'와 발음이 같기 때문이다.

'春季 chūnjì'는 4계절 중 봄을 뜻한다. '季节 jìjié'는 계절이라는 뜻으로 4계절은 각각 '春季 chūnjì 봄(= 春天 chūntiān)', '夏季 xiàjì 여름(= 夏天 xiàtiān)', '秋季 qiūjì 가을(= 秋天 qiūtiān)', '冬季 dōngjì 겨울(= 冬天 dōngtiān)'이라고 한다. '春节'의 '节 jié(기념일, 명절)'와 '春季'의 '季 jì(계절, 절기)'를 잘 구분해서 자주 출제되는 두 단어를 혼동하지 말자!

月 yuè 달 VS 月亮 yuèliang 달

학생들이 간혹 헷갈려 하는 것 중 하나가 바로 '月 yuè'와 '月亮 yuèliang'이다. 우리나라는 하늘에 떠 있는 달과 개월을 셀 때도 '月'이라고 쓰기 때문에 많이 헷갈려하는데, 중국에서 하늘에 떠 있는 달은 '月亮 yuèliang'이라고 하며, 몇 월, 개월 수를 의미하는 것은 '月 yuè'라고 구분해서 표현한다. 아래 예문을 통해 비교해서 기억해두자!

今天月亮真大！　오늘 달이 정말 크다!
我学了三个月。　나는 3개월 동안 배웠다.
我喜欢看月亮。　나는 달을 보는 것을 좋아한다.
下个月我就要回国了。　다음 달에 나는 귀국할 것이다.
今天10月5号。　오늘은 10월 5일이다.

HSK

3급

쓰기 书写

제시된 어휘로 문장 배열하기

● 문제유형
쓰기 제1부분은 71번~75번, 총 5문항이다. 나열된 어휘들을 어순에 알맞게 하나의 문장으로 배열하는 문제이다. 보통 4개~6개 어휘들이 배열되어 있다.

● 출제경향

① 기본어순에 충실한 문제가 출제된다.
'주어, 동사술어, 목적어' 혹은 '주어, 형용사술어'와 같이 기본어순으로만 이루어진 문장을 만드는 문제는 무조건 출제되고 있다. 여기에 주어와 목적어를 수식해주는 관형어나 술어를 수식해주는 부사어가 추가되어 출제된다.

② 정도보어가 들어간 문장을 만드는 문제가 출제된다.
보어 중에서 3급 시험에 가장 많이 등장하는 정도보어가 포함된 문장을 만드는 문제가 자주 출제되고 있다.

③ 특수구문을 만드는 문제가 출제된다.
요즘에는 HSK 시험의 난이도가 전반적으로 높아지고 있는 추세라서 3급 시험에서도 '把'자문, '被'자문과 같은 특수구문을 배열하는 문제가 종종 출제되고 있으므로 특수구문을 신경 써서 봐야 한다.

쓰기 제1부분 출제경향
■ 기본어순 배열
■ 정도보어 문장 배열
■ 특수구문 문장 배열

● 문제 접근 전략

시험지

非常	这只	可爱	熊猫

① 나열된 어휘를 해석하며 품사를 파악한다.

품사를 알아야 문장을 정확하게 배열할 수 있기 때문에 나열된 어휘들의 품사를 확인한다. 위 예문을 보면 '非常'은 '매우'라는 뜻의 정도부사, '这只'는 '지시대명사 + 양사' 형태로 동물을 셀 때 쓰이며, '可爱'는 '귀엽다'라는 뜻의 형용사이다. 마지막으로 '熊猫'는 3급에서 자주 출제되는 동물인 '판다'로 명사이다. 이를 통해 형용사 술어문을 만들어야 하는 것을 눈치챌 수도 있다.

② 술어가 될 수 있는 어휘를 찾고 기본어순에 따라 배열한다.

술어를 찾아야 주어나 목적어를 찾을 수 있기 때문에 동사, 형용사나 동사 중 술어가 될 수 있는 어휘를 찾고 그 다음 주어와 목적어 등을 의미에 맞게 배열하여 뼈대를 세운다. 여기서는 형용사 '可爱(귀엽다)'가 술어 자리에 올 수 있는데, 형용사술어이기 때문에 뒤에 목적어는 오지 않는다.

정답

这只熊猫非常可爱。

③ 수식성분을 알맞은 위치에 배열한다.

기본어순을 만들었다면 나머지 어휘들은 알맞은 위치에 수식성분으로 배열하면 문장이 완성된다.

쓰기

제1부분

중국어의 '기본 문장성분'을 잡자!

❶ 중국어의 문장성분

주어	동작을 하거나 동작을 받는 성분 '~은/~는/~이/~가'	妈妈吃蛋糕。
술어	주어가 하는 행동 또는 주어에 대해 설명·서술하는 성분 '~하다/~이다'	妈妈吃蛋糕。
목적어	동사 뒤에 놓여 동사가 나타내는 행위의 대상이 되는 존재 혹은 동작이나 상태와 관련된 사물·장소·수량 등을 나타내는 성분 '~을/~를'	妈妈吃蛋糕。
관형어	주로 명사를 수식해서 주어나 목적어 앞에 놓여 이를 수식하는 성분	我妈妈吃一个蛋糕。
부사어	문장 맨 앞에서 문장 전체를 수식하거나 술어 앞에 놓여 술어를 수식하는 성분	妈妈在家吃蛋糕。
보어	술어 뒤에서 술어를 보충 설명해주는 성분 – 결과보어, 정도보어, 방향보어, 가능보어, 시량보어, 동량보어	妈妈吃完了蛋糕。 [결과보어]

❷ 중국어의 어순

① 기본어순

주어·술어·목적어는 문장의 뼈대가 된다.

妈妈 ＋ 吃 ＋ 蛋糕。
주어　　　술어　　　목적어
엄마는　　드신다　　케이크를　　　→ 엄마는 케이크를 드신다.

---

② 관형어의 위치

관형어는 주어·목적어를 수식하는 성분으로 주어 또는 목적어 앞에 놓인다.

我 ＋ 妈妈 ＋ 吃 ＋ 一个 ＋ 蛋糕。
관형어　　주어　　술어　　관형어　　목적어
우리　　엄마는　　드신다　　한 개의　　케이크를　　　→ 우리 엄마는 한 개의 케이크를 드신다.

---

③ 부사어의 위치

부사어는 술어를 수식하는 성분으로 대체로 술어 앞에 놓인다.

妈妈 ＋ 在家 ＋ 吃 ＋ 蛋糕。
주어　　부사어　　술어　　목적어
엄마는　　집에서　　드신다　　케이크를　　　→ 엄마는 집에서 케이크를 드신다.

또한, 부사어는 문장 맨 앞에서 문장 전체를 수식하기도 하는데, 이때는 주로 시간과 관련된 부사어가 온다.

刚才	+	妈妈	+	在家	吃了	+	蛋糕。
부사어		주어		부사어	술어		목적어
방금		엄마는		집에서	드셨다		케이크를	→ 방금 엄마는 집에서 케이크를 드셨다.

④ 보어의 위치

보어는 술어 뒤에서 술어를 보충 설명한다.

妈妈	+	吃	+	完了	+	蛋糕。
주어		술어		보어		목적어
엄마는		드셨다		다		케이크를	→ 엄마는 케이크를 다 드셨다. [결과보어]

⑤ 중국어의 완벽한 어순

刚才	+	我	+	妈妈	+	在家	+	吃	+	完了	+	一个	+	蛋糕。
부사어		관형어		주어		부사어		술어		보어		관형어		목적어
방금		우리		엄마는		집에서		드셨다		다		한 개의		케이크를

→ 방금 우리 엄마는 집에서 한 개의 케이크를 다 드셨다.

TIP 어순 배열 문제에서 시간명사 혹은 부사와 붙어있는 (대)명사는 주어로 배치한다.
1. 시간을 나타내는 명사는 주어 앞·뒤에 모두 위치할 수 있기 때문에 (대)명사가 시간명사와 붙어있는 경우 주어 자리에 배치한다.
   예 昨天我跟妈妈一起看电影了。 어제 나는 엄마와 함께 영화를 봤다.
   我昨天跟妈妈一起看电影了。 나는 어제 엄마와 함께 영화를 봤다.

2. 부사는 (동사/형용사)술어 앞에서 술어를 수식하는 성분이지만 몇몇 부사는 (대)명사 앞에 올 수 있다. 따라서 부사가 (대)명사와 붙어있는 경우 주어 자리에 배치한다.
   예 就他一个人没来。 오직 그 한 사람만 오지 않았다.
   其实我很喜欢唱歌。 사실 나는 노래 부르는 것을 매우 좋아한다.

❸ 중국어의 기본 어순은 [주어 + 술어 + 목적어]이다.

어순 배열 문제를 풀려면 가장 먼저 술어(동사술어 혹은 형용사술어)를 찾아야 한다. 여기서 술어가 동사일 경우 목적어를 동반하지만, 형용사가 술어일 경우 목적어를 동반할 수 없다.

① 동사술어문

弟弟	+	去了	+	学校。
주어		술어(동사)		목적어(명사/대사)
남동생은		갔다		학교를	→ 남동생은 학교를 갔다.

TIP 어순 배열 문제에서 동사 뒤에 '了'가 붙어 있는 경우 술어일 확률이 높다. '了'는 동사 뒤에서 동작에 대한 완료를 나타낸다.

② 형용사술어문

她　+　很　+　漂亮。
주어　정도부사　술어(형용사) + 목적어
그녀는　(매우)　예쁘다　　　→ 그녀는 (매우) 예쁘다.

형용사가 술어일 경우, 형용사 자체가 주어를 설명·묘사해주는 말이기 때문에 목적어를 동반할 수 없다. 단, 형용사가 술어로 쓰일 경우 대부분 앞에 정도부사를 붙여야 한다. 이때, 정도부사로 '很 hěn'이 종종 쓰이는 데 이는 형식상 필요한 것으로, 본래 뜻인 '매우'라는 의미는 약한 경우가 많다.

TIP 자주 출제되는 정도부사

很 hěn 매우 | 非常 fēicháng 대단히, 매우 | 真 zhēn 정말, 진짜로 | 太 tài 너무, 매우 | 特别 tèbié 특히, 특별히 | 有点儿 yǒudiǎnr 조금, 약간 | 更 gèng 더욱, 더, 훨씬 [비교문에 자주 등장] | 最 zuì 가장, 최고 | 比较 bǐjiào 비교적

❹ 모든 동사가 목적어 자리에 항상 명사를 데려온다는 고정관념은 버리자!

① 구 혹은 절이 목적어로 오는 동사들

希望 xīwàng 희망하다 | 准备 zhǔnbèi 준비하다 | 觉得 juéde ～라고 여기다, 생각하다 | 打算 dǎsuàn ～할 계획 이다 | 决定 juédìng 결정하다 | 开始 kāishǐ 시작하다 | 认为 rènwéi ～라고 생각하다 | 以为 yǐwéi ～인 줄 알다…

모든 문장이 '(명사)를 (술어)하다'처럼 간단한 명사만이 목적어가 되는 것은 아니다. 위에 예시로 든 것과 같은 동사들이 오는 경우에는 자연스럽게 절이나 구가 목적어 자리에 오게 된다. 아래 예문을 참고하자.

他　+　打算　+　去中国旅行。　　→ 그는 중국 여행을 갈 계획이다.
주어　　술어　　동사구

我　+　觉得　+　他很聪明。　　→ 나는 그가 똑똑하다고 생각한다.
주어　　술어　　명사절

② 이합동사: 목적어를 가질 수 없는 동사들

见　+　面　　→ 얼굴을 보다
동사　목적어

위와 같이 이합동사는 '술어(동사) + 목적어' 구조로 이루어진 동사로서, 이미 단어 자체에 목적어를 포함하고 있기 때문에 뒤에 또 다른 목적어를 동반할 수 없다. 아래 자주 등장하는 이합동사들을 눈에 익혀두고 이 부분을 유의하도록 하자.

见面 jiànmiàn 만나다 | 睡觉 shuìjiào 잠을 자다 | 结婚 jiéhūn 결혼하다 | 开车 kāichē 운전하다 | 上课 shàngkè 수업하다 | 下课 xiàkè 수업이 끝나다 | 游泳 yóuyǒng 수영하다 | 起床 qǐchuáng 기상하다 | 唱歌 chànggē 노래 부르다 | 跳舞 tiàowǔ 춤을 추다…

예제 1

有点儿　　衣服　　贵　　这件

분석　件 jiàn 양 옷·사건·일·서류 등을 세는 단위 | 衣服 yīfu 명 옷 | 有点儿 yǒudiǎnr 부 조금, 약간 | 贵 guì 형 비싸다

Point　1. 형용사술어문 문제이다.
　　　2. 형용사는 술어로 쓰일 경우 대부분 앞에 정도부사를 동반한다.
　　　3. 양사 뒤에는 명사가 와야 한다.

해설
관형어	주어	부사어	술어
这件	衣服	有点儿	贵

우선 '衣服 yīfu(옷)'라는 명사는 주어 자리에, '贵 guì(비싸다)'라는 형용사는 술어 자리에 적합함을 파악한 뒤 나머지 수식어를 하나씩 끼워 넣으면 된다. '这件'에서 '件 jiàn'은 옷을 세는 양사이기 때문에 명사 '衣服' 앞에 올 수 있다. 그리고 술어 '贵'는 형용사이므로 뒤에 목적어를 동반할 수 없다. 따라서 정도부사 '有点儿 yǒudiǎnr(조금, 약간)'을 '贵' 앞에 붙여준다.

정답　这件衣服有点儿贵。　이 옷은 조금 비싸다.

예제 2

买了　　他　　昨天　　礼物

분석　昨天 zuótiān 명 어제 | 买 mǎi 동 사다 | 礼物 lǐwù 명 선물

Point　1. 동사술어문 문제이다.
　　　2. 우선 술어를 찾은 뒤, 나머지 두 단어 중 어떤 것이 주어이고, 어떤 것이 목적어인지 단어의 뜻을 살펴본다.

해설
주어	부사어	술어	목적어
他	昨天	买了	礼物

우선 '买 mǎi(사다)'는 동사이기 때문에 목적어를 동반할 수 있다. 무언가를 사는 주체가 될 수 있는 단어는 '他 tā(그)'이며, 남은 단어인 '礼物 lǐwù(선물)'를 목적어 자리에 놓게 되면 자연스러운 문장이 된다.

정답　他昨天买了礼物。　그는 어제 선물을 샀다.

☺ 술어를 가장 먼저 찾자! 술어가 동사인지 형용사인지 구분해서 주어와 목적어를 알맞은 순서대로 배열한다.

문제 1 ▶ 昨天的　　难　　考试　　比较

▶ 답 _____

▶ 해석 _____

문제 2 ▶ 一千多　　这个月　　块钱　　花了

▶ 답 _____

▶ 해석 _____

문제 3 ▶ 新鲜　　苹果　　非常　　我买的

▶ 답 _____

▶ 해석 _____

문제 4 ▶ 蛋糕　　吃完了　　他已经

▶ 답 _____

▶ 해석 _____

문제 5 ▶ 我　　跟　　见面　　他

▶ 답 _____

▶ 해석 _____

문장을 더 풍부하게! - 관형어·부사어

관형어	주로 주어나 목적어 앞에 놓여 명사를 수식하는 성분	漂亮的衣服 大大的眼睛
부사어	술어 앞에 놓여 술어를 수식하는 성분으로 일부 부사는 문장 가장 앞에 놓여 문장 전체를 수식하기도 한다.	我不去。 其实我很担心。

❶ '的'로 끝나는 어휘의 경우에는 항상 뒤에 명사 또는 대명사와 이어준다.

'的'는 관형어와 명사 사이에서 수식 구조를 만들어주는 다리 역할을 하기 때문에 '…的'로 끝나면 그 뒤는 명사 또는 대명사를 붙인다. 그러면 '~한 명사'라는 의미의 명사구를 만들 수 있다.

> 漂亮的衣服　　大大的眼睛
>
> 예쁜 옷　　　　커다란 눈

❷ [수사 + 양사] 혹은 [지시대명사 + 양사]로 이루어져 있으면 그 뒤는 명사의 자리이다.

명사가 숫자 또는 이것, 저것과 같은 지시대명사의 수식을 받으면 그 사이에는 항상 각각의 명사에 적합한 양사가 필요하다. 간단하게 '수양명', '지양명'으로 암기해두고 헷갈리지 말자!

> 一 + 个 + 人　　　　这 + 本 + 书
> 수사　양사　명사　　　지시대명사　양사　명사

위의 예문에서는 사람이나 사물을 셀 때 두루 쓰이는 양사 '个 ge(개)'와 책을 세는 양사 '本 běn(권)'이 쓰였다.

❸ [부사 → 조동사 → 전치사구]를 기억하자

여러 가지 품사들이 술어 앞에서 술어를 수식해줄 수 있지만 그중에 부사어 자리에 가장 많이 들어가는 품사는 '부사, 조동사, 전치사구(전치사 + 명사)'이다. 한 문장 안에 이 품사들을 여러 개 넣어야 할 경우에는 [부사 → 조동사 → 전치사구] 순으로 나열한다. 또한, 여러 가지 부사를 같이 나열할 경우에는 일반부사와 부정부사(不, 没)로 나눠서 일반부사를 앞에 쓰고 부정부사는 뒤에 써야 한다.

> 我　也　不　去。
> 　　일반부사　부정부사

> **TIP** 단어를 외울 때 어떤 단어가 부사이고, 어떤 단어가 조동사인지 그 품사를 잘 기억해두자!

쓰기

제1부분

❹ '地'로 끝나는 어휘의 경우에는 뒤에 항상 동사와 이어준다.

'地'는 부사어와 동사 술어 사이에서 수식구조를 만들어주는 성분이기 때문에 '…地'로 끝나면 그 뒤에 바로 동사를 붙인다. 대부분 형용사를 부사어 성분으로 만들어주기 위해 형용사와 동사 중간에 '地'를 넣는다. 그러면 '형용사하게 동사하다'라는 의미가 되어 동사를 수식할 수 있다.

高兴地笑	慢慢地走
기쁘게 웃다	천천히 걷다

❺ 문장 맨 앞에서 문장 전체를 수식하는 부사어 자리에는 주로 시간에 관련된 시간명사가 온다.

시간명사의 특징은 주어의 앞뒤로 옮겨다닐 수 있기 때문에 명사 또는 대명사와 시간명사가 붙어있는 경우에는 쉽게 주어를 찾을 수 있다. 여러 가지 시간명사는 듣기 제2부분 유형별 전략 02를 참고하자!

예제 1

月亮   真   今天晚上的   大

분석 月亮 yuèliang 몡 달 | 真 zhēn 뮈 정말 | 晚上 wǎnshang 몡 저녁

Point 1. 술어를 찾는다. 동사술어인지 형용사술어인지 확인하자.
2. 주어를 찾는다.
3. '的'로 끝나면 명사를 꾸며주는 관형어 성분이다.

해설
관형어	주어	부사어	술어
今天晚上的	月亮	真	大

우선 이 문장에서 술어가 될 수 있는 어휘는 형용사 '大 dà(크다)' 하나밖에 없다. '今天晚上的 jīntiān wǎnshang de(오늘 저녁의)'는 '的'로 끝나 명사 앞에서 명사를 수식할 수 있다. 따라서 '今天晚上的'가 명사 '月亮 yuèliang(달)' 앞에서 수식할 수 있다. 그런데 형용사가 술어이기 때문에 목적어를 동반할 수가 없으므로 '今天晚上的月亮'은 목적어 자리가 아닌 주어 자리에 놓아야만 한다. 마지막으로 '大'라는 형용사 앞에 '真 zhēn(정말)'이라는 정도부사를 붙여준다.

정답 今天晚上的月亮真大.　오늘 저녁의 달은 정말 크다.

예제 2

她   结婚了   跟小王   已经

분석 结婚 jiéhūn 됭 결혼하다 | 跟 gēn 젠 ~와 | 已经 yǐjīng 뮈 이미

Point 1. 술어를 찾는다. '了'와 같이 붙어있는 단어가 술어일 확률이 높다.
2. 주어를 찾는다. 문제에 주어로 들어갈 만한 (대)명사는 하나뿐이다.
3. 부사어는 술어 앞에서 수식하는 성분으로 주로 부사, 조동사, 전치사구 등이 부사어 자리에 들어간다.

해설
주어	부사어		술어
她	已经	跟小王	结婚了

술어는 '结婚 jiéhūn(결혼하다)'이고, 결혼하는 주어는 '她 tā(그녀)'이다. 나머지는 술어를 수식해주는 부사어 성분으로 배치해주면 된다. 우선 '已经 yǐjīng(이미)'의 품사는 부사이고, '跟小王 gēn Xiǎo Wáng(샤오왕과)'은 전치사와 명사 결합으로 된 전치사구이기 때문에 부사를 앞에 쓰고 전치사구는 뒤에 써준다.

정답 她已经跟小王结婚了.　그녀는 이미 샤오왕과 결혼했다.

TIP 모든 전치사는 문장 안에서 혼자 쓰일 수 없기 때문에 뒤에 명사 또는 대명사와 짝을 이루어 전치사구를 만들어 준다는 공통점이 있다.

쓰기

제1부분

☺ 술어를 가장 먼저 찾자. '주 + 술 + 목'을 먼저 찾고 수식 성분을 붙인다.

문제 1　高兴地　　奶奶　　　笑了

　▶ 답　＿＿＿＿＿＿＿＿＿＿＿＿＿＿＿＿＿＿＿＿＿＿＿＿＿＿

　▶ 해석　＿＿＿＿＿＿＿＿＿＿＿＿＿＿＿＿＿＿＿＿＿＿＿＿＿

문제 2　已经　　老人　　100岁　　那位　　了

　▶ 답　＿＿＿＿＿＿＿＿＿＿＿＿＿＿＿＿＿＿＿＿＿＿＿＿＿＿

　▶ 해석　＿＿＿＿＿＿＿＿＿＿＿＿＿＿＿＿＿＿＿＿＿＿＿＿＿

문제 3　经常　　的　　冬天　　刮风　　这个城市

　▶ 답　＿＿＿＿＿＿＿＿＿＿＿＿＿＿＿＿＿＿＿＿＿＿＿＿＿＿

　▶ 해석　＿＿＿＿＿＿＿＿＿＿＿＿＿＿＿＿＿＿＿＿＿＿＿＿＿

문제 4　她　　打篮球　　跟金老师　　在

　▶ 답　＿＿＿＿＿＿＿＿＿＿＿＿＿＿＿＿＿＿＿＿＿＿＿＿＿＿

　▶ 해석　＿＿＿＿＿＿＿＿＿＿＿＿＿＿＿＿＿＿＿＿＿＿＿＿＿

문제 5　没　　表演　　还　　呢　　结束

　▶ 답　＿＿＿＿＿＿＿＿＿＿＿＿＿＿＿＿＿＿＿＿＿＿＿＿＿＿

　▶ 해석　＿＿＿＿＿＿＿＿＿＿＿＿＿＿＿＿＿＿＿＿＿＿＿＿＿

술어를 탄탄하게! – 보어(1) 정도보어

보어

술어(형용사나 동사) 뒤에서 그 술어의 동작·상태 등에 대해 의미를 더욱 보충해서 설명해주는 성분으로 정도보어, 결과보어 등이 있다.

정도보어	술어의 동작이나 상태가 어떤 정도인지 보충해주는 성분이다. [주어 + 술어 + 得 + 정도보어] 순으로 온다.	我吃得很多。 他走得真快。

여러 가지 보어 중에서 정도보어는 이처럼 술어 뒤에 쓰여서 단순히 '먹다'가 아닌 '먹는 정도가 많은지, 적은지' 또한, 단순히 '걷다'가 아닌 '걷는 정도가 빠른지 느린지' 그 의미를 보충해주는 역할을 한다.

❶ 정도보어의 기본어순

주어	+	술어	+	得	+	정도보어
我		吃		得		很多。	→ 나는 먹는 정도가 매우 많다.
他		走		得		真快。	→ 그는 걷는 정도가 무척 빠르다.

❷ 수식성분이 많아도 항상 기본어순을 먼저 찾자!

우선 기본 품사를 찾아서 기둥을 세워 놓아야 나머지 수식성분을 쉽게 배치할 수 있다. 앞에서 배웠던 내용을 바탕으로 술어를 먼저 찾고 주어와 목적어를 찾아준 다음에 수식성분을 사이사이 배치한다.

❸ '得'가 나오면 정도보어를 떠올려라!

술어와 정도보어 사이에 있는 구조조사 '得'는 쉽게 말해 술어와 정도보어를 수식관계로 만들어주는 다리 역할을 한다. '得'를 기준으로 앞은 술어, 뒤는 정도보어라고 생각하면 된다. '得'는 문장 안에서 뜻을 가지고 있는 것은 아니지만 정도보어가 들어간 문장에서 없어서는 안 되기 때문에 생략할 수 없다.

❹ 정도보어 자리의 단골 품사! 형용사!

정도보어 자리에는 여러 가지 품사들이 위치할 수 있지만 그중 가장 많이 들어가는 품사는 형용사이다. 형용사는 기본적으로 정도부사와 함께 문장을 구성하므로 정도보어 자리에 형용사를 넣어줄 경우에는 그 앞에 정도부사를 붙여야 한다.

⑤ 형용사 외에 여러 가지 품사들도 정도보어 자리를 채워줄 수 있다.

정도보어 자리에 가장 많이 나오는 품사가 형용사인 것이지 항상 형용사만 들어갈 수 있는 것은 아니다. 문제로 나온 어휘 중에서 형용사가 없다고 당황하지 말고 해석을 통해 어떤 품사가 정도보어 자리에 들어갈 수 있는지 확인해야 한다.

⑥ 정도보어 문장에서 목적어가 들어간 경우, 어순이 중요하다.

목적어는 원래 술어 뒤에 위치해야 되는데 '주어 + 술어 + 목적어 + 得 + 정도보어' 이렇게 되면 정도보어가 술어가 아닌 바로 앞에 있는 목적어를 수식하게 된다. 보어는 항상 술어 뒤에서 술어를 보충하는 성분이 되어야 하므로 위와 같은 경우는 오류가 있는 문장이다. 따라서 아래 예문과 같이 '술어 + 목적어' 뒤에 술어를 한번 더 반복해서 '주어 + 술어 + 목적어 + 술어 + 得 + 정도보어' 순으로 오면 된다. 이때 <u>앞에 있는 술어는 생략이 가능하다.</u> 즉, 정도보어 문제에서 목적어가 하나 있는데 술어가 하나밖에 없을 경우, 앞에 있는 술어가 생략된 것으로 보고 아래와 같이 배열한다.

주어	+	(술어)	+	목적어	+	술어	+	得	+	정도보어	
我		(吃)		饭		吃		得		很多。	→ 나는 밥을 먹는 정도가 매우 많다.
他		(走)		路		走		得		真快。	→ 그는 길을 걷는 정도가 무척 빠르다.

예제 1

非常	下	大	雨	得

분석 下 xià 동 내리다 | 雨 yǔ 명 비 | 非常 fēicháng 부 매우

Point 1. '得'를 보고 보어가 들어간 문장을 만들어야 한다는 것을 확인한다.
 2. 술어를 찾아 '得' 앞으로 넣는다.
 3. 주어를 배치한다.
 4. 정도보어 자리를 채워준다.

해설

주어	술어	得	정도보어
雨	下	得	非常 大

술어를 먼저 찾아보면 동사 '下 xià(내리다)'가 있고 내리는 주어는 '雨 yǔ(비)'이다. '비가 많이 온다'라고 하면 '多 duō(많다)'를 생각하지만 중국어로 비가 많이 온다는 표현은 '多'가 아닌 '大 dà(크다)'로 한다. '大'의 품사는 형용사이기 때문에 앞에 정도부사 '非常 fēicháng(매우)'을 붙여주고, 술어 '下'와 정도보어 '非常大' 사이에 '得'를 넣어준다.

정답 雨下得非常大。 비가 내리는 정도가 매우 많다. [비가 매우 많이 내린다.]

예제 2

说	他	很流利	汉语	说	得

분석 说 shuō 동 말하다 | 汉语 hànyǔ 명 중국어 | 流利 liúlì 형 유창하다

Point 1. '得'를 보고 보어가 들어간 문장을 만들어야 한다는 것을 확인한다.
 2. 해석을 통해 '주어 + 술어 + 목적어'를 찾는다.
 3. 정도보어가 들어간 문장에서 목적어의 위치를 주의한다.
 4. 정도보어 자리를 채워준다.

해설

주어	술어	목적어	술어	得	정도보어
他	说	汉语	说	得	很流利

정도보어에서 빼놓을 수 없는 '得'가 있다. 또한, '说 shuō(말하다)'라는 같은 동사가 두 개 있다는 점을 통해 목적어가 있는 정도보어 문장을 만들어야 한다는 것을 알 수 있다. 목적어 '汉语 Hànyǔ(중국어)'를 술어 뒤에 놓고 술어 '说'를 한 번 더 반복한 후에 그 뒤는 정도보어 성분으로 배치하면 된다. '流利 liúlì(유창하다)'라는 형용사는 앞에 정도부사 '很'을 붙여서 정도보어 자리에 넣어준다.

정답 他说汉语说得很流利。 그는 중국어를 말하는 정도가 매우 유창하다. [그는 중국어를 매우 유창하게 말한다.]

⊙ 목적어가 있지만 앞의 술어는 생략되고 뒤의 술어 하나만 있는 정도보어 문장에 주의하자!

문제 1 ▶ 照　　漂亮　　这张　　得　　真　　照片

　　▶ 답 _____

　　▶ 해석 _____

문제 2 ▶ 真　　她爸爸　　像　　长得　　她

　　▶ 답 _____

　　▶ 해석 _____

문제 3 ▶ 汉字　　写得　　真　　她　　漂亮　　写

　　▶ 답 _____

　　▶ 해석 _____

문제 4 ▶ 那个　　害怕　　哭了　　孩子　　得

　　▶ 답 _____

　　▶ 해석 _____

문제 5 ▶ 骑　　自行车　　很快　　得　　他

　　▶ 답 _____

　　▶ 해석 _____

술어를 탄탄하게! – 보어(2) 결과보어

보어

술어(형용사나 동사) 뒤에서 그 술어의 동작·상태 등에 대해 의미를 더욱 보충해서 설명해주는 성분으로 정도보어, 결과보어 등이 있다.

결과보어	보어 중 결과보어는 동작의 결과를 보충하는 성분으로, [주어 + 술어 + 결과보어 + 목적어] 순으로 온다.	我吃好了。 我打错了。

술어를 보충 설명해주는 성분인 보어 중 결과보어는 단순히 '먹다'가 아닌 먹은 결과 '잘 먹었다' 또는 '다 먹었다' 등을 나타낼 수 있으며, 마찬가지로 단순히 '보다'가 아닌 본 결과 '잘못 봤다' 또는 '다 봤다' 등의 의미를 나타낼 수 있다. 이처럼 동작의 결과가 어떠한지 보충해주는 것을 '결과보어'라고 한다.

❶ 결과보어의 기본어순

결과보어의 어순은 [주어 + 술어 + 결과보어]로 다음과 같다.

주어 +	술어 +	결과보어	
我	吃	好了。	→ 나는 잘 먹었다.
我	打	错了。	→ 나는 잘못 걸었다.

❷ 결과보어 문장에서 목적어가 있을 경우 어순

결과보어 문장에서 목적어는 [술어 + 결과보어] 뒤에 온다.

주어 +	술어 +	결과보어 +	목적어	
我	吃	好了	晚饭。	→ 나는 저녁을 잘 먹었다.
我	打	错了	电话。	→ 나는 전화를 잘못 걸었다.

❸ 결과보어가 들어간 문장에서 술어는 무조건 동사이다.

술어가 될 수 있는 품사로는 동사와 형용사가 있다. 그러나 결과보어는 동작의 결과를 보충해주는 성분이기 때문에 동작의 결과가 없는 형용사는 술어 자리에 놓을 수 없다. 따라서 결과보어 문장에서 술어 자리에는 동사만 놓을 수 있다.

❹ 동작의 완료를 나타내는 조사 '了(le)'가 필요하다.

결과보어는 동작이 다 완료된 후에 결과를 보충하는 것이기 때문에 조사 '了 le'가 필요하다. '了'는 기본적으로 동사 뒤에 위치하지만 술어 뒤에 결과보어가 붙게 되면 '了'는 동사 뒤가 아닌 결과보어 뒤로 옮겨간다.

吃 了 好 (✕)	吃 好 了 (○)
동사 결과보어	동사 결과보어

❺ 결과보어 문장을 부정하려면 시점상 과거를 부정하는 부정부사 '没'를 사용한다.

단, '没'로 부정하게 되면 문장에서 완료를 나타내는 '了'는 중복해서 들어갈 수 없기 때문에 삭제한다.

我没吃好了。(✕)	我没吃好。(○)
我没看错了。(✕)	我没看错。(○)

● 시험에 자주 등장하는 결과보어

1	好 hǎo 만족스러운 결과 또는 완료	我做好了作业。나는 숙제를 잘했다. / 나는 숙제를 다 했다.
2	完 wán 완료, 완성되다	我已经吃完了面包。나는 이미 빵을 다 먹었다.
3	懂 dǒng 알다, 이해하다	我听懂了老师说的话。나는 선생님의 말씀을 듣고 이해했다. 我能看懂中国报纸。나는 중국 신문을 보고 이해할 수 있다.
4	到 dào 목적을 달성(해냈다)	我终于买到了演唱会的票。나는 드디어 콘서트 티켓을 샀다. 我找到了手机。나는 휴대전화를 찾아냈다.
5	见 jiàn 감각기관에 의한 감지를 나타냄	你听见了吗? 너 들었어? 我刚才看见老师了。나 방금 선생님을 봤어.
6	错 cuò 틀리다	我打错了电话。나는 전화를 잘못 걸었다.

예제 1

완了   我   作业   做

분석 完 wán 동 다 하다 | 作业 zuòyè 명 숙제 | 做 zuò 동 하다

Point 1. 술어를 찾는다. 술어가 될 수 있는 단어가 두 개이기 때문에 어떤 것이 술어인지 잘 찾아내야 한다.

2. 술어 둘 중 하나는 술어 뒤에서 동작을 한 결과를 보충해주는 결과보어 자리에 놓아준다.

3. 해석을 통해 동작을 할 수 있는 주어를 찾아주자.

해설

주어	술어	결과보어	목적어
我	做	完了	作业

술어가 될 수 있는 단어는 '做 zuò(하다)'와 '完了 wán le(다 했다)'이다. '完了'를 술어로 볼 경우 '做'는 주어나 목적어, 수식 성분이 될 수 없으므로 술어는 '做'가 된다. 그리고 '~한 결과 다 했다'라는 의미를 보충해주기 위해 술어 뒤에 결과보어 '完了'를 넣어준다. 주어는 다 하는 행위를 할 수 있는 '我 wǒ(나)'가 된다. 마지막으로 남아있는 '作业 zuòyè(숙제)'를 목적어 자리에 놓으면 자연스러운 문장이 된다.

정답 我做完了作业。 나는 숙제를 다 했다.

예제 2

我的   洗   他   干净   衣服   没

분석 洗 xǐ 동 씻다, 빨다, 닦다 | 干净 gānjìng 형 깨끗하다 | 衣服 yīfu 명 옷

Point 1. 술어를 찾는다. 결과보어가 들어간 문장에서 형용사는 술어가 될 수 없다.

2. 부정부사는 술어 앞에서 술어를 부정한다.

3. '…的'는 명사를 수식하는 관형어 성분이다.

해설

주어	부사어	술어	결과보어	관형어	목적어
他	没	洗	干净	我的	衣服

결과보어 문장에서 술어는 동사만 가능하기 때문에 일단 술어는 '洗 xǐ(씻다, 빨다)' 밖에 될 수 없다. 씻은 결과 깨끗이 씻었다는 문장을 만들어주기 위해 결과보어 자리에는 '干净 gānjìng(깨끗하다)'을 넣어준다. 씻는 행위를 하는 주어는 '他 tā(그)'이고, '我的 wǒ de(나의)'는 뒤에 명사가 필요하기 때문에 명사 '衣服 yīfu(옷)'를 붙여 목적어 자리에 놓는다. 마지막 남아있는 '没'는 과거의 일을 부정하는 부정부사로 동사 앞에 놓는다.

정답 他没洗干净我的衣服。 그는 내 옷을 깨끗이 빨지 않았다.

☺ 결과보어의 기본 어순을 떠올려보고, '了'가 있는 경우 술어가 아닌 결과보어 뒤에 들어가는 점을 주의하자.

문제 1 ▶ 打　　电话　　我　　错了

　　▶ 답 _____

　　▶ 해석 _____

문제 2 ▶ 准备　　已经　　我们　　好了

　　▶ 답 _____

　　▶ 해석 _____

문제 3 ▶ 终于　　手机　　找　　妈妈　　到了

　　▶ 답 _____

　　▶ 해석 _____

문제 4 ▶ 他说的　　没　　我　　话　　听懂

　　▶ 답 _____

　　▶ 해석 _____

문제 5 ▶ 词语　　没　　弟弟　　今天学的　　背完

　　▶ 답 _____

　　▶ 해석 _____

동작의 연속, 연동문!
내 안에 두 가지 역할이 있다, 겸어문!

연동문

하나의 주어에 두 가지 이상의 동작이 연달아서 일어나는 문장으로 [주어+술어1+목적어1+술어2+목적어2]
순으로 온다. 의미상 먼저 발생한 술어를 앞에 놓고 그 다음으로 발생할 술어를 뒤에 놓는다.

❶ 기본어순을 알아두는 것이 연동문의 기본!

다음 예문을 통해 연동문 기본어순을 숙지하자.

[주어 +	술어1 +	목적어1 +	술어2 +	목적어2]	
我	去	图书馆	看	书。	나는 도서관에 가서 책을 본다.
他	来	我家	玩儿。		그는 우리 집에 놀러 온다.
弟弟	去	中国	学过	汉语。	남동생은 중국에 가서 중국어를 공부한 적이 있다.
他	生	病	住	院了。	그는 병이 나서 입원했다.
我	骑	自行车	去	商店。	나는 자전거를 타고 상점에 간다.
我	用	右手	写	字。	나는 오른손을 사용해서 글씨를 쓴다.
我	没有	时间	吃	饭。	나는 밥 먹을 시간이 없다.

❷ 연동문에서 '了', '着', '过'와 부사·조동사의 위치를 꼭 알아두자!

연동문은 순서대로 배열하는 것도 중요하지만 기본적으로 술어가 2개 이상이기 때문에 '了', '着', '过', '부사',
'조동사'의 위치가 중요하다. '着'는 동작의 진행 상태를 알려주므로 첫 동작과 두 번째 동작을 같이 행할 때
쓴다. 이 '着'는 첫 번째 술어 뒤에 놓여서 두 동작이 동시에 일어남을 나타낸다. 반면 '了'와 '过'는 술어가 몇
개이든 상관없이 마지막 술어 뒤에 써준다. 부사와 조동사는 첫 번째 술어 앞에 놓인다.

他　看着　书　吃　饭。　그는 책을 보면서 밥을 먹는다.
　　└동사1┘　　└동사2┘

她　起床　洗脸　出去了。　그녀는 기상해서 세수하고 나갔다.
　　└동사1┘　　└동사2┘

他　去　美国　学过　英语。　그는 미국에 가서 영어를 배운 적이 있다.
　　└동사1┘　　└동사2┘

老师	已经	坐	飞机	去了	中国。	선생님은 이미 비행기를 타고 중국에 갔다.
	부사	동사1		동사2		

我	想	去	图书馆	看书。	나는 도서관에 가서 책을 보고 싶다.
	조동사	동사1		동사2	

❸ 연동문의 핵심은 일의 순서대로 배열하는 것!

한국어로는 '책을 보러 도서관에 간다'라고 하지만 먼저 일어나는 행동은 도서관에 가는 것이다. 이렇듯 중국어는 일반적으로 일이 일어난 순서대로 배열하기 때문에 도서관에 가는 것을 먼저 쓰고, 그 뒤에 책을 보는 것을 써야 한다.

他	来	我家	玩儿。	그는 우리 집에 놀러 온다.

➡ 집에 와야 놀 수 있기 때문에 '来我家(우리 집에 오다)'를 먼저 쓴다.

老师	已经	坐飞机	去了中国。	선생님은 이미 비행기를 타고 중국에 갔다.

➡ 비행기를 타야 중국에 갈 수 있기 때문에 '坐飞机(비행기를 타다)'를 먼저 쓴다.

겸어문

첫 번째 술어의 목적어가 두 번째 술어의 주어를 겸하는 문장으로 주로 사역겸어문이 나온다. 이 사역겸어문은 '~하게 하다, ~하게 시키다'라는 의미를 나타낸다. 어순은 [주어1 + 술어1 + 겸어(목적어1/주어2) + 술어2 + 목적어2]이다.

❶ 기본어순을 알아야 겸어의 역할에 대해 알 수 있다.

다음 예문을 통해 겸어문 기본어순을 숙지하자.

[주어1 +	술어1 +	목적어1 주어2	+ 술어2 +	목적어2]	
妈妈	让	我	打扫	房间。	엄마가 나에게 방 청소를 시킨다.
妈妈	让	弟弟	去	医院。	엄마가 남동생에게 병원에 가라고 한다.
老师	叫	我	读	课文。	선생님이 나에게 본문을 읽으라고 한다.
他	让	我	拿	书包。	그가 나에게 가방을 들라고 시킨다.
这部电影	使	我	感动。		이 영화는 나를 감동시킨다.
爸爸	让	姐姐	当	老师。	아빠는 언니에게 선생님이 되라고 시킨다.
我	请	他	拍	照片。	내가 그에게 사진을 찍어달라고 부탁한다.
他	有	一个爱好	是	看书。	그는 하나의 취미가 있는데 책을 보는 것이다.

❷ 사역겸어문을 만들어주는 동사는 다음과 같다.

> 使 shǐ, 让 ràng, 叫 jiào, 令 lìng : ~하게 하다, ~하게 시키다
> 请 qǐng : ~할 것을 부탁하다, 요청하다

❸ 겸어문에서 '了', '着', '过'와 부사·조동사의 위치를 꼭 알아두자!

겸어문에서 '了', '着', '过'는 모두 <u>마지막 술어 뒤</u>에 들어간다. 부사와 조동사는 연동문과 마찬가지로 <u>첫 번째 술어 앞</u>에 들어간다.

> 他　让　我　洗了　盘子。　그는 나에게 쟁반을 닦도록 시켰다.
> 　　동사1　　　동사2
>
> 我　让　他　拿着　面包。　나는 그에게 빵을 가져오라고 시켰다.
> 　　동사1　　　동사2
>
> 妈妈　不　让　弟弟　看　电视。　엄마는 남동생에게 텔레비전을 그만 보게 했다.
> 　　　부사　동사1　　　동사2
>
> 爸爸　想　让　儿子　当　运动员。　아빠는 아들이 운동선수가 되기를 바라신다.
> 　　　조동사　동사1　　　동사2

❹ 겸어문의 핵심은 첫 번째 술어의 목적어와 두 번째 술어의 주어를 찾는 것!

사역겸어문을 만들어주는 동사들은 많지 않기 때문에 반드시 기억해두어야 한다. 그 동사를 찾으면 나머지 남는 동사가 두 번째 술어가 된다. 나머지 명사들은 해석을 통해서 어느 것이 첫 번째 술어의 목적어와 두 번째 술어의 주어 역할을 하는지 찾아야 한다.

> 我　　感动　　使　　这部电影
>
> → 사역동사 '使'을 먼저 찾고, 그 다음 남는 술어 '感动 gǎndòng(감동하다)'을 찾는다. 감동을 하는 주체는 영화가 될 수 없기 때문에 목적어1과 주어2 역할을 할 수 있는 명사는 '我 wǒ(나)'가 된다. 그렇다면 나를 감동시키는 첫 번째 주어는 '这部电影 zhè bù diànyǐng(이 영화)'이 된다. 이렇게 완성된 문장은 '这部电影使我感动。(이 영화는 나를 감동시켰다.)'이다.
>
> 去　　医院　　弟弟　　妈妈让
>
> → 사역동사 '让' 앞에 붙어 있는 단어가 행위를 시키는 첫 번째 주어이고, '去 qù(가다)'는 두 번째 동사가 된다. 그에 대한 목적어는 문맥상 '医院 yīyuàn(병원)'이 된다. 그렇다면 나머지 한 단어 '弟弟 dìdi(남동생)'는 목적어1과 주어2 역할을 하는 겸어가 된다. 이렇게 완성된 문장은 '妈妈让弟弟去医院。(엄마는 남동생에게 병원에 가라고 했다.)'이다.

❺ 동사가 두 개일 경우엔 연동문인지 겸어문인지 확인해보자.

연동문과 겸어문의 공통점은 두 문장 모두 문장 안에 술어가 두 개 이상 있다는 것이다. 하지만 구별하는 방법은 어렵지 않다. 겸어문에서 대표적인 것은 '~하게 하다', '~하게 시키다'와 같은 사역겸어문이기 때문에 사역겸어문을 만들어주는 동사들을 기억해두고 연동문과 구분해주면 된다.

1. 我去图书馆看书。

2. 妈妈让我打扫房间。

위의 두 문장 모두 문장 안에 두 개의 술어가 있다. 첫 번째 문장은 '도서관에 가서 책을 보다'라는 뜻으로 사역의 의미를 가지고 있지 않으며, 중간에 있는 '图书馆 túshūguǎn(도서관)'이 다음 술어 '看 kàn(보다)'의 주어 역할을 할 수 없기 때문에 동작이 연달아 발생하는 연동문이라는 것을 알 수 있다.

두 번째 문장은 '엄마가 나에게 방청소를 시키다'라는 뜻으로 사역의 의미를 가지고 있으며 첫 번째 술어 '让 ràng(~로 하여금 ~하게 시키다)'의 목적어 '我 wǒ(나)'가 다음 술어 '打扫 dǎsǎo(청소하다)'의 주어 역할도 겸하고 있으므로 겸어문이라는 것을 알 수 있다.

예제 1

公园	经常	爸爸	去	玩儿	带我

분석 公园 gōngyuán 몡 공원 | 经常 jīngcháng 븃 종종, 자주 | 玩儿 wánr 동 놀다 | 带 dài 동 데리다

Point 1. 술어를 찾는다. 술어가 두 개 이상일 경우 연동문인지 겸어문인지 확인한다.
2. 겸어문에 자주 쓰이는 사역동사가 나오지 않으므로 연동문으로 본다.
3. 해석을 통해 어떤 동작이 먼저 일어나는지 파악하여 일의 순서대로 배치한다.
4. 중간중간 동사에 대한 목적어도 알맞게 끼워 넣는다.
5. 전체적인 행위를 하는 주어를 찾고, 남은 어휘를 적절히 배치한다.

해설

주어	부사어	술어1	술어2	목적어	술어3
爸爸	经常	带我	去	公园	玩儿

우선 동사를 하나씩 살펴보면 '去 qù(가다)', '玩儿 wánr(놀다)', '带 dài(데리다)'로 총 3개가 있다. 데리고 가야 놀 수 있기 때문에 첫 번째 술어는 '带'가 된다. 그 다음 어딘가에 가서(去) 노는(玩儿) 순서로 동작이 이어지는 것이 자연스럽다. 다음으로 각 술어에 어울리는 목적어를 넣어주면, 첫 번째 술어 뒤에는 '我'가 이미 붙어있고, '去' 뒤에는 '公园 gōngyuán(공원)'이 오는 것이 적절하다. 또한, 전체적인 행위를 하는 명사 어휘는 '爸爸 bàba(아빠)' 하나밖에 없으므로 맨 앞 주어 자리에 놓아준다. 나머지 부사 '经常 jīngcháng(종종)'까지 첫 번째 동사 앞에 놓으면 완벽한 문장이 된다.

정답 爸爸经常带我去公园玩儿。 아빠는 종종 나를 데리고 공원에 가서 논다.

예제 2

图书馆	让弟弟	去	他	了

분석 图书馆 túshūguǎn 몡 도서관 | 让 ràng 동 ~하게 하다, ~하게 시키다

Point 1. 술어를 찾는다. 술어가 두 개 이상일 경우 연동문인지 겸어문인지 확인한다.
2. '~하게 하다'라는 뜻을 가진 '让'을 통해 겸어문임을 파악한다.
3. 행위를 시키는 주어를 찾는다.
4. 겸어 역할을 하는 대상과 그 대상이 하는 동작을 뒤에 알맞게 배치한다.

해설

주어	술어1	목적어1 / 주어2	술어2	목적어2
他	让	弟弟	去 了	图书馆

'让 ràng(~하게 하다)'을 통해 사역겸어문을 만들어야 하는 것을 알 수 있다. '让' 뒤에 '弟弟 dìdi(남동생)'가 붙어있기 때문에 행위를 시킬 수 있는 명사 '他 tā(그)'가 첫 번째 주어가 된다. 겸어 역할을 하는 '弟弟' 뒤에 두 번째 술어 '去 qù(가다)'와 그에 대한 목적어 '图书馆 túshūguǎn(도서관)'을 배치하면 된다.

정답 他让弟弟去了图书馆。 그는 남동생을 도서관에 가게 했다.

☺ 연동문은 일의 순서대로! 겸어문은 겸어 역할을 하는 (대)명사를 주의해서 배열하자!

문제 1 ▶ 用　　画儿　　经常　　铅笔　　画　　我

　▶ 답 _____

　▶ 해석 _____

문제 2 ▶ 游戏　　让　　弟弟　　玩儿　　我　　不

　▶ 답 _____

　▶ 해석 _____

문제 3 ▶ 我　　去　　跟他　　看书　　不想　　图书馆

　▶ 답 _____

　▶ 해석 _____

문제 4 ▶ 敢不敢　　你　　冷水　　洗澡　　用

　▶ 답 _____

　▶ 해석 _____

문제 5 ▶ 有　　电话　　人　　房间里　　打

　▶ 답 _____

　▶ 해석 _____

'존재·출현·소실' – 존현문

존현문

어떤 장소에 불특정한 사람이나 사물이 '존재·출현·소실'함을 나타내는 문장으로 기본 문형은 [장소/시간+동사+존재하는 사람/사물]이다.

❶ 존현문의 대상(사람/사물)은 불특정해야 한다.

어떤 장소에서의 불특정한 사람이나 사물의 존재, 출현 등을 알려주는 문장이기 때문에, 그 대상은 주로 [수사/几+양사+명사] 형태로 써야 한다.

> 门口站着爸爸。(✕)
> ➡ 门口站着一个人。(○)　　입구에 한 사람이 서있다.

❷ 존현문의 동사 뒤에는 종종 동태조사 '了', '着' 또는 방향보어, 결과보어 등을 쓴다.

'有', '在' 존현문을 제외한 나머지 존현문은 동사 뒤에 주로 동작의 상태를 나타내는 동태조사 '了', '着' 또는 동작의 방향성을 나타내는 방향보어, 동작의 결과를 나타내는 결과보어 등이 붙을 수 있다.

❸ 존현문에서는 전치사를 쓰지 않는다.

존현문은 어떤 장소에서 불특정한 대상의 존재, 출현, 소실을 나타내므로, 전치사를 사용하면 특정한 주어가 장소에서부터 어떤 동작을 하는지 나타내는 문장이 되기 때문에 전치사를 사용할 수 없다.

> 从前面走来了一个人。(✕)
> ➡ 前面走来了一个人。(○)　　앞에서 한 사람이 걸어왔다.

쓰기

제1부분

● 존재를 나타내는 존현문

① **有** : '어떤 장소'에 '어떤 사람/사물'이 있다.

장소	+	有	+	불특정한 사람/사물	
房间里		有		两张桌子。	방 안에는 두 개의 책상이 있다.
家里		有		三只猫。	집 안에는 세 마리의 고양이가 있다.

② **在** : '어떤 사람/사물'은 '어떤 장소'에 있다.

불특정한 사람/사물	+	在	+	장소	
商店		在		公司旁边。	상점은 회사 옆쪽에 있다.
学生		在		后边。	학생은 뒤쪽에 있다.

③ **是** : '장소'는 '어느 곳'이다. (목적어가 상대적으로 명확함)

公司旁边是商店，后边是银行。	회사 옆은 상점이고, 뒤는 은행이다.
楼上是教室，楼下是体育馆。	건물 위는 교실이고, 건물 아래는 체육관이다.

④ **동사 + 着** : '사람/장소'에는 ~이 '동사'하고 있다.

路边站着几个人。	길가에 몇 명의 사람들이 서있다.
黑板上写着很多汉字。	칠판 위에는 많은 한자들이 쓰여있다.

● 출현을 나타내는 존현문

前面走来了一个人。	앞쪽에서 한 사람이 걸어왔다.
昨天出了一件事。	어제 한 가지 일이 생겼다.

● 소실을 나타내는 존현문

昨天搬走了几张桌子。	어제 몇 개의 책상을 옮겨갔다.
我们班又走了一个同学。	우리 반에 한 명의 학우가 또 떠나갔다.

예제 1

三只 　 有 　 里 　 猫 　 家

분석 家 jiā 명 집 | 里 lǐ 명 안 | 只 zhī 양 마리 | 猫 māo 명 고양이

Point 1. '有'자 존현문은 '어떤 장소'에 불특정한 대상이 있다는 의미이기 때문에 장소를 주어 자리에 배치한다.
2. '只'가 양사로는 동물을 셀 때 쓴다는 것을 알아야 한다.

해설

주어	방위사	술어	수량사	목적어
家	里	有	三只	猫

'有'자 존현문은 주어가 장소이기 때문에 주어는 '家里 jiā li(집 안)'가 된다. 그리고 목적어는 불특정한 대상이므로 '猫 māo(고양이)' 앞에는 수량사 '三只 sān zhī(세 마리)'를 붙여준다.

정답 家里有三只猫。집 안에는 세 마리의 고양이가 있다.

예제 2

朋友 　 来 　 几个 　 昨天晚上 　 了

분석 昨天 zuótiān 명 어제 | 晚上 wǎnshang 명 저녁 | 几 jǐ 수 몇 | 朋友 péngyou 명 친구

Point 1. 시간명사와 '来'를 통해 출현을 나타내는 존현문임을 확인한다.
2. 우리말의 해석상 어순과 존현문의 어순을 헷갈리지 않게 주의한다.

해설

시간부사	동사	조사	수량사	목적어
昨天晚上	来	了	几个	朋友

시간에서의 출현을 나타내는 존현문으로 주어 자리에는 시간에 관련된 명사 '昨天晚上 zuótiān wǎnshang(어제 저녁)'이 와야 한다. 주의해야 할 점은 존현문의 기본 어순이 '장소/시간 + 동사 + 존재하는 사람/사물'이라는 점이다. 해석하면 '几个朋友 jǐ ge péngyou(몇 명의 친구)'가 주어 자리에 위치해야 할 것 같지만 존현문은 사람이나 사물이 주어 자리가 아닌 목적어 자리에 위치해야 한다.

정답 昨天晚上来了几个朋友。어제 저녁에 몇 명의 친구가 왔다.

😊 존현문의 기본 어순을 잊지 말고 우리말 어순을 그대로 따라가지 않도록 주의하자!

문제 1 ▶ 里　　　水果　　　冰箱　　　没有

▶ 답 _____

▶ 해석 _____

문제 2 ▶ 三个　　　了　　　楼上　　　人　　　下来

▶ 답 _____

▶ 해석 _____

문제 3 ▶ 三张　　　上午　　　搬走　　　桌子　　　了

▶ 답 _____

▶ 해석 _____

문제 4 ▶ 着　　　车　　　坐　　　人　　　里　　　几个

▶ 답 _____

▶ 해석 _____

문제 5 ▶ 公司　　　图书馆　　　在　　　后边

▶ 답 _____

▶ 해석 _____

내가 너보다 키가 크다! – 비교문

비교문
사물이나 사람 등 두 가지 대상의 같거나 다름을 비교하는 문장으로 다음과 같이 다양한 유형으로 쓰인다.

❶ 비교문의 종류

<table>
<tr><td rowspan="4">1</td><td colspan="2">A + 比 + B + 술어　A는 B보다 ～하다</td></tr>
<tr><td colspan="2">我比他高。 나는 그보다 키가 크다.</td></tr>
<tr><td colspan="2">她比我漂亮。 그녀는 나보다 예쁘다.</td></tr>
<tr><td colspan="2">我比你喜欢吃中国菜。 내가 너보다 중국요리 먹는 것을 좋아한다.</td></tr>

<tr><td rowspan="6">2</td><td colspan="2">A + 比 + B + 还/更 + 술어　A는 B보다 훨씬, 더 ～하다</td></tr>
<tr><td colspan="2">我比他更高。 내가 그보다 훨씬 크다.</td></tr>
<tr><td colspan="2">她比我更漂亮。 그녀가 나보다 더 예쁘다.</td></tr>
<tr><td colspan="2">我比你更喜欢吃中国菜。 내가 너보다 중국요리 먹는 것을 더 좋아한다.</td></tr>
<tr><td colspan="2">TIP 很(hěn), 非常(fēicháng), 十分(shífēn), 特别(tèbié), 有点儿(yǒudiǎnr)과 같이 절대적인 의미의 정도부사는 사용할 수 없다.</td></tr>
<tr><td colspan="2">예 我比他非常高。(×)</td></tr>

<tr><td rowspan="4">3</td><td colspan="2">A + 比 + B + 술어(형용사) + 一点/一些/多了/得多/정확한 수량
A는 B보다 조금/많이/정확한 수량만큼 ～하다</td></tr>
<tr><td colspan="2">我比他高一点/一些。 내가 그보다 조금 크다.</td></tr>
<tr><td colspan="2">他比我高多了/得多。 그는 나보다 훨씬 크다.</td></tr>
<tr><td colspan="2">他比我大三岁。 그는 나보다 세 살 많다.</td></tr>

<tr><td rowspan="4">4</td><td colspan="2">A + 有 + B + (这么/那么) + 술어　A는 B만큼 (이렇게/그렇게) ～하다
A + 没有 + B + (这么/那么) + 술어　A는 B만큼 (이렇게/그렇게) ～하지 않다</td></tr>
<tr><td colspan="2">今天有昨天(那么)热。 오늘은 어제만큼 (그렇게) 덥다.</td></tr>
<tr><td colspan="2">我有你(这么)高。 나는 너만큼 (이렇게) 크다.</td></tr>
<tr><td colspan="2">我的书没有你(那么)多。 나의 책은 너만큼 (그렇게) 많지 않다.</td></tr>

<tr><td rowspan="4">5</td><td colspan="2">A + 跟 + B + 一样/不一样　A와 B는 같다/같지 않다</td></tr>
<tr><td colspan="2">今天的天气跟昨天的天气一样。 오늘의 날씨와 어제의 날씨는 같다.</td></tr>
<tr><td colspan="2">今天跟昨天一样热。 오늘은 어제와 같이 덥다.</td></tr>
<tr><td colspan="2">我的个子跟你的个子不一样。 나의 키와 너의 키는 같지 않다.</td></tr>
</table>

쓰기

제1부분

❷ 어떤 비교문인지 빠르게 파악하자!

비교문의 종류는 많지만 3급 시험에서 출제되는 비교문은 정해져 있다. 나열된 단어들을 통해 어떤 비교문을 만들어야 하는지를 파악하는 것이 가장 중요하다.

❸ 비교문마다 정확한 해석을 알고 있어야 한다.

A쪽이 더 (술어)한 비교문인지 B쪽이 더 (술어)한 것인지, A와 B가 비슷한 비교문인지 비교문마다 해석을 정확히 알고 있어야만 어순배열 문제에서 A와 B자리를 알맞게 쓸 수 있다.

❹ A부분이 명확해야 한다.

비교문은 대상만 다를 뿐 공통된 것을 가지고 비교하는 것이기 때문에 A자리에서 비교하는 것이 무엇인지 명확하게 밝혀주면 B자리에서 다시 반복할 필요 없이 대상만 나올 수 있다. 즉, A에서 '他的个子(그의 키)'를 언급했다면, B에서는 '我(나)'까지만 언급하고 '个子(키)'는 생략해도 앞에서 이미 나왔기 때문에 '나와 그의 키'를 비교하는 것임을 알 수 있다.

❺ 모든 비교문은 정도부사를 사용할 수 없다.

형용사가 술어 자리에 올 때 기본적으로 앞에 정도부사와 함께 위치하지만, 비교문에서는 형용사가 쓰여도 앞에 정도부사를 쓸 수 없다. 따라서 각 비교문마다 어떤 수식 방법이 있는지 기억해두어야 한다.

예제 1

成绩	没有	他的	我	那么	好

분석　成绩 chéngjì 圀 성적 | 那么 nàme 㺞 그렇게, 그만큼

Point　1. '没有'를 보고 '没有'가 동사 술어로 쓰이는지 비교문으로 쓰이는지 구별해야 한다.
　　　2. 비교 대상을 알맞게 배치한다.
　　　3. 형용사술어 앞에 알맞은 수식성분을 붙여준다.

해설

관형어	주어	부사어	목적어	부사어	술어
他的	成绩	没有	我	那么	好

'没有'를 '없다'라는 의미를 가진 동사 술어로 혼동해서는 안 된다. '없다'라고 해석을 하게 되면 문장 자체가 이상해지므로 바로 '有(没有)'비교문을 만들어야 한다는 것을 파악해낼 수 있어야 한다. '有(没有)'비교문의 기본어순은 'A + 有(没有) + B + (这么/那么) + 술어'이며 앞서 말했듯 비교문은 A자리가 명확해야 한다. 이 문장에서 A자리는 '没有' 앞에 있는 '成绩 chéngjì(성적)'에 비교 대상인 '他的(그의)'를 붙여 완성할 수 있다. 그리고 B자리는 A에서 이미 언급한 부분이 생략되어 '我(的成绩)'가 된다. 마지막으로 B 뒤에 '那么 nàme(그렇게)'와 술어 '好 hǎo(좋다)'를 이어서 써준다.

정답　他的成绩没有我那么好。 그의 성적은 나만큼 그렇게 좋지 못하다.

예제 2

那双	一些	比	大	这双鞋

분석　双 shuāng 量 쌍, 켤레 | 鞋 xié 圀 신발 | 一些 yìxiē 量 조금, 약간

Point　1. '比'자 비교문의 수식 방법에 주의해야 한다.
　　　2. 비교 대상을 나열할 때 보통 A자리의 비교 대상이 명확해야 하며, B자리에서는 중복된 부분을 생략할 수 있다.

해설

주어	부사어	목적어	형용사술어	수량사
这双鞋	比	那双	大	一些。

'比'를 보고 '比'자 비교문인 것을 알 수 있다. 역시나 A자리를 명확하게 하기 위해 '这双鞋 zhè shuāng xié(이 신발)'를 A자리에 배치한다. B자리는 '鞋 xié(신발)'가 생략된 '那双 nà shuāng(그)'이 된다. '比'자 비교문 수식 방법 중 형용사술어 뒤에 '一点/一些(약간)'를 붙여 'A가 B보다 조금 더 술어하다'라는 의미를 나타낼 수 있으므로, 형용사 '大(크다)' 뒤에 '一些'를 붙여주면 문장이 완성된다.

정답　这双鞋比那双大一些。 이 신발은 저 신발보다 조금 크다.

☺ 비교문의 종류를 떠올려보고 각 비교문마다 적합한 수식 방법을 생각해보자.

문제 1 五岁　　他　　大　　我比

▶ 답 _____

▶ 해석 _____

문제 2 喜欢　　一样　　我　　跟你　　吃中国菜

▶ 답 _____

▶ 해석 _____

문제 3 冷　　今天　　更　　比昨天

▶ 답 _____

▶ 해석 _____

문제 4 高　　小王　　这么　　没有你

▶ 답 _____

▶ 해석 _____

문제 5 一些　　比　　那个　　这个教室　　小

▶ 답 _____

▶ 해석 _____

'把'자문과 '被'자문

'把'자문

'把'자문은 목적어의 처치를 강조하는 문장이다. 따라서 목적어(명사)에 전치사 '把'를 붙여 전치사구를 만든후, 술어 앞으로 데려가서 강조하는 것이다. 이 '把'자문 문형의 가장 큰 특징으로는 '把+목적어(명사)'가 술어 앞으로 온다는 점, 술어 뒤에 기타성분이 반드시 나와야 한다는 점이 있다.

❶ '把' 자문의 기본어순

주어 +	把	+ 목적어 +	술어 +	기타성분	
(처리를 하는 것)		(처리를 당하는 것)			
他们	把	桌子	搬	出去了。	그들은 책상을 옮겨나갔다.
我	把	行李	整理	好了。	나는 짐을 잘 정리했다.
他	把	照相机	忘	在房间里了。	그는 사진기를 방안에 두고 왔다(잊었다).

❷ '把'의 품사는 전치사!

전치사는 혼자 쓰일 수 없기 때문에 '把'는 술어 뒤에 있는 목적어(명사)와 전치사구를 이뤄 술어 앞으로 이끌어내는 역할을 한다. 따라서 '把'가 나오면 뒤에 처리를 당하는 명사 어휘가 나와야 한다.

我 / 把作业 / 做完了。　내가 숙제를 다 했다.
谁 / 把我的面包 / 吃了?　누가 내 빵을 먹었어?
老师 / 把我的书 / 拿出去了。　선생님이 내 책을 가지고 나갔다.

❸ 술어 뒤에 기타성분이 와야 한다!

'把'자문은 주어가 목적어를 어떻게 처치했는지, 그 처치한 결과가 무엇인지 나타내는 문장이므로 절대 술어혼자 쓰일 수 없다. 따라서 '了', '着', 각종 보어들이 기타성분 자리에 나온다.

我 / 把这件衣服 / 洗了。　나는 이 옷을 빨았다.
你 / 把这本书 / 拿着。　너는 이 책을 가지고 있어라.
我 / 把这件衣服 / 洗干净了。　나는 이 옷을 깨끗이 빨았다. [결과보어]
我 / 把你的书 / 带来了。　나는 네 책을 가지고 왔다. [방향보어]
她 / 把头发 / 剪得特别短。　그녀는 머리카락을 아주 짧게 잘랐다. [정도보어]

❹ '把'는 전치사이기 때문에 '부➡조➡전' 순서에 따라 부사와 조동사는 '把' 앞에 위치한다.

'把'는 전치사로 술어 뒤에 있는 목적어와 전치사구를 이뤄 술어 앞에 위치한다. 앞에서 배웠듯이 술어 앞에서 술어를 수식하는 부사어 자리에는 주로 부사, 조동사, 전치사구 등이 오며, 여러 품사가 동시에 술어를 수식할 경우 부사, 조동사, 전치사구 순으로 배열하면 된다. 따라서 '把'자문에 부사와 조동사를 넣어야 할 경우 '把' 앞에 순서대로 쓰면 된다.

> 我没把作业做完。 내가 숙제를 다 하지 않았다.
>
> 老师已经把我的书拿出去了。 선생님은 이미 내 책을 가지고 나갔다.

'被'자문

'被'자문은 '~에게 ~을 당하다'라는 피동문으로 '被'의 품사는 전치사이다. 역시나 혼자 쓰일 수 없기 때문에 술어 뒤에 있는 목적어와 전치사구를 이뤄 술어 앞으로 끌어내는 역할을 한다. '被'자문은 주어가 목적어에게 어떤 행위를 당했는지, 그 행위를 당한 결과가 무엇인지를 나타내는 문장으로 절대 술어 혼자 쓰일 수 없다. 주의해야 할 점은 '被'자문의 주어는 행위를 하는 어휘가 아닌 행위를 당하는 어휘가 와야 한다는 것이다.

❶ '被'자문의 기본어순

주어 (행위를 당하는 것)	被	목적어 (행위를 하는 것)	술어	기타성분	
我的书	被	老师	拿	出去了。	내 책은 선생님에 의해 가져가졌다. [선생님이 내 책을 가져갔다]
我的面包	被	他	吃	了。	내 빵은 그에 의해 먹어졌다. [그가 내 빵을 먹었다]
我们的教室	被	他	打扫	干净了。	우리의 교실은 그에 의해 깨끗이 청소되었다. [그가 우리의 교실을 깨끗이 청소했다]

❷ 술어 뒤에 기타성분이 와야 한다!

'被'자문은 주어가 어떤 행위를 당했고, 그 결과 어떠한지를 나타내는 문장이다. 따라서 술어 혼자 쓰여서는 안 되며 술어 뒤, 기타성분 자리에는 주어가 어떤 동작을 당해 어떻게 되었는지 결과를 써야 한다. 이 자리에 는 주로 '了', '过', 각종 보어들이 쓰인다.

> 面包 / 被我 / 吃了。　빵은 나에 의해 먹혔다.
>
> 他 / 被爸爸 / 打过。　그는 아빠에 의해 맞은 적이 있다.
>
> 蛋糕 / 被我 / 吃完了。　케이크는 나에 의해 다 먹어치워졌다. [결과보어]
>
> 我的书 / 被他 / 拿出去了。　나의 책은 그에 의해 가지고 나가졌다. [방향보어]
>
> 他 / 被这部电影 / 感动得哭了。　그는 이 영화에 의해 감동받아 울었다. [정도보어]

❸ '被'자문은 '把'자문과 달리 심리동사·인지동사도 들어갈 수 있다.

'把'자문은 목적어를 어떻게 처치했는가를 나타내는 문장으로 '알다', '듣다'와 같은 심리동사, 인지동사 등은 술어로 쓰일 수 없다. 하지만 '被'자문은 동작을 당함을 나타내는 피동문으로 '나의 비밀을 그에게 들켰다'와 같이 동작이 없는 심리동사, 인지동사 등이 술어로 쓰일 수 있다.

> 那件事被他知道了。　그 일은 그에 의해 알게 되었다. [그 일을 그가 알았다]
>
> 你的话被他听见了。　네 말은 그에 의해 듣게 되었다. [네 말을 그가 들었다]

❹ '被'자문도 '把'자문과 마찬가지로 전치사이기 때문에 부사와 조동사는 '被' 앞에 위치한다.

'把'와 같이 '被'의 품사도 전치사이므로, 부사어 자리에서 목적어와 전치사구를 이뤄 술어를 수식한다. 따라 서 '被'자문에서 부사, 조동사가 술어를 수식할 경우 전치사구 '被 + 명사' 앞에 순서대로 배열하면 된다.

> 我的书没被老师拿出去。　나의 책은 선생님에 의해 가지고 나가지지 않았다.
>
> 我的面包已经被他吃了。　나의 빵은 이미 그에 의해 먹어졌다.

❺ '被' 뒤에 오는 목적어(명사)는 생략될 수 있다.

'被'자문에서 목적어로는 동작을 가하는 대상이 오는데 동작을 누군가에 의해 당했는지 불명확하거나 또는 상대방이 이미 그 대상을 알고 있는 경우에는 생략해서 쓸 수 있다. 단, 목적어만 생략할 수 있을 뿐 '被'는 절대 생략할 수 없다.

> 我的钱包被偷了。　내 지갑이 (누군가에 의해) 훔쳐가졌다.
>
> 那些衣服被洗干净了。　그 옷들은 (무언가/누군가에 의해) 깨끗하게 빨아졌다.

● '把'자문 & '被'자문 정리

① '把'자문과 '被'자문은 절대로 술어 혼자 끝나서는 안 된다.

'把'자문은 주어가 목적어에게 처치를 가한 것으로, 술어 혼자 끝나면 안 되고 술어 뒤 기타성분 자리에 그 행위를 가한 결과를 보충해야 한다. '被'자문도 역시 주어가 목적어에게 단순히 행위를 당한 것으로, 술어 혼자 끝나면 안 되고 그 행위를 당한 결과를 기타성분 자리에 채워야 한다. 따라서 '把'자문, '被'자문 모두 술어 혼자 끝나선 안 되고 뒤에는 항상 기타성분이 따라와야 한다.

我把这件衣服洗干净了。 　내가 옷을 세탁하는 동작을 한 결과 → 깨끗하게 빨았다.

我的书被他拿出去了。 　그가 내 책을 가진 결과 → 가지고 나갔다.

② '把'자문은 목적어, '被'자문은 주어가 명확해야 한다.

'把'자문, '被'자문 모두 동작을 당하는(처리되는) 대상이 명확해야 하기 때문에 수량사의 수식을 받지 못한다. 숫자의 수식을 받게 되면 대상이 명확하지 않기 때문이다.

我把一件衣服洗干净了。 　나는 옷 한 벌을 깨끗이 빨았다. (×)

一本书被他拿出去了。 　한 권의 책이 그에 의해 가져가졌다. (×)

*수량사의 수식을 받는 경우, 위와 같이 옷 한 벌과 책 한 권이 무엇인지 명확하지 않기 때문에 수량사의 수식을 받으면 안 된다.

③ '被'자문은 행위를 당한 것이 주어이다.

'被'자문은 주어 자리에 행위를 당하는 대상이 와야 한다. 행위를 가한 대상과 자리를 혼동하지 않기 위해 해석을 통해서 어떤 대상이 주어 자리에 와야 하는지 주의해서 배치하자.

他被我的书拿出去了。 　그는 내 책에 의해 가지고 나가졌다. (×)

我的书被他拿出去了。 　내 책은 그에 의해 가지고 나가졌다. (○)

我被面包吃了。 　나는 빵에게 먹혔다. (×)

面包被我吃了。 　빵은 나에게 먹혔다. (○)

예제 1

| 打扫 | 把教室 | 他 | 干净了 |

분석 　打扫 dǎsǎo 통 청소하다 | 教室 jiàoshì 명 교실 | 干净 gānjìng 형 깨끗하다

Point
1. '把'자문임을 파악한다.
2. 술어를 찾는다.
3. 처리를 당하는 목적어는 이미 '把'와 묶여있다.
4. 처리를 하는 주어를 찾는다.
5. 처리를 한 결과를 술어 뒤 기타성분 자리에 채워준다.

해설　　주어　　부사어　　술어　　기타성분

| 他 | 把教室 | 打扫 | 干净了 |

'把'를 통해서 '把'자문을 만들어야 된다는 것을 알 수 있다. 행위를 나타내는 술어는 '打扫 dǎsǎo(청소하다)'가 된다. '把'의 뒤에는 처리를 당하는 목적어가 이미 묶여있기 때문에 주어로 들어갈 수 있는 어휘는 '他 tā(그)' 하나이다. 여기까지 확인해보면 그가 교실을 청소했다는 내용임을 알 수 있다. '把'자문은 동사 뒤에 기타성분을 써서 처치한 결과를 구체적으로 나타내야 하므로, '干净了 gānjìng le(깨끗해졌다)'까지 동사 뒤에 놓아 그 의미를 보충해준다.

정답　他把教室打扫干净了。 그는 교실을 깨끗하게 청소했다.

예제 2

| 蛋糕 | 吃完了 | 被弟弟 | 已经 | 我的 |

분석　蛋糕 dàngāo 명 케이크 | 已经 yǐjīng 부 이미

Point
1. '被'자문임을 파악한다.
2. 술어를 찾는다.
3. 행위를 가하는 목적어는 이미 '被'와 묶여있다.
4. 행위를 당하는 대상인 주어를 찾는다.
5. 행위를 당한 결과를 술어 뒤 기타성분 자리에 채워준다.

해설　관형어　주어　　부사어　　술어　기타성분

| 我的 | 蛋糕 | 已经 | 被弟弟 | 吃 | 完了 |

'被'를 통해서 '被'자문을 만들어야 한다는 것을 알 수 있다. 행위를 나타내는 술어는 '了'가 붙은 '吃完了 chīwán le(다 먹었다)'가 된다. '被'의 뒤에는 행위를 가하는 '弟弟 dìdi(남동생)'가 이미 묶여있기 때문에 주어로 들어갈 수 있는 어휘는 '蛋糕 dàngāo(케이크)' 하나이다. 여기까지 확인해보면 케이크가 남동생에게 다 먹혔다는 내용임을 알 수 있다. 행위를 당하는 주어는 명확해야 하기 때문에 '我的 wǒ de(나의)'를 붙여준다. 마지막 남은 어휘 '已经 yǐjīng(이미)'의 품사는 부사이기 때문에 전치사 '被' 앞에 배치한다.

정답　我的蛋糕已经被弟弟吃完了。 내 케이크는 남동생이 이미 다 먹혀졌다.

☺ '把'자문인지 '被'자문인지 파악하고 주어와 목적어 자리에 어떤 것이 와야 하는지 주의해서 찾아보자.

문제 1 告诉他　　把　　不敢　　这件事　　我

▶ 답 _____

▶ 해석 _____

문제 2 姐姐　　喝完了　　啤酒　　被

▶ 답 _____

▶ 해석 _____

문제 3 送给　　把电脑　　妹妹　　他决定

▶ 답 _____

▶ 해석 _____

문제 4 洗　　衣服　　干净了　　这件　　被

▶ 답 _____

▶ 해석 _____

문제 5 一顿　　他　　打了　　被妈妈

▶ 답 _____

▶ 해석 _____

동작이 곧 일어날 것이다 – 임박태

임박태

'要…了'는 동작이 곧 발생할 것을 알려주는 구문으로 '~할 것이다/곧 ~하려고 하다'라고 해석한다. 여기에 '快'
나 '就' 등을 붙여 '快(要)…了'나 '就要…了'처럼 자주 쓰인다. 단, 구체적인 시간을 나타내는 부사와 함께 쓰여
동작이 곧 일어날 것임을 알려 줄 경우에는 '快(要)…了'를 쓸 수 없고, '就要…了'만 쓸 수 있다.

❶ 임박태의 종류

要…了 / 就要…了 / 快…了 / 快要…了 → 곧 ~할 것이다.

要下大雪了。你带伞去吧。 Yào xià dàxuě le. Nǐ dài sǎn qù ba.	눈이 많이 내릴 거야. 너 우산 가지고 가.
快毕业了, 毕业后你有什么打算? Kuài bìyè le. bìyè hòu nǐ yǒu shénme dǎsuàn?	곧 졸업이야. 졸업 후에 너는 무슨 계획이니?
银行快要关门了。 Yínháng kuàiyào guānmén le.	은행이 곧 문을 닫을 것이다.
你快来, 表演马上就要开始了。 Nǐ kuài lái. biǎoyǎn mǎshàng jiùyào kāishǐ le.	너 빨리 와. 공연이 곧 시작할 거야.
飞机就要起飞了。 Fēijī jiùyào qǐfēi le.	비행기가 곧 이륙할 것이다.
等一会儿, 他就要到了。 Děng yíhuìr. tā jiùyào dào le.	잠시만 기다려. 그가 곧 도착할 거야.

② **자주 나오는 임박태는 특징에 따라 기억해두자.**

자주 출제되는 임박태는 정해져있기 때문에 어떤 것들이 있는지, 어떤 차이점 등이 있는지 임박태의 특징을 잘 파악해야 한다.

要…了 / 就要…了	**구체적인 시간을 나타내는 부사와 함께 쓸 수 있는 임박태**
	她下个月就要回国了。 Tā xià ge yuè jiùyào huíguó le. 그녀는 다음 달에 곧 귀국할 것이다. 8点要下课了。 Bā diǎn yào xiàkè le. 8시에 곧 수업이 끝날 것이다.
快(要)…了	**시간명사가 술어인 경우**
	快(要)9点了。 Kuài (yào) jiǔ diǎn le. 곧 9시야. 快(要)10月了。 Kuài (yào) shí yuè le. 곧 10월이야.

③ **'了'는 항상 문장의 가장 끝에 위치해야 한다.**

임박태는 주로 '了'와 호응이 되는데 주의해야 할 점은 이때의 '了'는 완료의 의미를 가지고 있지 않다는 것이다. 그렇기 때문에 임박태에서 '了'는 동사 뒤가 아닌 문장 맨 끝에 위치한다.

银行快要关了门。(×)	银行快要关门了。(○)
她下个月就要回了国。(×)	她下个月就要回国了。(○)

④ **헷갈릴 때는 임박태와 함께 나온 친구 부사들을 확인하자.**

어순배열 문제에서 임박태를 만들어야 되는 문장인지 헷갈릴 경우가 있을 것이다. 그럴 경우에는 '곧, 즉시' 와 같이 임박태와 종종 같이 붙어 나오는 부사들이 있는지 확인해보자. 주로 '马上 mǎshàng(곧, 즉시)'과 '都 dōu(거의, 모두)'가 많이 쓰인다.

表演马上就要开始了。 Biǎoyǎn mǎshàng jiùyào kāishǐ le. 공연이 곧 시작할 것이다.
都快9点了。 Dōu kuài jiǔ diǎn le. 거의 9시가 다 되었다.

예제 1

	回国	要	他	了

분석 回国 huíguó 图 귀국하다

Point 1. 술어를 찾는다.
2. 동작의 주어를 찾는다.
3. '要'와 '了'가 어떤 의미로 쓰였는지 확인한다.

해설 주어　부사어　술어

他	要	回国	了

술어는 '回国 huíguó(귀국하다)'이고 이에 대한 주어는 '他 tā(그)'이다. '~할 것이다'라는 뜻의 '要'와 문장 맨 끝에 '了'를 호응시켜 '要…了' 임박태를 만든다. 이 임박태는 동작 '回国'가 곧 일어날 것을 알려준다.

정답 他要回国了。 그는 곧 귀국할 것이다.

예제 2

	上课	了	就要	7点半

분석 上课 shàngkè 图 수업하다 | 半 bàn 囝 반, 절반

Point 1. 술어를 찾는다.
2. 주어를 찾는다. 주어가 없다면 문장 맨 앞에서 문장 전체를 수식할 수 있는 시간에 관련된 단어를 찾는다.
3. '了'가 완료의 뜻으로 쓰인 게 아니라면 '就要'와 어떤 호응 관계를 이루는지 확인한다.

해설 부사어　술어

7点半	就要	上课	了

술어는 '上课 shàngkè(수업하다)'이고 '就要'를 통해서 문장 끝에 '了'를 붙여 '就要…了' 임박태를 만들어야 함을 알 수 있다. '就要…了'는 임박태 중 앞에 구체적인 시간 어휘와 같이 쓰여 그 시간에 어떤 동작이 일어날 것임을 알려준다.

정답 7点半就要上课了。 7시 반이면 곧 수업이 시작한다.

☺ 임박태에서 자주 쓰이는 어휘를 보고 임박태들을 떠올리자. 임박태를 이루는 '了'는 문장 맨 끝에 위치한다!

문제 1 ▶ 马上　　开始　　电影　　了　　就要

　▶ 답 ＿＿＿＿＿＿＿＿＿＿＿＿＿＿＿＿＿＿＿＿＿＿＿＿＿＿

　▶ 해석 ＿＿＿＿＿＿＿＿＿＿＿＿＿＿＿＿＿＿＿＿＿＿＿＿＿

문제 2 ▶ 了　　到　　快　　火车

　▶ 답 ＿＿＿＿＿＿＿＿＿＿＿＿＿＿＿＿＿＿＿＿＿＿＿＿＿＿

　▶ 해석 ＿＿＿＿＿＿＿＿＿＿＿＿＿＿＿＿＿＿＿＿＿＿＿＿＿

문제 3 ▶ 快要　　同学们　　上课　　了　　去

　▶ 답 ＿＿＿＿＿＿＿＿＿＿＿＿＿＿＿＿＿＿＿＿＿＿＿＿＿＿

　▶ 해석 ＿＿＿＿＿＿＿＿＿＿＿＿＿＿＿＿＿＿＿＿＿＿＿＿＿

문제 4 ▶ 马上　　了　　下　　要　　雨

　▶ 답 ＿＿＿＿＿＿＿＿＿＿＿＿＿＿＿＿＿＿＿＿＿＿＿＿＿＿

　▶ 해석 ＿＿＿＿＿＿＿＿＿＿＿＿＿＿＿＿＿＿＿＿＿＿＿＿＿

문제 5 ▶ 就要　　她　　结婚　　下星期　　了

　▶ 답 ＿＿＿＿＿＿＿＿＿＿＿＿＿＿＿＿＿＿＿＿＿＿＿＿＿＿

　▶ 해석 ＿＿＿＿＿＿＿＿＿＿＿＿＿＿＿＿＿＿＿＿＿＿＿＿＿

기본에 충실하자! [기본 문장성분]

쓰기 제1부분은 (71번~75번) 총 5문제 》 제시된 어휘로 문장 배열하기

❶ 뼈대를 튼튼히! 수식성분이 많아도 항상 기본 어순을 먼저 찾자.

중국어의 기본 어순은 [주어 + 술어 + 목적어]이다. 기본 어순을 만들어야 나머지 수식성분을 알맞은 위치에 놓을 수 있기 때문에 술어를 먼저 찾고 주어, 목적어를 배치한다.

주어	–	술어	–	목적어	
我		去		图书馆。	나는 도서관에 간다.
妈妈		买		衣服。	엄마는 옷을 산다.

❷ 시간명사, 부사와 붙어있는 명사 또는 대명사는 주어일 확률이 높다.

시간명사의 특징은 주어를 기준으로 앞뒤에 나올 수 있고, 부사는 주로 술어 앞에서 술어를 수식하기 때문에 주어 뒤에 위치하는 경우가 많다. 따라서 시간명사나 부사와 붙어있는 명사는 주어일 확률이 높다.

昨天我	去了	图书馆。	어제 나는 도서관에 갔다.
(= 我昨天	去了	图书馆。)	
他已经	去了	图书馆。	그는 이미 도서관에 갔다.
刚才妈妈	买了	衣服。	방금 엄마는 옷을 샀다.
(= 妈妈刚才	买了	衣服。)	
妈妈没	买	衣服。	엄마는 옷을 사지 않았다.

❸ 부조전! 부사, 조동사, 전치사구는 술어 앞에 차례로 배치한다.

술어 앞에서 술어를 수식하는 성분을 부사어라고 한다. 이 자리에는 여러 가지 품사가 술어를 수식할 수 있지만 그중에서도 가장 자주 등장하는 것은 부사, 조동사, 전치사구이다. 만약 이 세 가지 품사가 동시에 등장할 경우 아래와 같이 [부사 → 조동사 → 전치사구] 순서로 배치해야 한다. 단어를 외울 때 품사를 기억해 두면 빠르고 정확하게 단어의 위치를 알 수 있다.

주어	–	부사	–	조동사	–	전치사구	–	술어	
他		已经				在图书馆		看书了。	그는 이미 도서관에서 책을 봤다.
妈妈				想		跟我		去买衣服。	엄마는 나와 옷을 사러 가고 싶어 하신다.
我		一定		要		跟妈妈		去中国。	나는 반드시 엄마와 중국에 갈 것이다.

④ 보어마다 목적어의 위치를 기억하자.

보어는 술어 뒤에서 보충하는 성분으로 술어 뒤에 보어가 있다면 목적어는 보어 뒤에 위치하게 된다. 하지만 정도보어가 들어간 문장은 보어 뒤가 아닌 술어 뒤에 목적어가 위치하기 때문에 보어가 들어간 문장에서 목적어의 위치를 다시 한번 확인하자.

我	看	完了	那本书。	나는 그 책을 다 봤다. [결과보어]
주어	술어	결과보어	목적어	

我	吃	饭	吃	得	很快。	나는 밥을 빨리 먹는다. [정도보어]
주어	술어	목적어	술어	구조조사	정도보어	

⑤ 구조조사의 쓰임을 확실히 구분하자.

문장의 구조를 잡아주는 역할을 구조조사가 하는데 구조조사 '的'는 관형어와 명사 사이, 구조조사 '地'는 부사어와 술어 사이, 구조조사 '得'는 술어와 보어 사이에서 서로가 수식 관계임을 알려주기 때문에 어순 배열 문제에서는 구조조사가 큰 힌트가 될 수 있다.

⑥ 알맞은 문장부호를 사용하자.

문장이 끝났으면 항상 마침표를, 의문 형식일 땐 물음표 등 문장마다 알맞은 문장부호를 표시했는지 확인해야 한다. 작은 부분이지만 감점의 요인이 될 수 있으니 반드시 주의하자.

	문장부호	예문
1	。句号 jùhào 마침표 문장이 끝났음을 표시	我是中国人。 나는 중국인이다.
2	? 问号 wènhào 물음표 의문을 표시	你是中国人吗? 당신은 중국인입니까?
3	! 叹号 tànhào 느낌표 감탄을 표시	真漂亮! 정말 예쁘다!
4	，逗号 dòuhào 쉼표 문장 중간에서 쓰여 문장이 이어짐을 표시	先吃饭，然后看电影吧。 먼저 밥 먹고, 그 다음에 영화 보자.
5	、顿号 dùnhào 작은 쉼표 단어·구 등의 병렬관계, 나열을 표시	我去过中国、韩国、美国。 나는 중국, 한국, 미국에 가본 적이 있다.

● 자주 발생하는 문법적 오류 1

什么时候 + 동사 언제 (동사)하는가?	우리말의 '언제 (동사)해?'처럼 '什么时候'는 동사 앞에 배열한다. 明天集合什么时候呢? (X) 明天什么时候集合呢? (○) 내일 언제 집합하나요? 会议举行什么时候? (X) 会议什么时候举行? (○) 회의는 언제 열리나요?
…怎么了? 왜그래? 무슨 일이야?	'怎么了'는 문장 끝에서 앞의 명사 또는 동사, 동사구 등의 상태를 묻기 때문에 뒤에는 아무것도 올 수 없다. 你妈妈的怎么了鼻子? (X) 你妈妈的鼻子怎么了? (○) 너희 어머니의 코가 왜 그러셔?
목적어가 '동사구'인 문장	목적어 자리에는 항상 명사만 위치하는 것은 아니다. '나는/좋아한다/밥 먹는 것을'처럼 동사·동사구 등도 목적어가 될 수 있다. 马和羊都吃草喜欢。(X) 马和羊都喜欢吃草。(○) 말과 양은 모두 풀 먹는 것을 좋아한다. 弟弟早上喝一杯牛奶习惯。(X) 弟弟早上习惯喝一杯牛奶。(○) 남동생은 아침에 우유 한 잔을 마시는 습관이 있다. 他和女朋友明年结婚准备。(X) 他和女朋友准备明年结婚。(○) 그와 여자친구는 내년에 결혼할 준비를 한다.
주어 + 在 + 장소 (주어)는 (장소)에 있다	'在'가 동사로 쓰이면 '~에 있다'라는 뜻으로 주어가 어떤 장소에 있다는 것을 의미하기 때문에 '在' 뒤에는 장소가 와야 한다. 我的包里在药。(X) 药在我的包里。(○) 약은 나의 가방에 있다. 桌子上在你的书。(X) 你的书在桌子上。(○) 네 책은 책상 위에 있다.
부사 사이의 위치 혼동	술어 앞에 여러 가지 부사가 같이 나온 경우에는 일반부사와 부정부사로 나누어서 일반부사를 앞에 쓰고 부정부사(不, 没)를 뒤에 쓴다. 最近我没一直看见他。(X) 最近我一直没看见他。(○) 요즘 나는 그를 계속 보지 못했다. 你的脸没还洗干净。(X) 你的脸还没洗干净。(○) 너의 얼굴은 아직 깨끗이 닦이지 않았다.

쓰기

제1부분

이합동사 뒤 목적어의 배치	이합동사는 동사와 목적어로 이루어진 단어이기 때문에 이합동사 뒤에는 그 어떤 성분도 올 수 없다. 이합동사가 있는 경우에는 나머지 품사를 알맞게 이합동사 앞에 배열한다. 我和他没见面很久。(X) 我和他很久没见面。(○) 나는 그와 오랫동안 만나지 못했다. 我要结婚跟男朋友。(X) 我要跟男朋友结婚。(○) 나는 남자친구와 결혼할 것이다.
결과보어가 들어간 문장에서의 술어	결과보어는 동작의 결과를 보충하기 때문에 동작성이 없는 형용사는 술어가 될 수 없다. 따라서 결과보어 문장을 만들 때 술어 자리에는 동사만 들어갈 수 있다. 我好吃了晚饭。(X) 我吃好了晚饭。(○) 나는 저녁을 잘 먹었다. 她干净洗了衣服。(X) 她洗干净了衣服。(○) 그녀는 옷을 깨끗이 세탁했다.
정도보어가 들어간 문장에서의 목적어의 위치	정도보어 문장에서 목적어는 술어 바로 뒤에 위치하고 술어를 한 번 더 반복한다. 하지만 간단하게 줄이고자 앞의 술어는 생략되는 경우가 많기 때문에, 만약 보기에 술어가 하나일 경우에는 앞에 있던 술어가 생략된 형태로 문장을 배열하면 된다. 你做菜得做很好。(X) 你(做)菜做得很好。(○) 너는 요리를 잘한다. 你说汉语得非常好。(X) 你(说)汉语说得非常好。(○) 너는 중국어를 정말 잘한다.
형용사술어 뒤 목적어 배치	형용사술어는 주어를 묘사, 설명하는 역할을 하기 때문에 동사술어와 달리 목적어를 동반할 수 없다. 형용사가 술어일 경우 역시 나머지 품사는 형용사술어 앞에 알맞게 배열한다. 客人很满意对我们的服务。(X) 客人对我们的服务很满意。(○) 손님은 우리의 서비스에 대해 만족한다. 商店的真新鲜水果。(X) 商店的水果真新鲜。(○) 상점의 과일이 정말 신선하다.
시간명사의 위치	문장 맨 앞에서 문장 전체를 수식하는 자리에는 주로 시간에 관련된 시간부사 또는 시간명사 등이 놓인다. 시간 명사는 주어를 기준으로 앞뒤에 모두 놓을 수 있다는 특징이 있다. 花了一万多块钱这个月。(X) 这个月花了一万多块钱。(○) 이번 달에 만 위안 정도를 썼다. 地铁里人非常多下班时间。(X) 下班时间地铁里人非常多。(○) 퇴근 시간에는 지하철 안에 사람이 너무 많다.

☺ 항상 앞에서부터 배치하려고 하지 말고, 술어를 먼저 찾은 후 문장 뼈대를 만들고 살을 붙이는 연습을 해보자.

문제 1 ▶ 这两个　　相同　　词语的　　意思

_____

문제 2 ▶ 还　　他的　　洗干净　　没　　脸

_____

문제 3 ▶ 花了　　太阳镜　　800块钱　　爸爸的

_____

문제 4 ▶ 腿脚　　关心　　自己的　　老年人　　要

_____

문제 5 ▶ 说　　了　　汉语　　越来越好　　说得　　她

_____

문제6 ▶ 干净了　　　衣服　　　洗　　　同事的　　　我

_____

문제7 ▶ 报纸　　　看　　　认真地　　　他

_____

문제8 ▶ 什么　　　会议　　　时候　　　举行

_____

문제9 ▶ 准备　　　女朋友　　　他　　　明年结婚　　　和

_____

문제10 ▶ 没　　　他说的　　　听懂　　　话　　　我

_____

특수구문을 정복하면 문장배열 걱정 없다!

쓰기 제1부분은 (71번~75번) 총 5문제 〉 제시된 어휘로 문장 배열하기

❶ 동사가 두 개일 경우엔 연동문인지 겸어문인지 확인해보자.

사역겸어문을 만들어주는 동사를 기억해두면 구별이 간단하고, 겸어문이 아닐 경우 연동문으로 보고 일의 순서대로만 배열하면 된다. 이때는 해석에 주의해서 문장을 만들도록 한다.

❷ 존현문의 어순에 주의하자!

> **〈존현문의 기본형〉**
> 장소/시간 + 동사 + 존재하는 사람/사물

'有' 존현문	장소 + 有 + 불특정한 대상
	家里有两只小狗。 집 안에는 두 마리의 강아지가 있다.
'是' 존현문	장소 + 是 + 특정한 대상 (목적어가 상대적으로 명확함)
	公司旁边是商店，后边是银行。 회사 옆은 상점이고, 뒤쪽은 은행이다.
'在' 존현문	불특정한 대상 + 在 + 장소
	银行在公司旁边。 은행은 회사 옆쪽에 있다. **TIP** '在'존현문은 물건이나 사람이 어디에 있는지 조금 더 자세하게 설명할 때 쓰인다. 그렇기 때문에 주어는 장소가 아닌 대상이고 목적어가 장소가 되는데, 이때 장소 뒤에 앞, 뒤, 옆 등의 처소사가 붙어야 한다.

쓰기

제1부분

❸ 모든 비교문에는 정도부사를 사용할 수 없다.

형용사가 술어로 쓰일 때 주로 정도부사를 앞에 동반하지만 모든 비교문은 형용사가 쓰여도 앞에 절대 '很', '非常'과 같은 정도부사를 쓸 수 없다는 공통점이 있다. 하지만 '还 hái / 更 gèng'과 같이 비교의 정도를 강조하는 부사는 사용할 수 있다. 아래 각 비교문마다 어떤 수식 방법이 있는지 기억해두자.

	A는 B보다 ~하다
A + 比 + B + 술어	(1) A + 比 + B + 还/更 + 술어: A는 B보다 더 ~하다 我比你更可爱。 내가 너보다 더 귀엽다. (2) A + 比 + B + 술어(형용사) + 一点, 一些/多了, 得多 / 수량보어: A는 B보다 조금/많이/~만큼 (형용사)하다 这双鞋比那双大一些。 이 신발이 저 신발보다 조금 크다. 我比你大三岁。 나는 너보다 3살이 많다.
A + 有 / 没有 + B + 这么 / 那么 + 술어	A는 B만큼 (이렇게/그렇게) ~하다 / A는 B만큼 (이렇게/그렇게) ~하지 못하다
	今天有昨天那么热。 오늘은 어제만큼 그렇게나 덥다. 我的个子没有他那么高。 내 키는 그만큼 그렇게 크지 못하다.
A + 跟 + B + 完全 / 差不多 / 几乎 + 一样	A는 B와 완전히/비슷하게/거의 같다
	我的个子跟你的差不多一样。 나의 키는 너와 비슷하게 같다.
A + 跟 + B + 不 / 不太 + 一样	A는 B와 같지 않다/그다지 같지 않다
	我的个子跟你的个子不一样。 나의 키는 너와 같지 않다.

❹ '把'자문과 '被'자문의 술어 뒤에는 항상 기타성분이 있어야 한다.

'把'자문과 기타성분 자리에는 행위를 처리한 결과를, '被'자문은 기타성분 자리에 행위를 당한 결과를 채워야 한다. 어떤 어휘들이 주로 기타성분 자리에 오는지 다양한 예문을 통해 익혀두자.

❺ '把'자문은 목적어, '被'자문은 주어가 명확해야 한다.

'把'자문과 '被'자문은 모두 동작을 당하는 명사들이 명확해야 하기 때문에 수량사의 수식을 받지 못하고 이미 알고 있는 것들이거나 소속, 소유가 명확해야 한다.

❻ 임박태인지 헷갈릴 때는 임박태와 종종 붙어 다니는 친구 부사들을 확인하자.

어순배열 문제에서 임박태를 만들어야 되는 문장인지 헷갈릴 경우가 있을 것이다. 그럴 경우에는 임박태와 종종 같이 붙어 나오는 '马上 mǎshàng', '就 jiù' 등 '곧, 즉시'와 같은 의미의 부사들이 있는지 확인해보자.

● 자주 발생하는 문법적 오류 2

구문	특징	예문
A + 比 + B + 술어 + 수량	비교문뿐만 아니라 대부분의 중국어 문장에서 숫자는 주로 술어 뒤에서 보충한다.	他比我两岁大。(X) 他比我大两岁。(○) Tā bǐ wǒ dà liǎng suì. 그는 나보다 두 살이 많다. 我比他三个多吃了。(X) 我比他多吃了三个。(○) Wǒ bǐ tā duō chī le sān ge. 나는 그보다 세 개를 더 먹었다.
연동문과 겸어문에서 부사와 조동사의 위치	연동문과 겸어문은 기본적으로 술어가 두 개이다. 부사와 조동사는 주로 술어 앞에서 술어를 수식하기 때문에 헷갈릴 수 있지만 두 문장 모두 부사와 조동사를 배열할 경우엔 첫 번째 술어 앞에 배열하도록 한다.	他去机场要接女朋友。(X) 他要去机场接女朋友。(○) Tā yào qù jīchǎng jiē nǚpéngyou. 그는 공항에 여자친구를 데리러 갈 것이다. 我让弟弟不去商店。(X) 我不让弟弟去商店。(○) Wǒ bú ràng dìdi qù shāngdiàn. 나는 남동생이 상점에 가지 못하게 한다.
겸어문에서 주어와 겸어의 배열	겸어문에서 맨 앞에 있는 주어는 시키는 대상이기 때문에 어순배열 문제에서 겸어문을 만들어야 할 경우에는 단어 해석을 통해 시키는 대상을 주어 자리에 배열한다.	人能使运动健康。(X) 运动能使人健康。(○) Yùndòng néng shǐ rén jiànkāng. 운동은 사람을 건강하게 한다. 我使那部电影感动了。(X) 那部电影使我感动了。(○) Nà bù diànyǐng shǐ wǒ gǎndòng le. 그 영화는 나를 감동하게 했다.
'被'자문에서의 주어 선택	일반적으로 동작을 가하는 대상이 주어 자리에 오지만 '被'자문은 반대로 동작을 당하는 대상이 주어 자리에 온다. 따라서 어순배열 문제에 '被'가 있을 경우 어떤 것이 당하는 대상인지 잘 생각해서 주어 자리에 배열한다.	他被那本书借走了。(X) 那本书被他借走了。(○) Nà běn shū bèi tā jièzǒu le. 그 책은 그에 의해 빌려가졌다. 弟弟被果汁喝完了。(X) 果汁被弟弟喝完了。(○) Guǒzhī bèi dìdi hēwán le. 과일주스는 남동생에 의해 다 마셔졌다.

쓰기

제1부분

'把'자문에서 부사와 조동사의 위치	'把'의 품사는 전치사이므로 뒤에 명사가 온다. 만약 술어 앞에 부사, 조동사, 전치사구가 나올 경우엔 '부→조→전' 순서대로 '把' 앞에 배열하면 된다.	他把这件事不敢告诉大家。(✕) 他不敢把这件事告诉大家。(○) *Tā bùgǎn bǎ zhè jiàn shì gàosu dàjiā.* 그는 이 일을 감히 모두에게 알리지 못한다.
		我把那本书没放在桌子上。(✕) 我没把那本书放在桌子上。(○) *Wǒ méi bǎ nà běn shū fàngzài zhuōzi shang.* 나는 그 책을 책상 위에 놓지 않았다.
임박태가 들어간 문장의 배열	임박태 사이에 들어가는 것은 앞으로 일어날 동작이다. 주어는 임박태 앞에 배열한다.	马上就要飞机起飞了。(✕) 飞机马上就要起飞了。(○) *Fēijī mǎshàng jiù yào qǐfēi le.* 비행기가 곧 이륙할 것이다.
		要我弟弟回国了。(✕) 我弟弟要回国了。(○) *Wǒ dìdi yào huíguó le.* 나의 남동생은 귀국할 것이다.

☺ 어떤 특수구문인지 확인하고 각 구문의 특징을 잘 기억해서 문제를 풀어보자.

문제 1 ▶   买   他   钱   没有   房子

_____

문제 2 ▶   已经   我   一顿   打了   被   妈妈

_____

문제 3 ▶   使人   能   健康   运动

_____

문제 4 ▶   一个人   走来   前面

_____

문제 5 ▶   他   没   告诉   大家   把这件事

_____

문제 6 比他　　我　　快　　跑得

_____

문제 7 了　　回国　　他下个月　　就要

_____

문제 8 孩子　　里　　教室　　一个　　坐着

_____

문제 9 要　　爸爸　　接　　火车站　　女儿　　去

_____

문제 10 小狗　　躺　　一只　　床下　　着

_____

중국인이 자주 쓰는 관용어

중국인이 자주 쓰는 관용어를 몇 가지 알고 있으면 대화하거나 TV 또는 영화를 볼 때 많은 도움이 될 것이다!

1	没戏 méixì	가망이 없다
2	好不容易 hǎobùróngyì	가까스로, 겨우
3	数一数二 shǔyī shǔ'èr	1, 2등을 다투다
4	走后门 zǒuhòumén	뒷거래를 하다
5	小意思 xiǎoyìsi	작은 성의
6	不在乎 búzàihu	마음에 두지 않다

7	老毛病 lǎomáobìng	지병
8	爱面子 àimiànzi	체면을 중시하다
9	有门儿 yǒuménr	방법이 있다
10	三只手 sānzhīshǒu	소매치기
11	白吃饭 báichīfàn	일하지 않고 밥만 먹는다
12	吃醋 chīcù	질투하다
13	有眼光 yǒuyǎnguāng	보는 안목이 있다
14	马大哈 mǎdàhā	덜렁거리다, 조심성이 없다
15	卖力气 màilìqi	전심전력하다

중국의 인터넷 용어

중국 채팅어플이나 각종 SNS를 보면 '이게 무슨 말이지?'하는 단어들이 종종 보일 것이다. 먼저 '…哒 dā' 시리즈를 소개한다!

'哒'는 원래 소리를 나타내는 의성어로 쓰이는데, '…的' 대신 최근에는 귀엽게 '…哒'를 사용하기 시작하면서 새로운 단어들이 생겨났다고 한다. '么么哒 mēmēdā'는 뽀뽀할 때 나는 소리인 'mua~'를 표현한 것으로 '뽀뽀'를 의미한다. 원래는 연인들끼리 많이 사용했는데 지금은 친구 사이에 애정 표현으로도 많이 쓰인다.

'萌萌哒 méngméngdā'는 '귀엽다'라는 뜻으로 아이처럼 귀여운 느낌을 나타낼 때 쓰인다. '美美哒 měiměidā'는 '美'가 아름답다는 의미에서 '예쁘다', '棒棒哒 bàngbàngdā'는 '棒'이 최고라는 뜻이기 때문에 '최고다'라는 의미로 사용한다. 즉, 말 끝에 '…哒'를 붙이게 되면 더 귀여운 느낌을 준다고 할 수 있다!

이 밖에 많이 사용하는 웃음 소리로는 '哈哈 hāhā', '嘿嘿 hēihēi', '嘻嘻 xīxī' 등이 있다. 중국 사이트나 SNS를 종종 들여다본다면 실제 중국인들이 사용하는 사전에도 없는 단어들을 많이 접할 수 있다. 이런 일상 어휘들도 알아두면 우리의 회화 실력에도 도움이 될 것이다.

제시된 병음을 보고 빈칸에 알맞은 한자 쓰기

● 문제유형

쓰기 제2부분은 76번~80번, 총 5문항이다. 빈칸에 적혀있는 한어병음을 보고 문맥상 알맞은 한자를 정확하게 쓰는 문제이다.

● 출제경향

① 앞이나 뒤에 연결되는 한 단어가 출제된다.

쓰기 제2부분은 대부분 빈칸 앞뒤를 보면 연결되는 한 단어를 만드는 문제가 출제되고 있다.

② 한 글자 단어가 출제된다.

앞뒤에 연결되는 단어가 없이 전체적인 내용을 해석해서 빈칸에 어떤 한 단어가 필요한지를 묻는 문제가 한 문제씩은 꼭 출제되고 있다.

③ 양사 · 숫자를 쓰는 문제가 출제된다.

화폐 단위를 적는 문제, 빈칸 뒤에 있는 명사에 대한 알맞은 양사를 쓰는 문제, 숫자를 쓰는 문제도 종종 볼 수 있다.

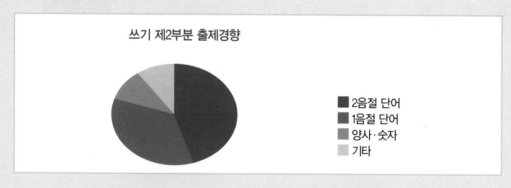

쓰기 제2부분 출제경향

■ 2음절 단어
■ 1음절 단어
■ 양사 · 숫자
□ 기타

● 문제 접근 전략

一定要相信自己的（ 选^{xuǎn} ）择，不要被别人影响。

① 제시된 병음을 보고 빈칸 앞뒤에 한 단어를 이루는 한자가 있는지 확인한다.

　두 음절 단어 중 한 음절을 묻는 문제가 많기 때문에 병음을 보고 빈칸 앞뒤를 확인하여 한 단어를 이루는 다른 음절이 있는지 확인한다.

8月27（ 号^{hào} ）是我的生日，明天你们来我家吃饭吧。

② 연결되는 단어가 없다면 어떤 단어가 필요한지 전체적인 문장 해석을 통해 답을 찾는다.

　연결되는 음절이 없다면 해석을 통해 빈칸의 병음과 의미가 맞는 단어를 찾아야 한다.

③ 한자를 정확하게 썼는지 마지막까지 체크한다.

　IBT(컴퓨터로 진행되는 시험 방식)의 경우 비슷하게 생긴 한자와 혼동하지는 않았는지, PBT(지필 시험 방식)의 경우 획을 정확하게 썼는지 확인해야 한다.

닮은 우리 I – 발음이 같거나 비슷한 한자

1 빈칸의 앞, 뒤를 확인하자.

한어병음만 보고 바로 한자를 쓰게 되면 발음이 같은 한자가 있기 때문에 틀릴 수 있다. 빈칸의 앞과 뒤를 확인해서 빈칸과 단어를 이룰 수 있는지, 의미상 어떠한 단어가 들어가는 게 맞는지 파악한 후 알맞은 단어를 넣어준다. 아래 예문을 보면 빈칸 속 병음은 같지만 뒤에 오는 한자가 다르기 때문에 그에 맞는 어휘가 되도록 알맞은 한자를 넣어야 한다.

> 我妈妈最喜欢（ dōng ）天。　우리 엄마는 겨울을 가장 좋아한다.
>
> 我要出去买点儿（ dōng ）西。　나는 나가서 약간의 물건을 사려고 한다.
>
> 那个银行在学校（ nán ）边。　그 은행은 학교 남쪽에 있다.
>
> 他就是我的（ nán ）朋友。　그가 바로 나의 남자친구이다.

2 빈칸 앞뒤로 이어지는 단어가 없다면 앞에서부터 해석해보자.

한 글자 단어들도 자주 출제된다. 앞뒤로 연결되는 단어가 없는 경우에는 앞에서부터 천천히 해석해보자. 만약 그 자리에 술어가 필요하다면 동사나 형용사 중에 병음과 맞는 단어가 있는지 확인하고, 만약 목적어 자리가 빈칸일 경우엔 동사에 대한 목적어로 어떤 단어가 적합한지 확인해봐야 한다.

> 他家（ lí ）我家很远。　그의 집은 우리 집에서 멀다.
>
> 刚才在书店见的人是（ shéi ）?　방금 서점에서 만난 사람은 누구야?
>
> 他最近一直很（ máng ）。　그는 요즘 계속 바쁘다.

3 단어를 외울 때 성조를 정확하게 외우자!

성모와 운모는 알지만 성조를 정확하게 모르는 경우에는 발음이 비슷한 다른 한자들과 혼동하기 쉽고, 따라서 문제를 틀릴 확률이 높아진다. 그렇기 때문에 단어를 외울 때는 한자뿐만 아니라 한어병음도 정확하게 외우는 습관을 들이자.

● 발음이 같거나 비슷한 주요 단어

1	bān	班 명 반, 그룹 / 근무	我们班一共30个人。 우리 반은 총 30명이다. Wǒmen bān yígòng sānshí ge rén.
		搬 동 옮기다, 운반하다	她已经搬家了。 Tā yǐjīng bānjiā le. 그녀는 이미 이사했다.
2	bàn	半 수 절반	现在是两点半。 지금은 2시 30분이다. Xiànzài shì liǎng diǎn bàn.
3	chéng	成 동 완성하다, 성공하다	完成 wánchéng 완성하다 | 成功 chénggōng 성공하다
		城 명 성, 도시	城市 chéngshì 도시
4	chuān	穿 동 입다, 신다	穿衣服 chuān yīfu 옷을 입다 | 穿鞋 chuān xié 신발을 신다
5	chuán	船 명 배, 선박	老师坐船去中国。 선생님은 배를 타고 중국에 가신다. Lǎoshī zuò chuán qù Zhōngguó.
6	dōng	东 명 동쪽	东西 dōngxi 물건 | 东边 dōngbiān 동쪽
		冬 명 겨울	冬天 dōngtiān 겨울(= 冬季 dōngjì)
7	hé	和 전 ~와 / 과	我和你一起去游泳。 나는 너와 같이 수영을 하러 간다. Wǒ hé nǐ yìqǐ qù yóuyǒng.
		河 명 강, 하천	河边 hébiān 강가
8	huán	还 동 돌려주다, 반납하다	那几本书都还了。 그 몇 권의 책을 모두 반납했다. Nà jǐ běn shū dōu huán le.
9	huàn	换 동 바꾸다	你又换相机了? 너 또 사진기 바꿨어? Nǐ yòu huàn xiàngjī le?
10	jìn	进 동 (밖에서 안으로) 들다	请进。 Qǐng jìn. 들어오세요.
		近 형 가깝다	离这儿很近 lí zhèr hěn jìn 여기서부터 가깝다 | 附近 fùjìn 근처, 부근
11	jiù	就 부 곧, 즉시	你现在就去。 Nǐ xiànzài jiù qù. 너 지금 바로 가.
		旧 형 오래되다, 낡다	这辆车很旧。 Zhè liàng chē hěn jiù. 이 차는 낡았다.
12	kè	课 명 수업	明天上课要听写。 내일 수업에 받아쓰기를 할 것이다. Míngtiān shàngkè yào tīngxiě.
		刻 양 15분	现在八点一刻。 Xiànzài bā diǎn yíkè. 지금은 8시 15분이다.

쓰기

제 2 부분

13	nán	男 명 남자	这男孩儿是谁的孩子? 이 남자아이는 누구의 아이야? Zhè nán hái'ér shéi shéi de háizi?
		南 명 남쪽	南边 nánbiān 남쪽
		难 형 어렵다	昨天的考试很难。 어제의 시험은 어려웠어. Zuótiān de kǎoshì hěn nán.
14	qiān	千 수 천, 1,000	一千 yìqiān 천, 1,000
15	qián	钱 명 돈	钱包 qiánbāo 지갑
		前 명 전, 앞	前面 qiánmian 앞
16	shì	事 명 일, 사건	事情 shìqing 일, 사건 | 同事 tóngshì 직장 동료 | 故事 gùshi 이야기
		是 동 ~이다	但是 dànshì 그러나 | 不是 búshì 아니다 我是中国人。 Wǒ shì Zhōngguórén. 나는 중국인이다.
17	zài	在 전 ~에서 동 있다	现在 xiànzài 현재, 지금 | 正在 zhèngzài ~하고 있는 중이다
		再 부 다시, 또	再见 zàijiàn 또 보자, 안녕
18	zuò	坐 동 앉다, 타다	坐椅子 zuò yǐzi 의자에 앉다 | 坐地铁 zuò dìtiě 지하철을 타다 | 坐公共汽车 zuò gōnggòng qìchē 버스를 타다
		做 동 하다, 만들다	做作业 zuò zuòyè 숙제를 하다 | 做饭 zuò fàn 밥을 만들다
19	zhù	祝 동 기원하다, 축복하다	祝你生日快乐! Zhù nǐ shēngrì kuàilè! 생일 축하해요!
		住 동 살다, 머무르다	你住在哪儿? Nǐ zhù zài nǎr? 당신은 어디에 사나요?

예제 1

北京是中国北方最大的（ ^(chéng) ）市。	베이징은 중국 북방의 가장 큰 (도시)이다.

분석 北方 běifāng 몡 북방 | 最 zuì 믁 가장, 최고 | 城市 chéngshì 몡 도시

Point 1. 빈칸 앞뒤를 보고 병음과 이어지는 단어가 있는지 확인한다.
2. 없다면 한 글자 단어이기 때문에 앞에서부터 해석을 통해 단어를 넣는다.

해설 빈칸 앞에 '的'가 있기 때문에 빈칸 뒤를 확인하여 단어를 완성해야 한다. 해석을 해보면 '베이징은 중국 북방의 가장 큰 chéng市이다'가 되는데 해석상 빈칸에 가장 알맞은 어휘는 '城'이다. 즉, 빈칸에 '城'을 넣어 의미상 적절하고 병음도 맞는 단어인 '城市(도시)'가 된다.

정답 城

예제 2

这把椅子太矮了，（ ^(zuò) ）着不舒服。	이 의자는 너무 낮아서 (앉기)가 불편하다.

분석 把 bǎ 몡 손잡이가 있는 물건을 세는 단위 | 椅子 yǐzi 몡 의자 | 矮 ǎi 혱 낮다 | 坐 zuò 동 앉다 | 舒服 shūfu 혱 편안하다

Point 1. 빈칸 앞뒤를 보고 병음과 이어지는 단어가 있는지 확인한다.
2. 없다면 한 글자 단어이기 때문에 앞에서부터 해석을 통해 단어를 넣는다.

해설 빈칸 뒤에 동작의 진행, 지속 상태를 알려주는 '着'를 통해 빈칸은 동사가 필요하다는 것을 알 수 있다. 3급 시험에 출제될 만하고 발음이 'zuò'인 동사는 '坐(앉다)'와 '做(만들다)'가 있는데 해석해보면, 의자가 낮기 때문에 앉아있는 상태가 불편하다는 의미가 어울리므로 빈칸에 적절한 동사는 '坐'이다.

정답 坐

☺ 발음이 비슷하거나 같은 단어를 혼동하지 말자.

문제 1▶ 这件（ ^{shì} ）我不太清楚，你再给我讲讲吧。

문제 2▶ 黑板上的这只鸟（ ^{shì} ）谁画的？

문제 3▶ 一（ ^{qiān} ）多年前，动物出现了吗？

문제 4▶ 这是找您的5角3分（ ^{qián} ），欢迎你再来！

문제 5▶ （ ^{zhù} ）你生日快乐！

닮은 우리 II - 모양이 비슷한 한자

① 다른 점에 주의하자!

모양이 비슷한 한자는 점 또는 획 하나의 차이로 단어가 달라진다. 가장 많이 실수하는 것 중에 하나가 '自己 zìjǐ(자기, 자신)'의 '己 jǐ'와 '已经 yǐjīng(이미, 벌써)'의 '已 yǐ'이다. 이 두 단어는 마지막 획을 더 위로 긋는지 아닌지의 차이로 아예 다른 단어가 된다. 단어를 외울 때 모양이 비슷한 한자를 비교하면서 구분할 수 있도록 하자.

② 모양이 비슷하면 발음도 비슷하다.

일부 단어는 모양이 비슷할 뿐만 아니라 발음까지도 비슷한 경우가 있다. 이는 소리를 나타내는 부분의 한자가 같기 때문인데, 이런 단어들은 처음에 단어를 외울 때부터 성조와 한자의 생김새를 확실하게 구분해서 외워두어야 한다.

● 모양이 비슷한 한자

1	日 rì	몡 날, 일 节日 jiérì 기념일, 명절 ㅣ 生日 shēngrì 생일 ㅣ 日记 rìjì 일기
	白 bái	혱 하얗다, 밝다, 명백하다 明白 míngbai 알다, 이해하다 ㅣ 白天 báitiān 낮
	百 bǎi	쉬 백, 100 一百 yìbǎi 100
2	票 piào	몡 표, 티켓 电影票 diànyǐngpiào 영화표 ㅣ 机票 jīpiào 비행기표
	漂 piào	'漂亮'의 구성자 漂亮 piàoliang 예쁘다
	要 yào	조동 ~해야 한다, ~할 것이다 통 필요하다 需要 xūyào 필요하다
3	大 dà	혱 크다 大家 dàjiā 모두
	太 tài	뵈 매우, 너무 太阳 tàiyáng 태양 ㅣ 不太 bútài 그다지 ~않다

4	午 wǔ	명 정오, 12시 上午 shàngwǔ 오전 ┃ 中午 zhōngwǔ 정오 ┃ 下午 xiàwǔ 오후
	牛 niú	명 소 牛奶 niúnǎi 우유
5	四 sì	수 사, 4 十四岁 shísì suì 14세
	西 xī	명 서쪽 东西 dōngxi 물건 ┃ 西瓜 xīguā 수박 ┃ 西方 xīfāng 서방국가
6	买 mǎi	동 사다 买到 mǎidào 사들이다
	卖 mài	동 팔다 卖掉 màidiào 팔아버리다
7	门 mén	명 문, 입구 关门 guānmén 문을 닫다 ┃ 开门 kāimén 문을 열다 ┃ 出门 chūmén 외출하다
	问 wèn	동 묻다 问题 wèntí 문제 ┃ 请问 qǐngwèn 말씀 좀 묻겠습니다
	间 jiān	명 틈, 사이, 방 时间 shíjiān 시간 ┃ 房间 fángjiān 방 ┃ 中间 zhōngjiān 중간 ┃ 洗手间 xǐshǒujiān 화장실
8	己 jǐ	대 자기, 자신 自己 zìjǐ 자기, 자신, 스스로
	已 yǐ	부 이미, 벌써 已经 yǐjīng 이미, 벌써
9	请 qǐng	동 요청하다, 부탁하다 请客 qǐngkè 초대하다
	清 qīng	형 분명하다, 깨끗하다 清楚 qīngchu 분명하다, 명확하다
	情 qíng	명 감정, 정황 事情 shìqing 일, 사건 ┃ 热情 rèqíng 친절하다, 열정적이다
	晴 qíng	형 맑다 晴天 qíngtiān 맑은 날씨
	静 jìng	형 조용하다, 차분하다 安静 ānjìng 조용하다

10	蓝 lán	톙 파랗다 蓝色 lánsè 파랗다 ∣ 蓝天 lántiān 푸른 하늘
	篮 lán	톙 바구니 打篮球 dǎ lánqiú 농구를 하다
11	干 gān	톙 사라지다, 건조하다 干净 gānjìng 깨끗하다
	千 qiān	囹 천, 1,000 一千 yìqiān 1,000
12	夏 xià	톙 여름 夏天 xiàtiān(= 夏季 xiàjì)
	复 fù	톙 중복되다, 복잡하다 复习 fùxí 복습하다
13	喝 hē	톙 마시다 喝水 hēshuǐ 물을 마시다
	渴 kě	톙 목마르다, 갈증나다 口渴 kǒukě 목마르다
14	休 xiū	톙 쉬다, 멈추다 休息 xiūxi 쉬다, 휴식하다
	体 tǐ	囹 몸, 신체 身体 shēntǐ 몸, 신체 ∣ 体育 tǐyù 체육
15	花 huā	톙 쓰다, 소비하다 囹 꽃 花钱 huāqián 돈을 쓰다 ∣ 开花 kāihuā 꽃이 피다
	化 huà	톙 변화하다 文化 wénhuà 문화 ∣ 变化 biànhuà 변화
16	字 zì	囹 글자 名字 míngzi 이름
	子 zi	囹 자식 儿子 érzi 아들 ∣ 孩子 háizi 아이
17	远 yuǎn	톙 멀다 离这儿远吗? 여기서 멀어요?
	元 yuán	위안 [화폐 단위] 100元 100위안
	云 yún	囹 구름 白云 báiyún 흰 구름

예제 1

您放心吧，我会照顾好自（　ǐ　）的，再见。

안심하세요, 저는 제 자신을 잘 돌볼 거예요. 안녕히 가세요.

분석　放心 fàngxīn 동 안심하다 | 照顾 zhàogù 동 돌보다, 보살피다

Point　1. 빈칸 앞뒤를 확인해서 연결되는 단어가 있는지 확인한다.
2. 비슷한 한자와 혼동되지 않게 획을 신경쓰며 한자를 명확하게 쓰도록 한다.

해설　'안심하세요, 저는 (自…)를 잘 돌볼 거예요.'라는 뜻으로 목적어 자리를 채워야 한다. 빈칸의 앞을 보면 '自'가 있는 것으로 보아 정답은 '自己(자기 자신, 스스로)'의 '己'가 적합할 것이다. 주의해야 할 점은 '已经 yǐjīng(이미)'의 '已'와 모양이 비슷하기 때문에 신경써서 적어야 한다.

정답　己

예제 2

生病了要（　xiū　）息，因为健康最重要。

병이 났으면 쉬어야 한다. 왜냐하면 건강이 가장 중요하기 때문이다.

분석　生病 shēngbìng 동 병이 나다 | 因为 yīnwèi 접 왜냐하면, ~때문에 | 健康 jiànkāng 명 건강 | 最 zuì 부 가장, 최고 | 重要 zhòngyào 형 중요하다

Point　1. 빈칸 앞뒤를 확인해서 연결되는 단어가 있는지 확인한다.
2. 비슷한 한자와 혼동하지 않도록 획을 신경쓰며 한자를 명확하게 적도록 한다.

해설　'병이 났으면 (…息)해야 한다. 왜냐하면 건강이 가장 중요하기 때문이다.' 빈칸 뒤에 있는 '息'를 통해 답은 '休息(쉬다, 휴식하다)'의 '休'라는 것을 알 수 있다. '身体(몸, 신체)'의 '体'와 획 하나의 차이기 때문에 주의해서 적어야 한다.

정답　休

☺ 모양이 비슷한 한자와 헷갈리지 않았는지 다시 한번 확인하자.

문제1 ▶ 草地上开着五颜六色的（ ^{huā}　　）。

문제2 ▶ 这个城市变（ ^{huà}　　）真大啊！

문제3 ▶ 10分是一角，10角是一（ ^{yuán}　　）。

문제4 ▶ 医院离这儿很（ ^{yuǎn}　　），我们坐出租车去吧。

문제5 ▶ 今天是（ ^{qíng}　　）天，没有云。

내 안에 여럿 있다
- 여러 가지 발음을 가진 한자

❶ 빈칸에 필요한 품사가 무엇인지 확인하자.

다음자(多音字)는 단어의 뜻과 품사에 따라서 발음이 달라진다. 예를 들어 '长' 같은 경우에 형용사일 때는 'cháng(길다)'으로 발음하지만 동사일 땐 'zhǎng(자라다)'이라고 발음한다. 빈칸의 문장성분을 파악해서 그 자리에 어떠한 품사가 들어갈 수 있는지 확인한 뒤에 알맞은 단어를 채워 넣어야 한다. 한 가지 발음만 기억하면 문제를 푸는 데 어려움이 있기 때문에 다음자들은 따로 기억해두는 것이 좋다.

他有很多爱 (_{hào}) 。

➡ 술어 뒤에 목적어 자리가 빈칸이다. '很多'의 수식을 받고 있기 때문에 명사가 들어가야 하는 것을 알 수 있고 앞에 '爱'가 있기 때문에 '爱好 àihào(취미)'라는 단어가 들어가야 적합하다. 따라서 답은 '好'이다. 해석해보면 '그는 많은 취미가 있다.'로 내용상 매끄럽다.

这个面包很 (_{hǎo}) 吃。

➡ 빵이 어떤지에 대해 말하고 있다. 술어 자리가 빈칸인데, 빈칸 앞에는 정도부사 '很'이 있고 빈칸 뒤에는 '吃'가 있지만 목적어가 없기 때문에 빈칸에는 형용사술어가 들어가야 한다. 따라서 답은 '好吃 hǎochī(맛있다)'의 '好'이다. 해석해보면 '이 빵은 맛있다'로 알맞은 문장이 된다.

---

❷ 단어의 조합을 기억해두자!

한 단어로 쓰이는 다음자도 있지만 대부분의 다음자는 다른 한자와 결합하여 단어를 이룬다. '行'은 은행이라는 뜻을 가질 경우엔 '银行 yínháng'이라고 발음되지만 자전거로 쓰일 때는 '自行车 zìxíngchē'라고 발음한다. 빈칸의 앞뒤를 통해 다음자를 쉽게 채울 수 있기 때문에 어떤 단어와 자주 묶여서 쓰이는지도 꼭 기억해야 한다.

我 (_{jué}) 得很漂亮。 내가 생각하기에 예쁘다.

他在家睡 (_{jiào}) 。 그는 집에서 잠을 잔다.

➡ 두 문장의 답은 모두 '觉'이다. '觉得(느끼다, 생각하다)'일 땐 'juéde'라고 발음하며, '睡觉(잠을 자다)'일 땐 'shuìjiào'라고 발음한다. 이처럼 같은 한자지만 그 뜻에 따라 발음이 달라지는 경우도 많으니 다음자들을 꼭 외워두자.

● 여러 가지 발음을 가진 다음자

1	便	biàn 톙 편리하다	方便 fāngbiàn 편리하다
		pián '便宜'의 구성자	便宜 piányi 저렴하다
2	差	chà 톰 모자라다, 부족하다	差一刻 chà yíkè 15분 전
		chāi 톰 파견하다	出差 chūchāi 출장 가다
3	长	cháng 톙 길다	长城 Chángchéng 만리장성
		zhǎng 톰 자라다, 성장하다	她长得很漂亮。 그녀는 예쁘게 생겼다. Tā zhǎng dé hěn piàoliang.
4	发	fā 톰 보내다, 나다, 생기다	发烧 fāshāo 열이 나다ㅣ发现 fāxiàn 발견하다
		fà 톙 머리카락	头发 tóufa 머리카락
5	好	hǎo 톙 좋다	好吃 hǎochī 맛있다
		hào 톰 좋아하다, 즐기다	爱好 àihào 취미
6	行	háng 톙 일부 영업 기구	银行 yínháng 은행
		xíng 톰 가다, 여행하다	行李 xíngli 짐ㅣ自行车 zìxíngchē 자전거
7	还	hái 톗 여전히, 더	还是 háishi 여전히
		huán 톰 돌려주다	还书 huán shū 책을 돌려주다
8	教	jiāo 톰 가르치다	教数学 jiāo shùxué 수학을 가르치다
		jiào 톙 교육, 가르침	教室 jiàoshì 교실
9	觉	jué 톰 느끼다, 이해하다	觉得 juéde 느끼다, 생각하다
		jiào 톙 잠, 수면	睡觉 shuìjiào 잠자다
10	了	le 동태조사 완료	我已经吃饱了。 Wǒ yǐjīng chībǎo le. 나는 이미 배불러.
		liǎo 가능 또는 불가능	吃不了 chībuliǎo (더이상) 먹을 수 없다
11	乐	yuè 톙 음악	音乐 yīnyuè 음악
		lè 톙 즐겁다, 기쁘다	快乐 kuàilè 즐겁다, 유쾌하다
12	只	zhī 톙 마리 [동물을 세는 단위]	三只猫 sān zhī māo 고양이 세 마리
		zhǐ 톗 오직, 단지	只需要10分钟 단지 10분이 필요하다 zhǐ xūyào 10 fēnzhōng

从这儿到地铁站很方便，走路（ zhǐ ）需要5分钟。	여기에서부터 지하철역까지는 매우 편리하다. 길을 걸어서 (단지) 5분이 필요하다.

분석 从 cóng 전 ~에서부터 | 地铁站 dìtiězhàn 명 지하철역 | 方便 fāngbiàn 형 편리하다 | 需要 xūyào 동 필요하다

Point 1. 빈칸 앞뒤로 연결되는 단어가 있는지 확인한다.

2. 없다면 해석을 통해 빈칸에 어떤 단어가 들어가야 할지 생각해보고 같은 한자지만 품사나 의미에 따라 병음이 다른 단어들을 주의해서 답을 적는다.

해설 '여기에서부터 지하철역까지는 매우 편리하다. 길을 걸어서 (zhǐ) 5분이 필요하다.' 빈칸과 앞뒤로 이루고 있는 단어가 없다. '需要 xūyào(필요하다)'라는 동사술어 앞이 빈칸으로 이 자리는 주어 또는 술어를 수식해주는 부사어 자리이다. 'zhǐ'이라는 발음을 가지고 있는 단어는 '오직, 단지'의 의미를 가진 부사 '只'이다.

정답 只

快看！那（ zhī ）熊猫爬到树上去了。	빨리 봐! (저 판다)가 나무를 기어 올라갔어.

분석 熊猫 xióngmāo 명 판다 | 爬 pá 동 기다, 기어올라가다 | 树 shù 명 나무

Point 1. 빈칸 앞뒤로 연결되는 단어가 있는지 확인한다.

2. 없다면 해석을 통해 빈칸에 어떤 단어가 들어가야 할지 생각해보고 같은 한자지만 품사나 의미에 따라 병음이 다른 단어들을 주의해서 답을 적는다.

해설 '빨리 봐! 저 (zhī) 판다가 나무를 기어 올라갔어!' 역시나 빈칸 앞뒤로 만들 수 있는 단어가 없다. 빈칸의 위치를 보면 지시대명사 '那'가 앞에 있고, '熊猫 xióngmāo(판다)'라는 명사가 뒤에 있다. 명사가 지시대명사 또는 수사의 수식을 받으면 중간에 양사가 필요하다. 동물을 셀 때 쓰이는 양사는 '只'이다. '只'는 부사로 쓰일 때는 'zhǐ(3성)'로 발음하고, 동물을 세는 양사로 쓰일 때는 'zhī(1성)'로 발음이 되니 주의하자.

정답 只

▶ 정답 및 해설 p.100

⊙ 품사나 의미에 따라서 발음이 달라지는 한자를 주의하자.

문제 1 你的头（　　ⁿᵃ　　）太长了，像草一样。

문제 2 不用担心，就是感冒（　　fā　　）烧很快就会好的。

문제 3 下个月有篮球比赛，所以他每天花很（　　cháng　　）时间练习。

문제 4 他（　　zhǎng　　）得真像他妈妈。

문제 5 我们学校的校（　　zhǎng　　）很年轻。

비슷하지만 다른 우리
- 공통된 한자가 포함된 단어

❶ 공통된 한자를 가진 단어들의 공통된 뜻을 기억하여 묶어서 외우자!

공통된 한자를 가지고 있는 단어들은 대부분 공통된 의미를 내포하고 있다. 따라서 단어를 외울 때 같은 한자가 쓰였다면 그 단어가 어떤 의미를 가지고 있는지 생각하고 같이 묶어서 외운다면 쉽게 기억할 수 있을 것이다.

❷ 유추하는 연습을 하자!

같은 한자를 가진 연관된 단어를 기억한다면 병음이나 문맥을 통해 빈칸의 앞뒤를 비교적 쉽게 채워 넣을 수 있다. 하지만 공통된 단어의 나머지 부분도 정확하게 외워둔다면 더욱 수월하게 답을 찾을 수 있으므로 꼭 정리해두자!

● **공통된 한자가 포함된 단어**

1	地 dì 땅	地方 dìfang 장소 ｜ 地图 dìtú 지도
2	电 diàn 전기	电脑 diànnǎo 컴퓨터 ｜ 电影 diànyǐng 영화 ｜ 电视 diànshì 텔레비전 ｜ 电梯 diàntī 엘리베이터 ｜ 电子邮件 diànzǐ yóujiàn 전자우편, 이메일 ｜ 电子词典 diànzǐ cídiǎn 전자사전
3	节 jié 마디, 명절	节日 jiérì 기념일, 명절 ｜ 节目 jiémù 항목, 프로그램
4	认 rèn 알다	认识 rènshi 알다, 인식하다 ｜ 认为 rènwéi ～라고 여기다, 생각하다 ｜ 认真 rènzhēn 진지하다, 착실하다
5	生 shēng 생기다	生病 shēngbìng 병이 나다 ｜ 生气 shēngqì 화가 나다
6	同 tóng 같다	同事 tóngshì 직장 동료 ｜ 同学 tóngxué 학우 ｜ 同意 tóngyì 동의하다
7	眼 yǎn (인체) 눈	眼睛 yǎnjing 눈 ｜ 眼镜 yǎnjìng 안경
8	游 yóu 이리저리 다니다	游泳 yóuyǒng 수영하다 ｜ 游戏 yóuxì 게임 ｜ 旅游 lǚyóu 여행하다
9	洗 xǐ 씻다	洗手间 xǐshǒujiān 화장실 ｜ 洗澡 xǐzǎo 샤워하다 ｜ 洗衣机 xǐyījī 세탁기

洗手间就在（ ^{diàn} ）梯右边。	화장실은 바로 엘리베이터 오른쪽에 있다.

분석 　洗手间 xǐshǒujiān 몡 화장실 | 右边 yòubian 몡 오른쪽

Point 　1. 빈칸의 앞뒤에 빈칸에 넣어야 할 단어와 연결되는 단어가 있는지 확인한다.

　　　2. 있다면 알맞은 한자를 써넣고, 없다면 해석을 통해 의미상 어떤 단어가 들어가야 하는지 확인한 뒤 적는다.

해설 　빈칸 뒤 '梯'를 통해서 단어의 병음이 'diàntī'임을 알 수 있어 '电梯(엘리베이터)'가 적합하다는 것을 알 수 있다.

정답 　电

不好意思，电（ ^{yǐng} ）已经开始了。	미안합니다. 영화는 이미 시작했습니다.

분석 　不好意思 bùhǎoyìsi 미안합니다 | 已经 yǐjīng 뮈 이미 | 开始 kāishǐ 동 시작하다

Point 　1. 빈칸의 앞뒤에 빈칸에 넣어야 할 단어와 연결되는 단어가 있는지 확인한다.

　　　2. 있다면 알맞은 한자를 써넣고, 없다면 해석을 통해 의미상 어떤 단어가 들어가야 하는지 확인한 뒤 적는다.

해설 　빈칸 앞 '电'을 통해서 단어의 병음이 'diànyǐng'임을 알 수 있어 '电影(영화)'이 적합하다는 것을 알 수 있다.

정답 　影

→ 예제 1번과 2번 모두 전기를 사용하는 의미를 가진 단어로 공통적으로 '电 diàn'이 들어가 있다. 이런 식으로 공통점을
　가진 단어들을 묶어서 외우면 더 쉽게 기억할 수 있다.

☺ 같은 한자를 가진 다른 단어와 혼동하지 않게 주의하자.

문제 1 我的眼（ ^jìng ）用了很久了，想换个新的，周末一起去看看怎么样？

문제 2 最近我的（ ^yǎn ）睛一直很疼。

문제 3 快去（ ^xǐ ）澡、刷牙，准备去上学。

문제 4 我们这儿洗（ ^shǒu ）间的灯坏了。

문제 5 把脏衣服放到洗衣（ ^jī ）里吧。

부분별 전략 01

작은 실수에 주의하자
- 모양과 발음이 비슷한 한자

쓰기 제2부분은 (76번~80번) 총 5문제 > 제시된 병음을 보고 빈칸에 알맞은 한자 쓰기

❶ 빈칸의 앞, 뒤를 확인하자!

한어병음만 보고 한자를 쓰면 발음이 같은 한자와 헷갈릴 가능성이 있다. 반드시 빈칸의 앞과 뒤의 한자를 확인해서 단어를 이룰 수 있는지, 의미상 어떠한 단어가 들어가는 것이 맞는지 확인해야 한다.

❷ 단어를 외울 때는 한어병음을 정확하게 외우자.

성조를 정확하게 모르는 경우에는 발음이 비슷한 다른 한자들과 혼동하기 쉽다. 단어를 외울 때는 한자뿐만 아니라 한어병음도 정확하게 외우는 습관을 들이자.

❸ 다른 점에 주의하자.

모양이 비슷한 한자는 점 또는 획 하나의 차이로 다른 의미의 단어가 된다. 모양이 비슷한 한자는 반복해서 쓰는 연습을 해서 정확히 기억해두어야 한다.

❹ 모양이 비슷하면 발음도 비슷하다.

일부 단어는 모양이 비슷할 뿐만 아니라 발음까지도 비슷한 경우가 있다. 이는 소리를 나타내는 부분의 한자가 같기 때문인데, 이런 단어들은 처음에 외울 때부터 성조와 한자의 생김새를 잘 구분해서 외워두어야 한다.

● 자주 틀리는 단어

유의사항	구분	
'이미'라는 뜻의 '已经'은 '已'의 세 번째 획을 위로 더 길게 써야 한다.	○	已经 yǐjīng 이미
	×	己经
'名字'는 '이름'이기 때문에 '子(아들 자)'를 쓰지 않고 '字(글자 자)'를 쓴다.	○	名字 míngzi 이름
	×	名子
'晴天'은 '날씨'와 관련된 단어이기 때문에 왼쪽 부수에 '日(날 일)'이 쓰인다.	○	晴天 qíngtiān 맑은 날
	×	清天
'请问'에서 '请'은 '부탁하다'라는 의미로 'ǐ(물 수)' 부수를 쓰지 않고 'ì(말씀 언)' 부수를 사용한다.	○	请问 qǐngwèn 실례합니다
	×	清问
'멀다'라는 뜻의 '远'은 화폐 단위인 '元'과 발음과 모양이 비슷하기 때문에 주의한다.	○	很远 hěn yuǎn 멀다
	×	很元
'蓝'은 '파란색'을 의미하며, '篮球(농구)'의 '篮'과 발음과 모양이 비슷하기 때문에 주의하자.	○	篮球 lánqiú 농구
	×	蓝球
'물건'은 숫자 '4(四)'를 쓰지 않고 '서쪽'을 의미하는 '西'를 사용하므로 헷갈리지 말자.	○	东西 dōngxi 물건
	×	东四
'明白'에서 '白'는 숫자 '100(百)'이 아니다. 획 하나에 주의하자!	○	明白 míngbai 이해하다
	×	明百
'干'을 비스듬히 쓰면 '千'처럼 보일 수 있으니 가로획을 곧게 써야 한다.	○	干净 gānjìng 깨끗하다
	×	千净
'城市'를 쓸 때는 앞에 'ǐ(흙 토)' 부수를 꼭 붙여주자.	○	城市 chéngshì 도시
	×	成市
'上午'를 쓸 때 위로 획이 조금 더 나오게 되면 '牛(소)'가 된다.	○	上午 shàngwǔ 오전
	×	上牛
'节日(기념일, 명절)'와 '节目(프로그램)' 두 어휘는 획 하나의 차이로 단어가 아예 달라지기 때문에 주의해야 한다.	○	节日 jiérì 기념일, 명절
	○	节目 jiémù 프로그램

☺ 획 하나 차이로 틀릴 수 있기 때문에 급하게 넘어가지 말고, 내가 쓴 한자가 맞는지 다시 한번 검토하자.

문제 1 我来中国，除了学习汉语，还希望了解更多的中国文（ huà ）。

문제 2 这个城市（ yǐ ）经有一千多年的历史了，很有名。

문제 3 春节是中国最重要的一个节（ rì ）。

문제 4 工作太忙也要注意身（ tǐ ），要知道健康是最重要的。

문제 5 只有多练习，才能提高你的（ lán ）球水平。

문제 6 ▶ 今天的作业很简单，我一会儿就（ zuò ）完了。

문제 7 ▶ 他不喜欢狗，也不喜欢猫，但他家有3（ zhī ）小鸟。

문제 8 ▶ 今天我一共（ huā ）了20多块钱。

문제 9 ▶ 你带钱了吗？我还差3（ jiǎo ）5分。

문제 10 ▶ 外面下（ xuě ）了，你让孩子路上小心点儿。

다음어 – 같은 글자를 가진 한자

쓰기 제2부분은 (76번~80번) 총 5문제 〉 제시된 병음을 보고 빈칸에 알맞은 한자 쓰기

❶ 빈칸에 필요한 품사가 무엇인지 확인하자.

다음자는 단어의 뜻과 품사에 따라서 발음이 달라진다. 따라서 문장성분을 파악한 뒤 빈칸에 어떠한 품사가 들어갈 수 있는지 보고 의미에 알맞은 단어를 채워 넣어야 한다.

❷ 단어의 짝을 기억해두자.

한 단어로 쓰이는 다음자도 있지만 대부분의 다음자는 다른 한자와 결합되어 단어를 이룬다. 따라서 어떤 한자와 결합되는지에 따라서 발음이 어떻게 변하는지 외워두는 것이 좋다.

❸ 공통된 뜻을 기억하여 묶어서 외운다.

공통된 한자를 가지고 있는 단어들은 대부분 공통된 의미를 가지기 때문에 무슨 뜻인지 생각하며 묶어서 외워두도록 한다.

❹ 유추하는 연습을 하자!

빈칸의 앞뒤를 보고 단어를 채워 넣어야 하기 때문에 어설프게 외워서는 단어를 알 수가 없다. 단어가 두 글자로 이루어져 있다면 우선 두 글자 모두 정확하게 외우고 있어야 하며, 문제를 풀 때 나머지 한 글자를 통해서 빈칸에 들어갈 단어를 유추하는 연습을 해야 한다.

● 경성으로 바뀌는 한자

1	情 qíng	热情 rèqíng 친절하다	→	事情 shìqing 일
2	事 shì	同事 tóngshì 직장 동료	→	故事 gùshi 이야기
3	难 nán	难过 nánguò 슬프다, 고통스럽다	→	困难 kùnnan 어려움
4	字 zì	字 zì 글자	→	名字 míngzi 이름
5	西 xī	西瓜 xīguā 수박	→	东西 dōngxi 물건
6	少 shǎo	很少 hěn shǎo 적다	→	多少 duōshao 얼마
7	方 fāng	方便 fāngbiàn 편리하다	→	地方 dìfang 곳, 장소
8	生 shēng	生病 shēngbìng 병이 나다	→	学生 xuésheng 학생
9	发 fā	发现 fāxiàn 발견하다	→	头发 tóufa 머리카락
10	快 kuài	快乐 kuàilè 기쁘다	→	凉快 liángkuai 시원하다
11	上 shàng	上班 shàngbān 출근하다	→	早上 zǎoshang 아침
12	服 fú	服务员 fúwùyuán 종업원	→	衣服 yīfu 옷
13	面 miàn	面包 miànbāo 빵	→	前面 qiánmian 앞쪽
14	子 zǐ	子女 zǐnǚ 자녀	→	孩子 háizi 아이

☺ 다른 한자와 결합되었을 때, 경성으로 바뀌는 단어를 주의하자!

문제 1 ▶ 看地图，很容易，上北，下南，左（ $\overset{xī}{}$ ），右东，明白了吗?

문제 2 ▶ 如果没有其他问题，请在这儿写你的名（ $\overset{zi}{}$ ）。

문제 3 ▶ 他以前没遇到过这样的（ $\overset{shì}{}$ ）情，所以也没想出来好办法。

문제 4 ▶ 北京西站是（ $\overset{zhōng}{}$ ）国最大的火车站。

문제 5 ▶ 不是右边，我说的是左边的那个帽（ $\overset{zi}{}$ ）。

문제 6 ▶ 老师，黑板中（ jiān ）的这个词是什么意思？

문제 7 ▶ 就在这条街的西边，有个（ yǎn ）镜店。

문제 8 ▶ 祝你节日（ kuài ）乐！

문제 9 ▶ 我的（ diàn ）脑还是有问题。

문제 10 ▶ 电（ tī ）坏了，我们走上去吧。

Final 전략 & Test

▶ **제1부분: 제시된 어휘로 문장 배열하기**
1. 술어를 먼저 찾고, 주어와 목적어를 찾아 뼈대를 세운다.
2. 수식 성분의 위치를 잘 파악하자.
3. 특수구문의 어순을 숙지해두자.

▶ **제2부분: 제시된 병음을 보고 빈칸에 알맞은 한자 쓰기**
1. 앞에서부터 해석해서 문제를 풀 필요 없이 빈칸의 앞뒤를 확인한 후 단어가 만들어지면 우선 채워 넣고 해석해보자.
2. 획 하나, 점 하나도 확인하고 쓰자.
3. 단어를 외울 때 병음을 확실하게 외우자.

제1부분 – 자주 출제되는 특수구문 마지막 점검하기

	특수구문	주의해야 할 점
1	비교문 A + 比 + B + 술어 **A는 B보다 ~하다**	1. '很', '非常'과 같은 정도부사는 쓸 수 없다. 　단, '更 gèng' 또는 '还 hái'의 경우는 예외로 술어 앞에 [A + 比 + B + 更/还 + 술어] 형태로 쓰일 수 있다. ⑩ 我比你非常高 (×) → 我比你**更**高。　Wǒ bǐ nǐ gèng gāo. (○)　나는 너보다 훨씬 크다. 2. 숫자는 항상 술어 뒤에서 보충한다. 　[A + 比 + B + 술어 + 수량보어] ⑩ 我比你5岁大 (×) → 我比你大**5岁**。　Wǒ bǐ nǐ dà wǔ suì. (○)　나는 너보다 5살이 많다.

쓰기

2	**연동문** 한 개의 주어에 동작이 연달아서 일어나는 문장	1. 나열되어 있는 동사들을 해석하여 동작이 일어나는 순서대로 배열한다.
		2. 부사 또는 조동사는 첫 번째 술어 앞에 쓴다. ⑩ 我**想**去中国留学。 나는 중국에 가서 유학을 하고 싶다. 　　[술어1]　[술어2]
		3. '着'는 첫 번째 술어 뒤, '了'와 '过'는 마지막 술어 뒤에 쓴다. ⑩ 我听**着**音乐走路。 나는 음악을 들으면서 길을 걷는다. 　　[술어1]　　[술어2] ⑩ 他去商店买**了**东西。 그는 상점에 가서 물건을 샀다. 　　[술어1]　[술어2] ⑩ 她去中国学**过**汉语。 그녀는 중국에 가서 중국어를 배운 적이 있다. 　　[술어1]　[술어2]
3	**임박태** 어떠한 동작이나 상황이 임박했음을 알려주는 구문	1. 자주 출제되는 임박태는 외워두자. 要…了 yào…le ∣ 就要…了 jiùyào…le ∣ 快…了 kuài…le ∣ 快要…了 kuàiyào…le
		2. 주어를 제외한 동사, 동사구는 '要'와 '了' 사이에 넣는다. ⑩ 我们**要**上飞机**了**。 우리는 곧 비행기에 올라야 한다. 　　Wǒmen yào shàng fēijī le.
4	**'把'자문** 주어 + [把 + 목적어] + 술어 + 기타성분 주어가 목적어를 어떻게 처리했는지 나타내는 문장	1. 어떤 것이 동작을 처리하는 주어이고, 처리를 당하는 목적어인지 잘 구분하여 '把' 뒤에는 목적어 성분을 써야 한다. ⑩ 我**把**衣服洗干净了。 나는 옷을 깨끗이 빨았다. 　　Wǒ bǎ yīfu xǐ gānjìng le.
		2. 술어 뒤에는 기타성분이 있어야 한다. ⑩ 我把衣服洗。(✕) → 我**把**衣服洗干净了。(○) 나는 옷을 깨끗이 빨았다. 　　Wǒ bǎ yīfu xǐ gānjìng le. ⑩ 他把这本书看。(✕) → 他**把**这本书看完了。(○) 그는 이 책을 다 봤다. 　　Tā bǎ zhè běn shū kànwán le.
		3. 부사, 조동사는 '把' 앞에 나온다. ⑩ 他已经**把**这本书看完了。 그는 이 책을 이미 다 봤다. 　　Tā yǐjīng bǎ zhè běn shū kànwán le. ⑩ 他没**把**这本书看完。 그는 이 책을 다 보지 않았다. 　　Tā méi bǎ zhè běn shū kànwán.

5	'被'자문 주어 + [被 + 목적어] + 술어 + 기타성분 주어가 목적어로부터 어떤 행위를 당했음을 나타내는 문장	1. 동작을 당하는 대상이 주어 자리에 온다. 예 我被妈妈打过。 나는 엄마에게 맞은 적이 있다. 　Wǒ bèi māma dǎguo. 예 我的钱包被小偷偷了。 내 지갑은 도둑에 의해서 훔쳐졌다. 　Wǒ de qiánbāo bèi xiǎotōu tōu le. 2. 술어 뒤에는 기타성분이 있어야 한다. 예 他被老师批评。(✕) → 他被老师批评了。(○) 그는 선생님에게 혼났다. 　Tā bèi lǎoshī pīpíng le. 3. 부사, 조동사는 '被' 앞에 나온다. 예 我没被妈妈打过。 나는 엄마에게 맞은 적이 없다. 　Wǒ méi bèi māma dǎguo.

제2부분 – 빈칸의 앞뒤 단어로 유추할 수 없는 한 글자 단어

TIP 한 글자인 단어들은 빈칸 앞뒤만 보고는 답을 유추하기 어렵기 때문에, 문장 앞에서부터 해석해서 빈칸에 알맞은 단어를 찾아야 한다. 만약 단어를 외울 때 병음을 정확하게 외웠다면 답을 더 수월하게 찾을 수 있을 것이다.

1	从 ~에서부터 cóng	（ 从 ）今天早上开始，外面就一直在下雨。 （ Cóng ）jīntiān zǎoshang kāishǐ, wàimiàn jiù yìzhí zài xiàyǔ. 오늘 아침부터 시작해서, 바깥에는 계속 비가 내리고 있다.
2	离 ~에서부터, ~까지 lí	学校（ 离 ）这儿很近。 여기에서부터 학교까지는 가깝다. Xuéxiào（ lí ）zhèr hěn jìn.
3	为 ~때문에 / ~을 위해 wèi	妹妹今天结婚，真（ 为 ）她高兴。 Mèimei jīntiān jiéhūn, zhēn（ wèi ）tā gāoxìng. 여동생이 오늘 결혼해서, 정말 기쁘다. 这是（ 为 ）老师准备的。 이것은 선생님을 위해 준비한 것이다. Zhè shì（ wèi ）lǎoshī zhǔnbèi de.
4	更 더, 더욱 gèng	我觉得这件衣服（ 更 ）漂亮。 내 생각에는 이 옷이 더 예쁘다. Wǒ juéde zhè jiàn yīfu（ gèng ）piàoliang. 他的汉语水平比我（ 更 ）高。 그의 중국어 수준은 나보다 훨씬 높다. Tā de Hànyǔ shuǐpíng bǐ wǒ（ gèng ）gāo.
5	才 비로소, 고작, 겨우 cái	我在网上买了件衬衫，（ 才 ）两百多块钱。 Wǒ zài wǎngshàng mǎi le jiàn chènshān,（ cái ）liǎng bǎi duō kuài qián. 나는 인터넷에서 셔츠를 샀는데, 고작 200위안 정도이다.
6	是 ~이다 shì	黑板上的这只鸟（ 是 ）谁画的? Hēibǎn shang de zhè zhī niǎo（ shì ）shéi huà de? 칠판 위의 이 작은 새는 누가 그린 것이니?

7	多 많다, 어림수 duō	只有（多）练习，才能提高你的足球水平。 Zhǐyǒu（duō）liànxí, cái néng tígāo nǐ de zúqiú shuǐpíng. 많은 연습을 해야만 비로소 너의 축구 실력을 향상시킬 수 있다. 我打扫了两个（多）小时。 나는 두 시간 정도 청소를 했다. Wǒ dǎsǎo le liǎng ge（duō）xiǎoshí.
8	找 찾다, 거슬러주다 zhǎo	我终于（找）到了手表。 나는 마침내 손목시계를 찾았다. Wǒ zhōngyú（zhǎo）dào le shǒubiǎo. 这是（找）您的7角5分钱。 Zhè shì（zhǎo）nín de qī jiǎo wǔ fēn qián. 이것은 당신에게 거슬러 준 7지아오 5편입니다.
9	几 몇 jǐ	她最近胖了（几）公斤。 그녀는 요즘 몇 Kg이 쪘다. Tā zuìjìn pàng le（jǐ）gōngjīn. 他现在在（几）层? 그는 지금 몇 층에 있어? Tā xiànzài zài（jǐ）céng?
10	下 아래 xià	在弟弟的影响（下），我也开始喜欢游泳了。 Zài dìdi de yǐngxiǎng（xià），wǒ yě kāishǐ xǐhuan yóuyǒng le. 남동생의 영향 아래에서, 나도 수영하는 것을 좋아하기 시작했다. **TIP** 在…下: (영향·도움·지도 등의) 아래에서
11	个 개 ge	就在这条街的西边，有（个）书店。 Jiù zài zhè tiáo jiē de xībiān, yǒu（ge）shūdiàn. 이 거리의 서쪽에는 서점 하나가 있다.

第一部分
第1-10题

1. 菜单　　　先　　　我们　　　看看

2. 这次　　　相同　　　跟　　　上次　　　问题　　　出现的

3. 孩子　　　看得　　　那个　　　书　　　非常快　　　看

4. 铅笔　　　弟弟　　　写字　　　不喜欢　　　用

5. 不　　　电视　　　让我　　　看　　　妈妈

6. 他　　走了　　这本书　　被　　借

_____

7. 马上　　起飞了　　就要　　飞机

_____

8. 把电脑　　房间里了　　已经　　放在　　我

_____

9. 风景　　美了　　我们这儿的　　太

_____

10. 打算　　旅游　　去　　我　　上海

_____

11. 他是我最好的朋友，总是在我最需（ yào ）帮助的时候出现。

12. 祝你生日（ kuài ）乐！

13. 在哥哥的影响下，弟弟也（ kāi ）始喜欢踢足球了。

14. （ cóng ）昨天晚上开始，外面一直在下雨。

15. 我（ jué ）得这件事情很奇怪。

16. 我最近总是腿疼，我（ dǎ ）算下午去医院检查一下。

17. 校（ zhǎng ）每天骑自行车去上班。

18. 我（ ér ）子不喜欢学习历史，他喜欢数学。

19. 这个（ jì ）节的苹果最好吃。

20. 爷爷，是不是（ tài ）阳下山了，月亮就出来了。

MEMO